邮票图说

迷人的宝石

李　军　编著

科学普及出版社
·北　京·

图书在版编目（CIP）数据

邮票图说迷人的宝石／李军编著．—北京：科学普及出版社，2013.1

ISBN 978-7-110-07895-2

Ⅰ．①邮…　Ⅱ．①李…　Ⅲ．①邮票－世界－图集②宝石－世界－图集　Ⅳ．① G894.1-64 ② TS933.21-64

中国版本图书馆 CIP 数据核字 (2012) 第 265250 号

策划编辑	吕建华　许　英
责任编辑	许　英　包明明
责任校对	韩　玲
责任印制	王　沛
装帧设计	中文天地

出版发行	科学普及出版社
地　　址	北京市海淀区中关村南大街16号
邮　　编	100081
发行电话	010-62173865
传　　真	010-62179148
网　　址	http://www.cspbooks.com.cn

开　　本	787mm × 1092mm　1/16
字　　数	236千字
印　　张	14.75
印　　数	1-3000册
版　　次	2013年1月第1版
印　　次	2013年1月第1次印刷
印　　刷	北京凯鑫彩色印刷有限公司
书　　号	ISBN 978-7-110-07895-2/G·3328
定　　价	55.00元

前言

我是原地矿部门的退休干部，酷爱集邮，已有50余年“邮龄”，算得上是铁杆邮迷啦，尤其是在把这一嗜好同自己所热爱并从事多年的地矿工作结合起来，确立以地学——主要是矿物宝石（包括化石、火山、溶洞等）为集邮专题之后，便将其作为一项事业倾心追求。十余年来坚持寻觅收集，品味赏玩，学习研究，耕耘劳作，犹如在课堂上学习，在另一个领域里“找矿”，兴致更浓，痴心不改，虽饱尝艰辛，但也从中享受了无穷的乐趣。

经过不懈努力，我已把迄今为止世界上150多个国家和地区发行的400余套1500多枚矿物宝石专题邮票基本收齐，同时收集了大量相关邮品（包括邮资封、片、简，各种邮政戳记等），并围绕这些邮票和邮品撰写了百余篇邮文，也曾组编了多部邮集参加各类邮展。收集是为了观赏学习和研究；撰文组集是为了宣传，扩大影响，让人们知道在集邮这个世间最大的收藏领域里，在邮票这个浩瀚的艺术海洋中，也有矿物宝石的一片天地，可以通过方寸之地观赏既自然质朴又珍稀华贵的矿物宝石的芳姿，学习了解相关的知识。正出于这样的考虑，我曾立志编写一部系统介绍矿物宝石专题邮票的图书，由于种种原因，一直未能如愿。尽管如此，我始终没有放弃努力，期盼着有朝一日能梦想成真。这一天终于等来了，在《集邮博览》原主编林轩先生的策划和组织指导下，科学普及出版社给了我这个机会，把《迷人的宝石》列入《邮票图说》科普系列丛书之中，让我高兴地踏上了通过邮票系统介绍宝石知识的写作之路。现在这本书最终完成了，实现了我多年的一个夙愿。放下笔，我即刻想到的是不管最后能否出版发行，这都是我集邮生涯中的成果。首先，我要感谢林轩先生，感谢科学普及出版社，感谢中国地质大学（北京）敦颖教授为本书封面提供图片。同时对原中国地质宝石矿物公司宝石岩矿鉴定专家高博禹先生、天津市地震局高级工程师唐仲兴先生、北京市地勘局高级工程师闫广新先生等多位专家学者给予的鼓励支持和帮助指导，在此一并深致谢意！

本书分为三个部分，第一部分是“领略宝石的基本常识”，介绍了宝石的概念与成因、特征与特性、开采与加工等基本常识。第二部分是“走进斑斓的宝石世界”，按不同类别，介绍了60多种宝石的一般知识。第三部分是“灿烂辉煌的宝石文化”，介绍了宝石在人类生活和各种活动中被赋予的丰富内涵和文化价值。附录列出本书写作所参考的书目。这本书是一部图文并茂，融知识性、资料性、趣味性和观赏性于一身，通过邮票这个特殊视角学习宝石知识的科普读物。

我虽然已有50余年的集邮史，在地矿部门工作了30年，但不论在集邮界，还是在宝石领域，都只能算是个学生，由于知识水平所限，加之时间仓促，书中难免有不妥乃至错误之处，诚请集邮界老师同仁和宝石界专家朋友不吝赐教。

李　军

2012.10

조선우표 DPR KOREA
60
THAILAND
DIAMOND
GIBRALTAR
International Youth Year
20p
Brasil 89
Ametista

目录

前言

一

领略宝石的基本常识

（一）宝石的概念与成因

1. 宝石的概念

宝石来自自然界，是地球的骄子。它在人类进化过程和生产活动中，经人为加工制作成装饰品，被视为圣洁之物，随身佩戴或赏玩，融入人类文明，至今已有五千年以上的历史。然而，曾几何时，宝石被作为财富、权势、身份和地位的象征，由宫廷皇室和达官贵人所占有，而黎民百姓则可望而不可及。随着经济的发展和社会的进步，宝石才逐渐进入寻常百姓家，如今它已成为人们装点美化生活的饰物和收藏储财的方式，且已形成一种社会时尚。但人们对它的了解却十分有限，因此认识宝石是一件很有现实意义的事。

要认识宝石，首先需要了解什么是岩石，什么是矿物，以及它们与宝石之间的关系。

（1）岩石（Rock）

人们都知道，地球是一个椭圆形的球体（图 1–1–1，印度，1964），其内部由地核、地幔和地壳构成（图 1–1–2，智利，1974；图 1–1–3，克罗地亚，2007）。岩石是地壳发展过程中在各种地质活动作用下形成的天然产物，是构成

图 1–1–1

图 1–1–2

图 1-1-3

图 1-1-4

地壳的主要组成部分。岩石由各种矿物组成，是矿物的集合体（图 1-1-4，纽阿福欧，1989）。地球上的岩石有 2000 多种，根据其形成原因分为三大类：

第一类，火成岩（Igneous Rock），也称岩浆岩，是由侵入的岩浆或火山熔岩冷凝而成的岩石。如花岗岩（Granite）（图 1-1-5，芬兰，1986；图 1-1-6，布吉纳法索，1991），它是由石英、长石和云母三种矿物组成的岩石，属岩浆侵入岩。又如玄武岩（Basalt），是一种火山喷出岩。

图 1-1-5

图 1-1-6

图 1-1-7

第二类，沉积岩（Sedimentary Rock），是在地表由砂、砾、泥质和溶解物质等经长时间沉积固结而成的岩石。如砂岩（Sandstone），（图 1-1-7，阿尔及利亚，1994；图 1-1-8，埃塞俄比亚，2007），是一种由已固结的碎屑沉积而成的岩石，主要组分是粒径 0.625 ～ 2 毫米的砂粒和胶结物等。砾岩（Conglomerate），（图 1-1-9，中国香港，2002；图 1-1-10，卢森堡，2005），是一种由粒径

图 1-1-8

图 1-1-9

图 1-1-10

大于2毫米的圆状、次圆状砾石胶结而成的岩石。石灰岩（Limestone），（图 1–1–11，爱沙尼亚，2002；图 1–1–12，意大利，2006），是一种以方解石为主要组分的碳酸盐，常混入黏土、粉砂等杂质构成的岩石。

图 1–1–11

图 1–1–12

第三类，变质岩（Metamorphic Rock），是由火成岩或沉积岩在不同温度和压力作用下被改造而成的岩石。如大理岩（Marble），（图 1–1–13，马达加斯加，1974；图 1–1–14，贝宁，1998），是由石灰岩、白云岩等碳酸盐岩经区域变质作用或热接触变质作用而形成的岩石。片麻岩（Gneiss），（图 1–1–15，芬兰，1986），是一种含长石、石英较多，粒度较粗，具有明显片麻状构造的变质岩石。

图 1–1–13

图 1–1–14

在地球内部，地壳的厚度约为 15～70 千米，从

图 1–1–15

图 1-1-16

地表到地壳深处 16 千米范围内，火成岩（包括变质火成岩）约占 95%，而沉积岩（包括变质沉积岩）只占 5%，但由于沉积岩在地表形成，地球表面绝大部分被沉积岩所覆盖，出露地表达 75% 左右，所以一般人们在自然界常见到的多是沉积岩，而火成岩多被深埋于地下，难得一见。然而我们在城市里却经常可以看到用岩石制作的雕像或装饰用建筑材料，多采用的是火成岩中的花岗岩（图 1-1-16，埃塞俄比亚，2002）或变质、沉积岩中的大理岩（图 1-1-17，埃塞俄比亚，2004）。在出土文物中，有用石灰岩制成的偶像（图 1-1-18，奥地利，2008）。值得一提的是，随着邮票印制技术的发展，在特殊材质邮票中，我们也看到以石灰岩粉末为材料印制的邮票（图 1-1-19，直布罗陀，2002）或采用岩石粉末以热熔技术印制的邮票（图 1-1-20，中国香港，2002）等，使岩石的原石与邮票结缘。

图 1-1-17

图 1-1-18

（2）矿物（Mineral）

矿物是指在各种岩石中天然形成的具有特定化学成分和内部结构的单质元素或化合物。即未经任何人为干预、受自然界物理的和化学的作用而自然形成，是组成岩石的基本物质。矿物绝大多

图 1-1-19

数是固态晶质的无机物，极少数为液态、气态、非晶质有机物。

迄今为止，人类在自然界发现的矿物已有3000多种，根据其化学成分和晶体结构分为五个大类：

图 1-1-20

图 1-1-21

第一类是自然元素，这类矿物由单一元素组成，在自然界中虽为数不多，但比较常见。包括自然金属元素，如自然金（图1-1-21，莫桑比克，1999）、自然银（图1-1-22，墨西哥，2005）、自然铜（图1-1-23，美国，1992）、自然镍（图1-1-24，菲律宾，2009）、自然锌（图1-1-25，泰国，1990）等；自然非金属元素，如金刚石（图1-1-26，加纳，1991）、石墨（图1-1-27，朝鲜，2000）、自然硫（图1-1-28，土耳其，1979）。

图 1-1-22

图 1-1-23

图 1-1-24

第二类是硫化物，这类矿物主要指硫和与其类似的硒、碲、砷、锑等元素的化合物，已知有200多种。

图 1-1-25

图 1-1-26

图 1-1-27

图 1-1-28

图 1-1-29

图 1-1-30

图 1-1-31

图 1-1-32

如黄铁矿（图 1-1-29，索马里，1997）、方铅矿（图 1-1-30，民主德国，1969）、辉锑矿（图 1-1-31，中国，1982）、辰砂（图 1-1-32，几内亚比绍，2001）。

第三类是氧化物，这类矿物约有 200 种，包括金属氧化物，如磁铁矿（图 1-1-33，朝鲜，2002）、黑钨矿（图 1-1-34，中国，1982）；非金属氧化物，如刚玉（图 1-1-35，格林纳达，2003）、石英（图 1-1-36，博茨瓦纳，1974）等；氢氧化物，如褐铁矿（图 1-1-37，几内亚比绍，2001）。

图 1-1-33

第四类是卤化物，这类矿物是指由碱金属和碱土金属中的轻金属——钾、钠、钙、镁与卤族元素组成的矿物，约有 100 多种，产出稀少。如萤石，也称氟石（图 1-1-38，莫桑比克，2007）、石盐（图 1-1-39，波兰，1979）等。

图 1-1-34

图 1-1-35

第五类是含氧盐，这类矿物种类繁多，无论在数量上还

图 1-1-36

图 1-1-37

图 1-1-38

图 1-1-39

是重量百分比上都占地壳的绝大部分。根据其酸根可分为若干类，包括：

图 1-1-40

图 1-1-41

硅酸盐类。该类矿物是一个庞大的矿物家族，其数量占矿物总数的 1/3，构成地壳总重量的 75%，是重要的金属和非金属矿产。如电气石，也称碧玺（图 1-1-40，美国，1974）、石榴石（图 1-1-41，马达加斯加，1999）、橄榄石、绿柱石等。

图 1-1-42

硼酸盐类。该类矿物是各种不同的硼酸的盐类，如硼酸工业矿物方硼石、重要的硼矿石硬硼酸钙石（图 1-1-42，土耳其，1979）等。

磷酸盐、钒酸盐、砷酸盐类。该类矿物共有 250 种左右，但总重量只占地壳的 0.7%。如绿松石、磷灰石、独居石（图 1-1-43，乌干达，1988）、钴华（图 1-1-44，索马里，1995）等。

图 1-1-43

硫酸盐类。该类矿物也在 250 种以上，是非金属矿物原料的主要来源之一。如重晶石（图 1-1-45，突尼斯，1997）、石膏（图 1-1-46，肯尼亚，1977）、明矾石（图 1-1-47，中国台湾，1997）等。

图 1-1-44

图 1-1-45

图 1-1-46

图 1-1-47

钨酸盐类。由于钨在地壳中含量少，所以这类矿物的形成不多，仅有 10 余种。如白钨矿（图 1-1-48，秘鲁，1999）、黑钨矿（图 1-1-49，葡萄牙，1971）。

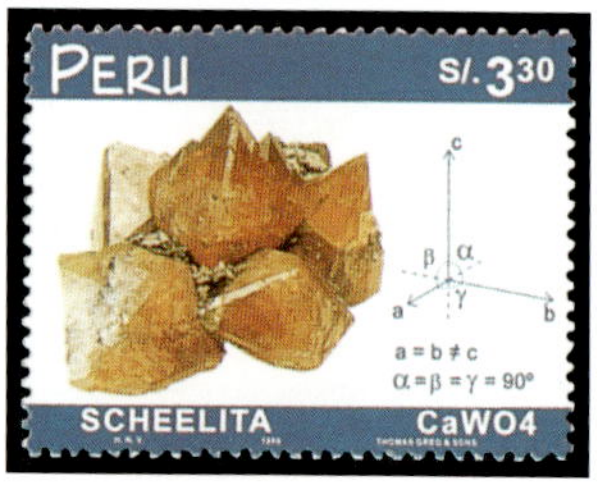

图 1-1-48

图 1-1-49

铬酸盐类。该类矿物在自然界仅出现有限的几种。如铬酸铅矿、黄铬钾矿等。

碳酸盐类。该类矿物仅有80余种，但在地壳中分布比较广泛。如菱镁矿（图 1-1-50，朝鲜，2000），孔雀石（图 1-1-51，莫桑比克，1987）、方解石（图 1-1-52，阿塞拜疆，1994）等。

图 1-1-50

硝酸盐。该类矿物较为少见，主要品种有钠硝石，钾硝石等。

（3）宝石（Jewel）

了解了地球科学中有关岩石、矿物的一些基本常识，就具备了一定的认识宝石的基础。宝石是集美丽、稀少和耐久等特征于一身的少数矿物或岩石。这种矿物或岩石，未经雕琢加工的称为宝石矿物或宝石原石，也有时直称宝石；经雕琢加工制成饰物的称作宝石或珠宝，这是狭义的宝石定义。广义的宝石概念还包括有机宝石以及

图 1-1-51

图 1-1-52

人工合成或人造宝石等。

在3000多种矿物中能用作宝石的有200种左右，常见的仅有20余种。宝石晶莹剔透，绚丽多彩；珍罕稀少，价值昂贵；质地坚实，经久耐用；小巧玲珑，便于携带，它是一个令人向往的既琳琅满目又神奇迷人的大家族。走进宝石世界，首先应该知道这个大家族中有哪些成员以及它们是如何分类。宝石分类方法有多种，珠宝界一般常用的方法是将宝石分为以下几个大类：

图 1-1-53

图 1-1-54

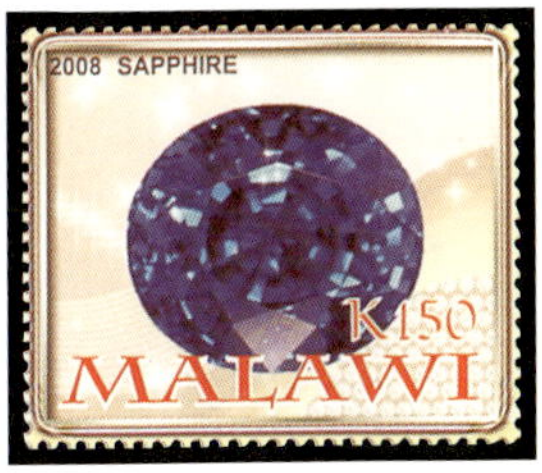

图 1-1-55

第一类珍贵宝石，即宝石中最为珍贵的品种，包括钻石（图1-1-53，马拉维，2008）、红宝石（图1-1-54，越南，2001）、蓝宝石（图1-1-55，马拉维，2008）、祖母绿（图1-1-56，津巴布韦，1993）和金绿宝石（图1-1-57，几内亚比绍，2009）——主要指其中的变种变石和猫眼。这是世界上公认的五大珍贵宝石。

图 1-1-56

图 1-1-57

第二类普通宝石，即人们较为常见的一般宝石。包括：电气石（也称碧玺、海蓝宝石、尖晶石）（图1-1-58，索马里，2002）、橄榄石、黄玉（图1-1-59，几内亚比绍，2009）、石榴石（图1-1-60，索马里，2003）、水晶（图1-1-61，匈牙利，1969）、长石（图1-1-62，泽西，2007）、锆石、坦桑石、欧泊（也叫蛋白石，

图 1-1-58

图 1-1-59

图 1-1-60

图 1-1-61

图 1-1-62

图 1-1-63

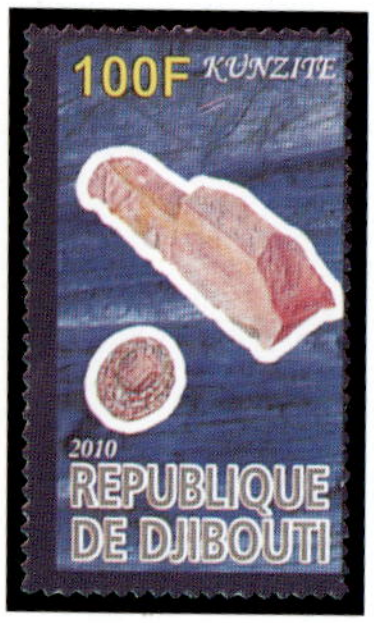

图 1-1-64

图1-1-63，吉布提,2010）、锂辉石（图1-1-64，吉布提，2010）、赤铁矿（图1-1-65，几内亚比绍，2001）、萤石（图1-1-66，几内亚比绍，2006）、菱锰矿（图1-1-67，科摩罗，2008）和红柱石等。

第三类少见宝石，指产量稀少，具有较鲜明特征和一定使用价值，但日常难得一见的宝石。如锡石、金红石（图1-1-68，科摩罗，2008）、磷灰石、蓝晶石、堇青石、异极矿（图1-1-69附票，中国，2002）、榍石、黄铁矿（图1-1-70，新西兰，1982）、十字石、绿帘石、钼铅矿（图1-1-71，马达加斯加，1997）、葡萄石、方钠石、方柱石、阳起石、臭葱石、斑铜矿、钒铅矿、沸石

图 1-1-65

图 1-1-66

图 1-1-67

图 1-1-68

图 1-1-69

图 1-1-70

图 1-1-71

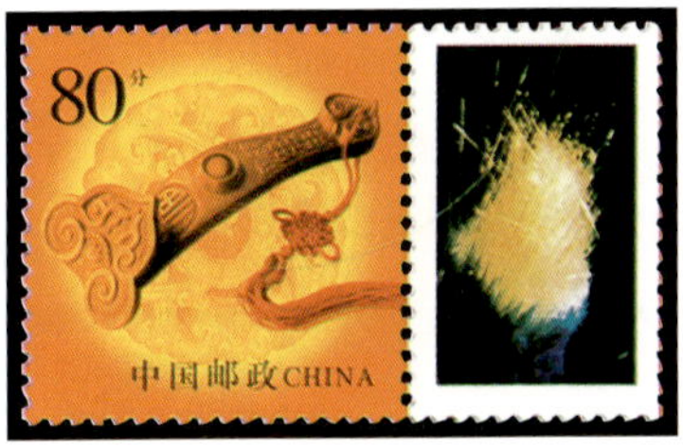

图 1-1-72

（图 1-1-72，中国，2002）和白钨矿等。

第四类宝石玉石，指自然界中由一种或多种矿物构成的质地细腻、坚韧耐久、光泽明亮、颜色美丽、广泛用作珠宝饰物的岩石。包括翡翠，也叫硬玉、软玉（图1-1-73，索马里,1999）、青金石（图1-1-74，墨西哥，1989）、绿松石（图 1-1-75，比利时，2003）、芙蓉石，蛇纹石玉（图 1-1-76，新西兰，2001）、玛瑙（图 1-1-77，索马里，2000）、玉髓（图 1-1-78，波兰，2010）、木变石和虎睛石、孔雀石（图 1-1-79，圣多美和普林西比，2007）、蔷薇辉石等。

图 1-1-73

图 1-1-74

图 1-1-76

第五类宝石观赏石，指具有精美奇特的外观特征，主要用于收藏或观赏的宝

图 1-1-75

图 1-1-77

图 1-1-78

图 1-1-79

石。包括辰砂（图 1–1–80，中国，2002）、透视石（图 1–1–81 右下角边饰，科摩罗，2008）、白铅矿、蓝铜矿（图 1–1–82，墨西哥，2005）、鱼眼石、菱锌矿（图 1–1–83 右侧边饰，圣多美和普林西比，2009）、闪锌矿（图 1–1–84，

图 1–1–80

图 1–1–81

图 1–1–82

波兰，2010）、锐钛矿和板钛矿、雄黄与雌黄（图 1–1–85，中国，2002）、方解石（图 1–1–86，格林纳达，2001）、重晶石（图 1–1–87，科摩罗，2008）、文石、石膏（图 1–1–88，墨西哥，2005）、滑石等。

图 1–1–83

第六类有机宝石，指由自然界有生命的生物体上形成，其成因与生物作用密切相关或为生物体的一部分，且具有天然宝石特征的宝石类型。包括珍珠（图 1–1–89，冈比亚，2003）、琥珀（图 1–1–90，中非共和

图 1–1–84

图 1–1–85

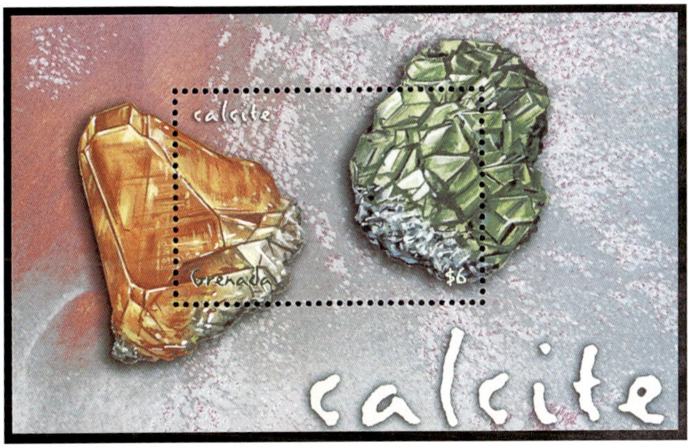

图 1-1-86

图 1-1-87

图 1-1-88

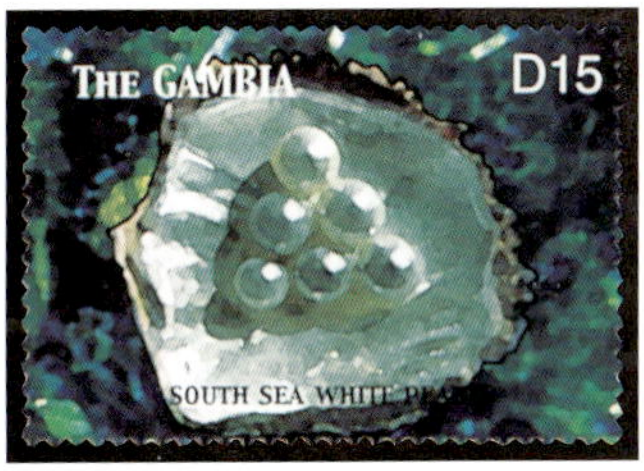

图 1-1-89

图 1-1-90

国，1998）、珊瑚（图 1-1-91，巴巴多斯）、象牙（图 1-1-92，宣传邮戳，德国，2010）、玳瑁、煤精等。

图 1-1-91

第七类人造宝石，指人们利用特殊材料和方法，由人工合成或制造而成，外观与天然宝石相似或相仿，但价值远不及天然宝石的宝石类别。如人工合成红蓝宝石（图 1-1-93，以色列，1981）、人造金刚石（图 1-1-94，中国，2007）。

图 1-1-92

2. 宝石的成因

宝石看似简单，但其成因非常复杂，因为它的形成主要发生在地球内部，并且经历了一个十分漫长而深奥的地质变化过程，人们难以观察到，也感受不到，所以显得

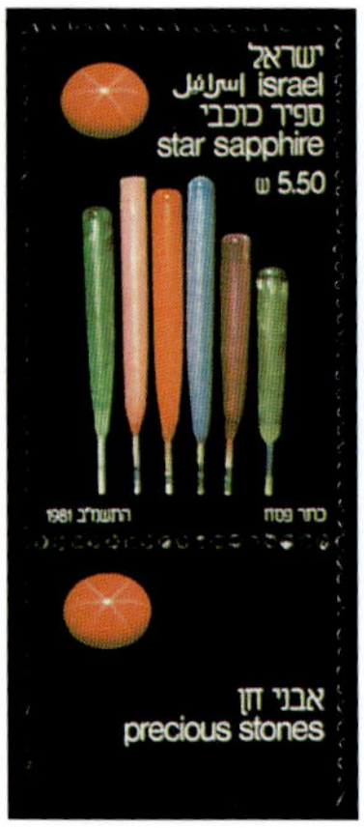

图 1-1-93

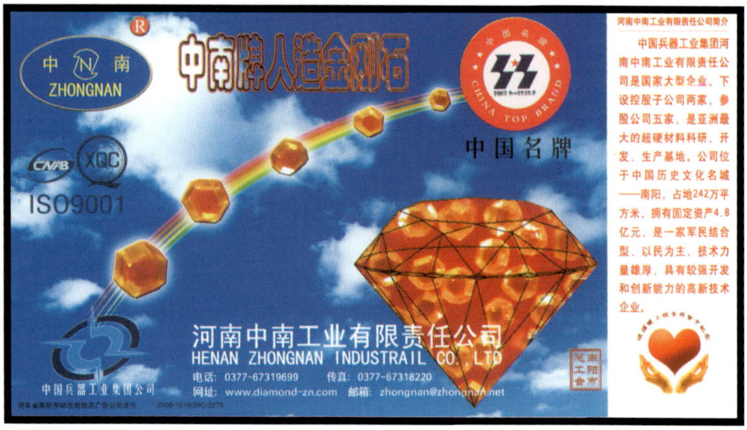

图 1-1-94

十分神秘。因此，对于宝石的成因，除了业内人士，一般人很少关心了解。

说到宝石成因，实质上就是讲矿物岩石或矿床的成因。地球是一个奇特的运动着的天体，前面已经提到，它从内到外由地核、地幔和地壳构成，三者相连，因各自所处深度位置不同，其内部温度、压力也各不相同，地核在地球的中心，温度最高，承受的压力也最大，而地幔（又分下地幔和上地幔）、地壳的温度和内部压力则依次递减。正是这种差异，尤其是地幔中炽热岩浆的活动，导致它们相互间不断产生相对运动，造成地球内部经常发生地壳（层）断裂（图 1-1-95，加拿大，1972；图 1-1-96，苏联，1986）、火山喷发（图 1-1-97，新西兰，1997；图 1-1-98，墨西哥，1971；图 1-1-99，特立斯坦达库尼亚，1982）和地震（图 1-1-100，伊朗，1991；图 1-1-101，土耳其，

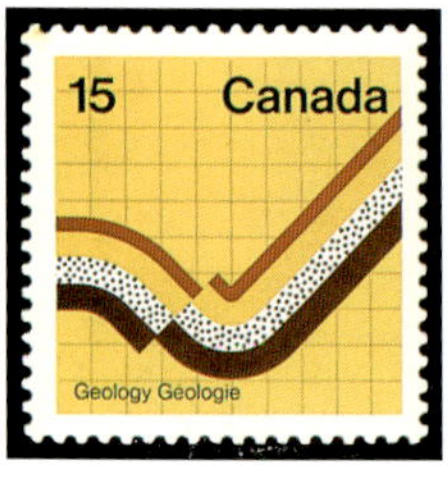

图 1-1-95

图 1-1-96

图 1-1-97

图 1-1-98

图 1-1-99

图 1-1-100

图 1-1-101

1980；图 1-1-102，西班牙，2006）等各种地质现象，宝石就诞生在这种复杂的条件和环境之中。

图 1-1-102

人类已经获知，在地球内部存在金属的和非金属的自然元素有近百种之多，宝石就是存在于地球内部的各种自然元素，在漫长的地质作用和物理的与化学的（如高温、高压与化合、分解）因素作用之下，按一定规律聚合结晶而成的物质。又由于地壳断裂和火山喷发等地质作用，使这些在地球深处结晶而成的宝石随着岩浆或火山岩沿裂隙上侵被带到地壳上部（图 1-1-103，所罗门群岛，1994；图 1-1-104，纽阿福欧，1989；图 1-1-105，莱索托，1973），因此，在地壳的各个组成部分和各种岩石中，都可能有优质宝石存在（图 1-1-106，纽阿福欧，1983；图 1-1-107，索马里，1997）。致使宝石形成的地质作用和自然因素，根据其能量来源分为内生作用和外生作用。内生作用的能量来自地球内部，又分为与岩浆活动有关的岩浆作用（图 1-1-108，

图 1-1-103

图 1-1-104

图 1-1-105

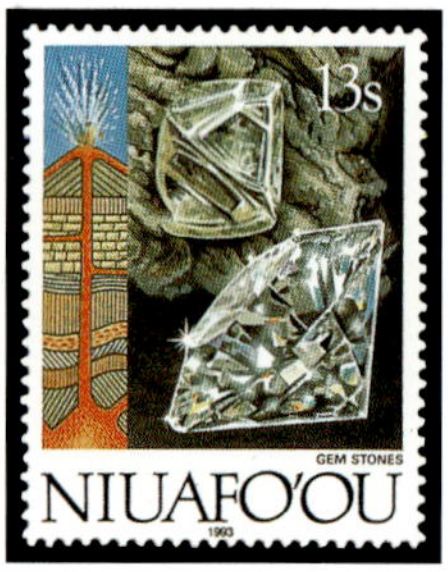

图 1-1-106

纽阿福欧）和与地热地带有关的变质作用（图 1-1-109，冰岛，1964）。内生作用形成内生矿床，也称原生矿。外生作用也叫表生作用，其能量来自地球外部，如太阳能（图 1-1-110，葡萄牙，1976）、水、大气（图 1-1-111，葡萄牙，1976）和生物等所产生的腐蚀和风化作用。外生作用产生外生矿床，也称次生矿。基于上述情况，地球科学家把宝石成因分成若干种类型。

属于内生矿床的宝石成因类型有：

图 1-1-107

岩浆型，产生的宝石有钻石、镁铝榴石、红宝石、蓝宝石、锆石、橄榄石等。

伟晶岩型，产生的宝石有彩色碧玺、祖母

图 1-1-108

图 1-1-109

图 1-1-110

图 1-1-111

绿或绿柱石、紫锂辉石、海蓝宝石、黄玉、黄水晶、磷灰石、金绿宝石等。

气成—热液型，产生的宝石有翡翠、软玉、钙铁榴石、红宝石、蓝宝石、尖晶石、锆石、青金石、祖母绿、海蓝宝石等。

热液型，产生的宝石有紫水晶、黄水晶、玛瑙、黄玉等。

火山岩型，产生的宝石有红宝石和蓝宝石。

变质成因型，产生的宝石有铁铝榴石、红宝石、蓝宝石、月光石等。

属于外生矿床的宝石成因类型主要有：

风化壳型，产生的宝石有欧泊、绿玉髓、绿松石和孔雀石等。

砂矿型，产生的宝石有钻石、红宝石、蓝宝石、祖母绿（绿柱石）、尖晶石、锆石、翡翠、软玉、石榴石等绝大多数宝石。

生物型，产生的宝石有珍珠、琥珀、珊瑚、象牙和各类生物化石等。

上述各种宝石矿床成矿类型，每一种中又分为多种不同的建造类型，鉴于这些成矿类型和建造类型专业性太强，故不再作详细介绍。总之，宝石成因复杂而微妙，且历时长久，可谓来之不易。随着社会进步和科技发展，人类对它的认识会越来越深刻，同时也会越来越好地利用和珍惜爱护它。

（二）宝石的特征与特性

1. 宝石的特征

宝石及其饰品是人们用来装点美化生活和体现人类与自然和谐相处的珍贵物件，不论是产自天然的无机宝石，还是来自生物体上的有机宝石，之所以被称为宝石和被人们喜爱，是因为它们具备了三个必备的重要条件，也就是说，它们具有以下三个最重要而突出的特征。

（1）美丽

宝石的这一特征主要指外观美，即眼观宝石其颜色必须纯正艳丽、透明无瑕、光泽夺目，或具有猫眼、星光、变彩以及变色等特殊光学效应，能充分展现其美丽诱人的特色。在自然界中，即使是同一种宝石矿物，也有宝石级和工业级的等级之分，只有具备上述特色，达到宝石级者才能称为宝石，如被誉

图 1-2-1

为“宝石之王”的钻石（图 1-2-1，比利时，1983）和有“姐妹石”之称的红宝石和蓝宝石（图 1-2-2，斯里兰卡，1976；图 1-2-3，斯里兰卡，2003），就是因为它们是金刚石和刚玉矿物中色正、透明、无瑕疵，具有艳丽外观的优质品，才被加工成刻面石，用来制作各种首饰。而颜色浑暗、不透明、无光泽、多瑕疵的劣质品，一般不用于制作饰物，只能用于工业，如地质钻探用的钻头、宝石加工用的磨料、钟表中的轴承、机械加工工具以及激光器等，这就是由它们之间在外观上有美与不美的差别所决定的。宝石的外在美在各种类别的宝石中，不论是原石，还是经琢磨加工的刻面石，都会有不同程度的体现，如普通宝石中的紫晶（图 1-2-4，格林纳达，2001；图 1-2-5，罗得西亚，1978）。不具备这种外在美，就不能称其为宝石，只能派作他用。

图 1-2-2

图 1-2-3

（2）耐久

耐久主要指内在质地必须坚硬、耐磨、化学性能稳定、抗腐蚀，具有抗拒外力破坏作用而不易受损伤的特质。宝石被用于制作各种饰物，不论是长久珍藏陈列，还是长期佩戴使用，都不可避免地会受到外界温度、湿度、阳光和水等环境的影响，以及撞击磕碰等外力作用，正因为它具有上

图 1-2-4

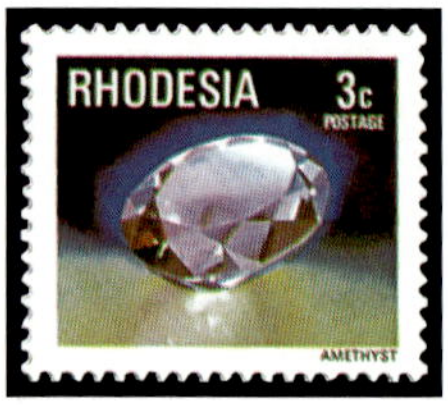

图 1-2-5

述特征，所以一般不会受损，当然也需要人们掌握一定的保养知识，精心呵护，这样就一定能保持宝石的完好无损，使之永葆艳姿美色，成为传家之宝、传世珍宝、仅以我们能在邮票上看到的为例，如中国清朝皇室使用的金质镶嵌珍珠、红宝石等宝石的酒具——金瓯永固杯（图 1-2-6，波兰，2006），公元 4 世纪罗马金器精品中镶嵌宝石的胸饰（图 1-2-7，罗马尼亚，1973），葡萄牙 18 世纪镶嵌红宝石的大十字勋章饰带（图 1-2-8，葡萄牙，1991），象征英国王室财富和权势的镶嵌各种珍贵宝石的皇冠、权杖（图 1-2-9，马恩岛，2003）等，所有这些都是存世百年、数百年被各国深藏的珍贵宝石饰物，至今芳姿依旧。从一些文明古国发掘的出土文物，让我们可以看到许多古老而精

图 1-2-6

图 1-2-8

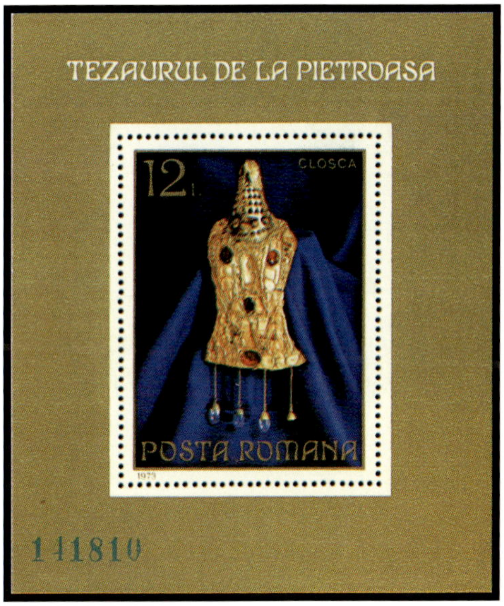

图 1-2-7

图 1-2-9

美的宝石或玉石饰物。如中国多处古文化遗址或古墓中发现的各种玉器，古埃及图坦卡蒙陵墓中发现的镶嵌宝石的圣甲虫和狒狒形垂饰（图 1–2–10，埃及，1997），美洲阿兹泰克文化遗址中发现的宝石面具（图 1–2–11，墨西哥邮资片，1953）等，更突显了宝石坚固耐久的优良特征。而易破损、褪色或被腐蚀的物质不可能如此耐久，也称不上宝石，更不会用来制作饰物。

（3）稀少

在自然界里，天然宝石有“三少”：一是品种数量少。前面已经提到，在已被人类发现的 3000 多种矿物中，宝石矿物仅有 200 种左右，而常见的只有 20 余种，足见其少。二是分布不均产地少。世界上的宝石矿物产地分布广而不均，而且有些名贵宝石产地又很集中，乃至成为一个国家闻名于世的特有宝石资源和主要经济支柱。如缅甸的翡翠和红宝石、哥伦比亚的祖母绿和澳大利亚的欧泊等。又如钻石在世界上分布较广，但进入商业性生产钻石的国家仅有二十几个，著名的有南非、博茨瓦纳等。三是规模小产量少。由于宝石是在特定地质作用和条件下形成的具有特殊性质的矿物品种，又多以砂矿形式产出，一般成矿规模都不大，产量很少。这从宝石以克拉（1 克拉等于 0.2 克）作为重量计量单位也可得到证明。如

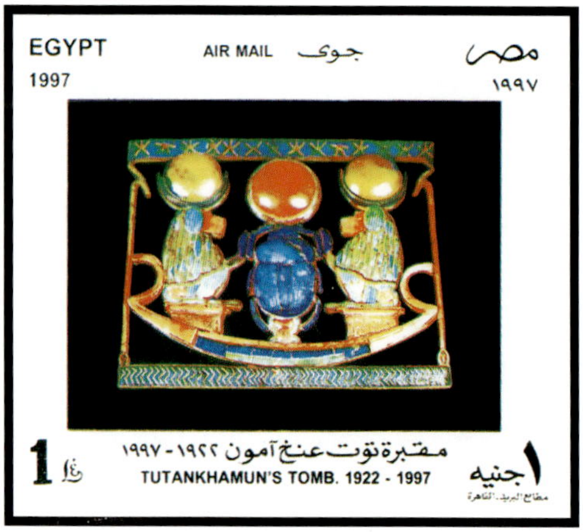

图 1–2–10

图 1–2–11

图 1-2-12

在具有商业价值的砂矿中开采金刚石，每挖掘 23 吨砂矿才能选出 4.5 克拉金刚石，其中能达到宝石级的仅占 1/10；而从原生矿中开采金刚石，每采 250 吨矿石才能获得 1 克拉钻石（图 1-2-12，格林纳达，2001）。难怪在当今珠宝市场上一枚重 1 克拉的钻戒售价高达数万元。上等质量的祖母绿较之同等质量大小的钻石还要昂贵，显然稀少难得是一个重要因素。此外，宝石作为矿物资源，一般是不能再生的，只能是越开采越少，直至枯竭，如南非已被废弃的金刚石矿坑（图 1-2-13，南非邮资片，1973）。这是促成宝石具有稀少这一特征的又一个因素，也是应该引起人们高度重视的问题。

图 1-2-13

2. 宝石的特性

宝石的三个显著特征是由它所具有的各种特性决定的，或者说是宝石各种特性的外在表现。说到宝石的特性，这是一个涉及地质学、矿物学，宝石学、结晶学、化学和物理学等多种学科，专业性很强的话题，十分繁杂。但由于它又是评价鉴赏宝石质量等级的重要依据，在宝石业不断发展，拥有或佩戴宝石饰物者越来越多的今天，人们应该对宝石的特性有一定的了解。

（1）晶体与晶系

1）晶体。地球上的一切物质都是由自然界里存在的各种元素中的原子按一定规律有序排列组合而成的。晶体就是指内部的原子有规律的重复排列并具有格子状即晶格（图 1–2–14，英国，1977）的物体。如自然界中呈六角状的雪花（图 1–2–15，美国，2006）就是一种晶体，它是由水蒸气的分子在空气中遇冷而有序排列凝聚而成的，外观很美，只因其遇热会熔化，不耐久，故成不了宝石。宝石则是地壳内熔化的岩浆在遇冷缓慢凝聚的过程中，水分和易挥发的成分被蒸发掉，其中某些元素的原子相互间按一定格式排列而构成坚硬且具有一定几何形态的物质，即成为晶体。宝石家族中绝大多数属于这种结晶而成的矿物晶体，如钻石（图 1–2–16，刚果民主共和国，2002）、紫晶（图 1–2–17，撒哈拉，1998）、黄铁矿（图 1–2–18，科摩罗，2008）。有的没有一定的晶体外形，称为结晶质或晶质，如大理石（图 1–2–19，博茨瓦纳，1974）。有一些外形呈块状，内部结构借助于电子显微镜才能观察到是由极微细的晶体集合而成的，称为隐晶质，如玛瑙（图 1–2–20，

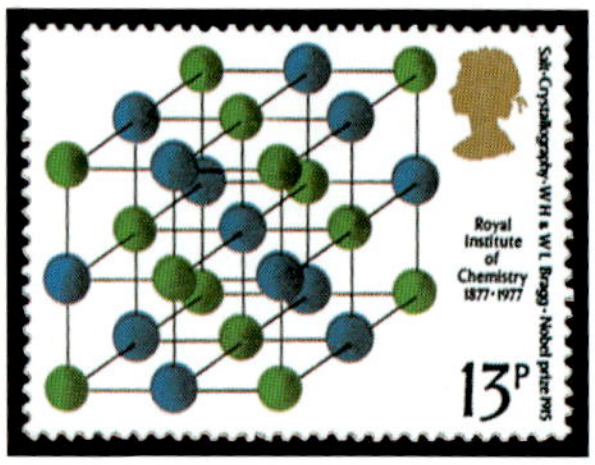

图 1–2–14

图 1–2–15

图 1–2–16

图 1–2–17

图 1–2–18

图 1–2–19

图 1–2–20

罗马尼亚，2006）等。只有极少数属于非晶质，如琥珀。

2）晶系。晶体由晶面、晶棱和顶角三个要素组成，具有多面体外形，是占有三个空间的几何体（图 1–2–21，保加利亚，1983；图 1–2–22，南非，2009）。交汇于晶体中心的三条或四条假想的直线，称为晶体的晶轴，根据晶轴的长短、相互间的交角和晶体自身固有的对称要素，把晶体分为六大晶系。

图 1–2–21

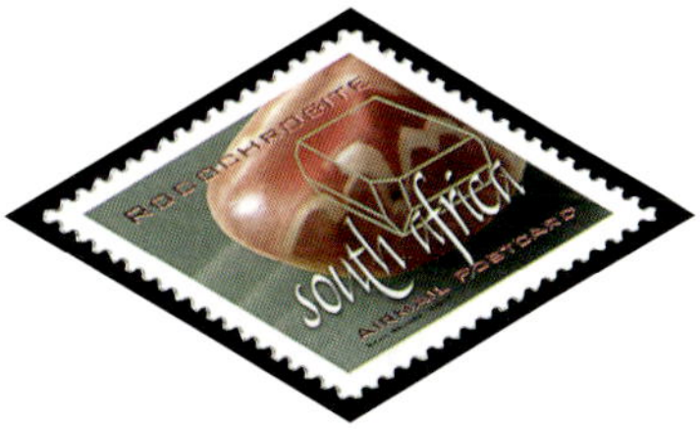

图 1–2–22

①等轴晶系，指三个晶轴长度相等并互成 90° 直角相交的晶系，其晶形呈八面体、立方体或菱形十二面体（图 1–2–23）。属于该晶系的宝石有钻石、萤石（图 1–2–24，几内亚比绍，2001）、石榴石、尖晶石、黄铁矿（图 1–2–25，法属南极领地，2009）和方铅矿（图 1–2–26，比利时，2003）等。

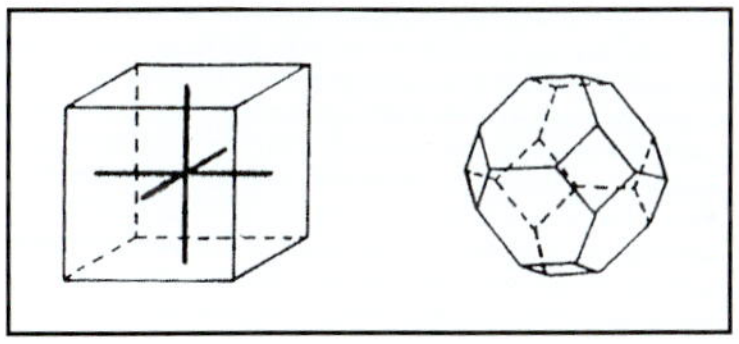
图 1–2–23

②四方晶系，指在三个晶轴中，有两个晶轴长度相等，与第三个不等长的晶轴三者互成直角相交的晶系，其晶形呈四方柱状，横断面为正方形（图 1–2–27）。属于该晶系的宝石有锆石（图 1–2–28，马里，2005）、方柱石、锡石，白钨矿和金红石等。

图 1–2–24

③六方和三方晶系，该晶系有四个假想晶轴，其中有三个等长的晶轴在同一个平面上以 60°（三方）或

图 1–2–25

图 1–2–26

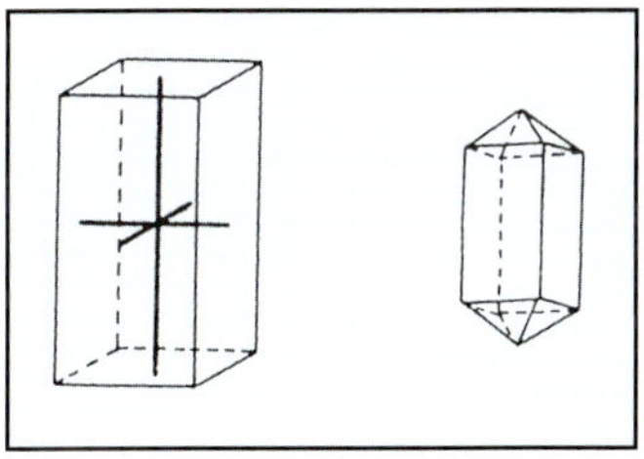
图 1–2–27

图 1-2-28

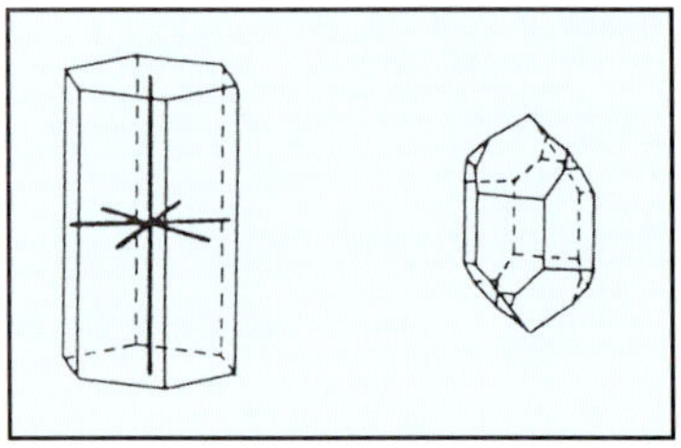

图 1-2-29

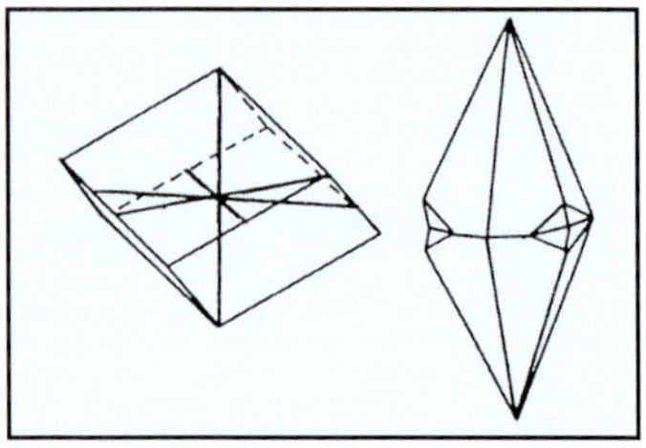

图 1-2-30

120°（六方）角相交，又与第四条直立的不等长的晶轴垂直相交的晶系，其晶形呈三方柱或六方柱状，横断面为三角形或六边形（图 1-2-29、图 1-2-30）。属于六方晶系的宝石有绿柱石（图 1-2-31，乌克兰，2009）、磷灰石、霞石（图 1-2-32，法属南极领地，2002）等。属于三方晶系的宝石有红宝石、蓝宝石、水晶（图 1-2-33，苏联，1968）、电气石、菱镁矿和方解石（图 1-2-34，多哥，1999）等。

图 1-2-31

④斜方晶系，指三个晶轴长度不等，相互间垂直相交的晶系，其晶形呈短柱状和柱状，横断面为菱形（图 1-2-35）。属于该晶系的宝石有金绿宝石、黄玉（图 1-2-36，乌克兰，2009）、红柱石、橄榄石（图 1-2-37，马里，1998）和黝帘石等。

图 1-2-32

⑤单斜晶系，指三个晶轴长度不等，其中两个晶轴在水平面上垂直相交，而第三个晶轴与之斜向相交的晶系，

图 1-2-33

图 1-2-34

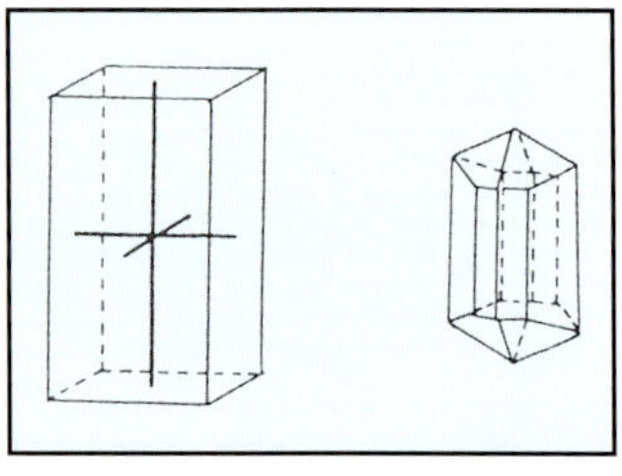

图 1-2-35

图 1-2-36

图 1-2-37

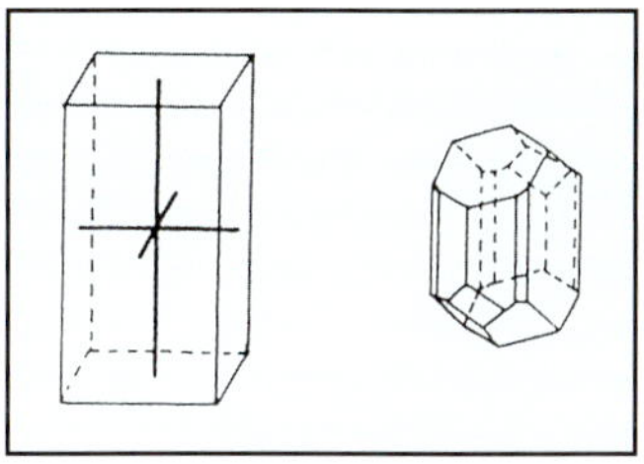

图 1-2-38

图 1-2-39

图 1-2-40

晶形呈粒状或短柱状（图 1-2-38）。属于该晶系的宝石有翡翠、软玉（图 1-2-39，南非，2009）、蛇纹石、孔雀石（图 1-2-40，安哥拉，2001），锂辉石等。

⑥三斜晶系，指三个晶轴长度不等，三者相互间成斜向相交的晶系，晶体呈平行双面，即薄板状（图 1-2-41）。属于该晶系的宝石有斜长石、绿松石（图 1-2-42，格林纳达，2003）、蔷薇辉石、斧石等。

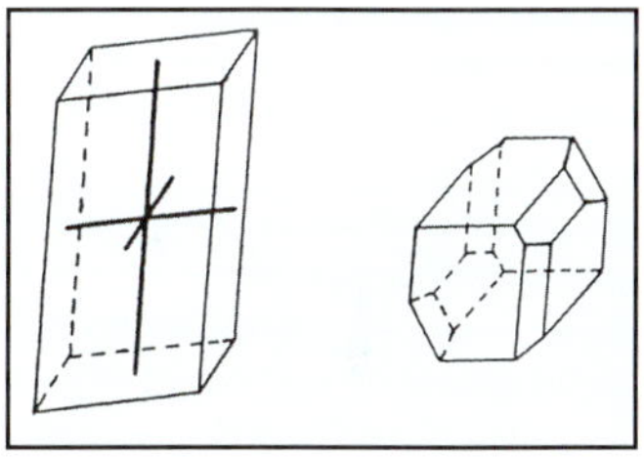

图 1-2-41

综上所述，了解了什么是晶系、晶体、晶形等这些概念和常识，对于人们认识宝石和对宝石的鉴别评定都具有重要指导意义。

（2）宝石的光学特性

图 1-2-42

宝石的光学特性是指宝石对各种光线的反应性能，包括它对光的反射、折射和折光率、色散与颜色、光泽与透明度，以及光学效应等多种性质，这些光学性质对宝石款式的设计和加工，以及鉴定和评价都具有重要指导意义。对于一般非宝石专业人员和宝石爱好者，应主要了解以下一些知识。

1）宝石的颜色。宝石的颜色是宝石之美的重要体现，它决定宝石的品级和价值，是鉴定宝石的主要指标之一。宝石的颜色是由宝石中所含的致色元素在光照射下产生的一种视觉效果。宝石中常见的致色元素有钛（Ti）、钒（V）、铬（Cr）、锰（Mn）、铁（Fe）、钴（Co）、镍（Ni）和铜（Cu）等。

宝石的颜色有自色和他色之分。

自色，指由构成宝石的化学成分中主要部分的元素所导致的颜色。在自然界里，自色宝石种类很少，人们常见的比较典型的有由铜元素所致呈天蓝色——绿色的绿松石（图 1-2-43，土库曼斯坦,1999）和呈绿色的孔雀石（图 1-2-44，马达加斯加，1997），由铁元素所导致成绿色的橄榄石，由锰元素所致呈粉红——红色的菱锰矿（图 1-2-45 附票，中国，2002）和蔷薇辉石等。

图 1-2-43

他色，指由构成宝石的化学成分中主要组成部分之外的其他微量元素所导致的颜色。宝石在纯净状态时是无色的，但由于一般都含有不同的微量元素，所以会产生多种不同的颜色。在自然界里，大多数宝石都属于他色宝石。如含微量铬元素而呈绿色的祖母绿（图 1-2-46，贝宁，2002）、玉髓（图 1-2-47，法属南极领地，2004）和呈红色

图 1-2-44

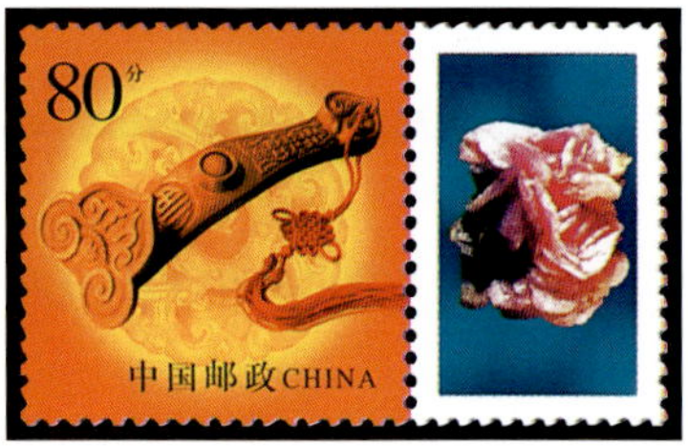

图 1-2-45

图 1-2-46

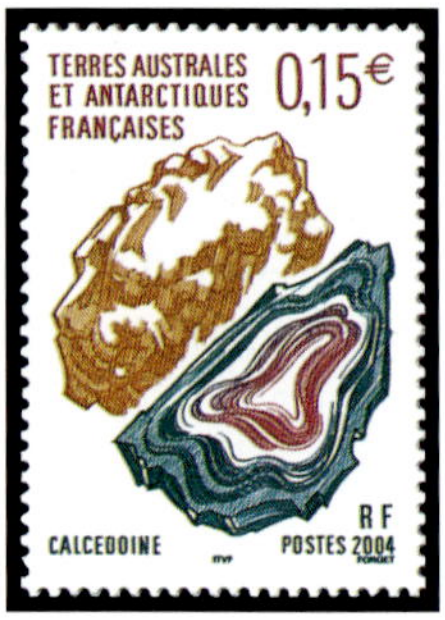

图 1-2-47

的红宝石；又如因含微量铁元素而呈蓝色的海蓝宝石、呈绿色或褐色的电气石和呈绿色的软玉；再如因含微量镍元素而呈黄色的黄色蓝宝石和呈绿色的绿玉髓。

2）宝石的光泽。光泽是一种物体表面的光辉。宝石的光泽是指光从宝石的抛光面上被反射而产生的一种光学效应（图1–2–48，莱索托，1969）。它主要取决于宝石自身的折射率及其表面被抛光的程度。

图 1–2–48

图 1–2–49

宝石的光泽有以下几种类型：

①金刚光泽，指具有很高折光率的宝石所产生的光泽。一般专指金刚石所显示的光泽（图1–2–49，坦桑尼亚，1986）。接近（或稍逊）金刚光泽的称亚金刚光泽，这类宝石有锆石、钙铝榴石等。

②玻璃光泽，指具有中等折射率和大多数透明的宝石所产生的光泽。又分为强玻璃光泽宝石，如金绿宝石；玻璃光泽宝石，如祖母绿（图1–2–50，马拉维，2008）、尖晶石；亚玻璃光泽宝石，如欧泊、萤石（图1–2–51，几内亚比绍，2009）。

图 1–2–50

③树脂光泽和油脂光泽，指质软和折光率低的宝石所产生的光泽，如琥珀。

④蜡状光泽，指类似于树脂光泽和油脂光泽，但其表面显得更不规则的一种光泽。如绿松石和粗糙的玉髓。

图 1–2–51

⑤金属光泽，指某些金属单质和少数宝石表面所产生的一种非常强烈的光泽。如贵金属中的金（图1–2–52，贝宁,2002）和很典型的赤铁矿（图1–2–53，中非共和国，1998）、黄铁矿和白铁矿。

图 1-2-52

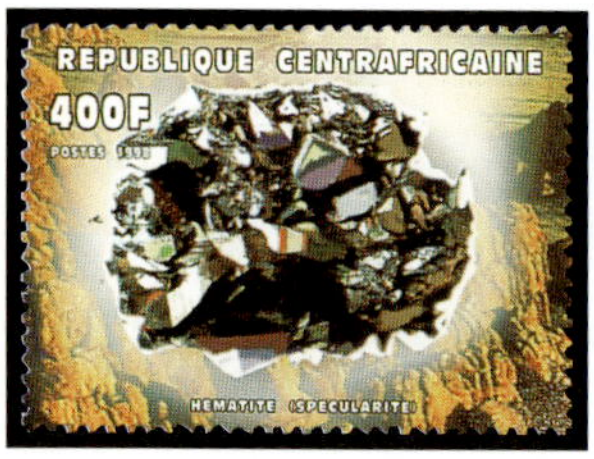

图 1-2-53

图 1-2-54

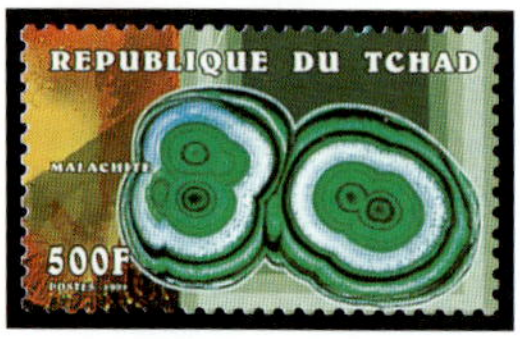

图 1-2-55

⑥丝绢光泽，指某些具有纤维结构的宝石所显示的光泽。如石膏（图 1-2-54，中非共和国，1998）、孔雀石（图 1-2-55，乍得，1998）、虎睛石。

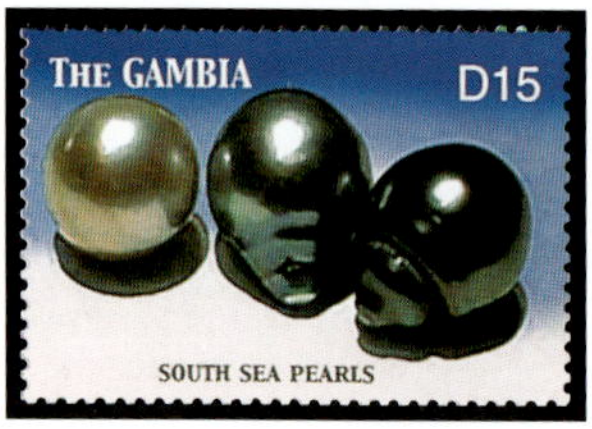

图 1-2-56

⑦珍珠光泽，指因为珍珠具有两种物质相间排列的同心圆结构，对光造成干涉而呈现出的晕彩，称为珍珠光泽。一般专指珍珠所显示的光泽（图 1-2-56，冈比亚，2003），也有具类似珍珠光泽的宝石，如表面粗糙的月光石。

此外还有很少见的沥青光泽，如煤玉。

3）宝石的透明度。透明度指物体允许可见光透过的程度。宝石的透明度是指宝石透过可见光的能力，其大小取决于宝石的化学成分和内部结构。宝石的透明度是鉴定其优劣的重要内容之一，在玉石界人们常说的“水头”指的就是透明度。

图 1-2-57

宝石的透明度分为以下五级：

①透明，指像透明的玻璃那样可充分透过可见光，隔着宝石能很清晰地看到对面的物体。如质地优良的钻石（图 1-2-57，扎伊尔，1983）、水晶（图 1-2-58，菲律宾，2009）、冰洲石。

②半透明，指能够透过可见光，但隔着宝石观察对面的物体显现模糊不清。

如半透明的电气石（图 1-2-59，瑞士，1959）。

③亚透明，指隔着宝石可见透光，但看不到对面的物体。如翡翠、玉髓、辰砂，琥珀等。

图 1-2-58

图 1-2-59

④半亚透明，指通光很少，隔着宝石看不到对面的物体。如玛瑙（图 1-2-60，克罗地亚，2010）。

图 1-2-60

⑤不透明，指隔着即使被磨成薄片的宝石，也完全不透可见光，看不到对面的物体。如黄铁矿、赤铁矿、方铅矿（图 1-2-61，阿尔及利亚，2002）。

在宝石界，逐渐趋向把宝石的透明度分为透明、半透明和不透明三级，把亚透明和半亚透明并入半透明的一级之中。

图 1-2-61

4）宝石的光学效应。由于宝石在其结晶过程中内部会遗存某些痕迹或杂物，如包裹体、细微的球状结构等，含这种特殊因素的宝石在光线照射下因反射原理使其产生并显现出一些奇特的视觉效果，这种现象就是宝石的特殊光学效应。常见的宝石特殊光学效应有以下几种：

①猫眼效应，指某些被加工成弧面形的宝石在光线照射下，表面显现出一种可平行移动的丝绢状光带，因其形状酷似猫的眼睛，故把这种现象称为猫眼效应。在自然界里具有猫眼效应的宝石品种不多，常见的也是最为典型的是金绿宝石猫眼（图 1-2-62，巴西，1998），称为“猫眼石”。其他具有猫眼效应的宝石还有电气石、绿柱石、磷灰石、石英等，但均远不及金绿宝石猫眼。

图 1-2-62

②星光效应，指某些被加工成弧面形的宝石在光线照射下，表面显现出相互交汇的四射、六射或十二射等星状

图 1-2-63

闪光光带，形似夜空中的星光（图 1-2-63，法国，宣传邮戳，1985），这种现象被称为星光效应。在自然界里具有星光效应的宝石很多，常见的有红宝石、蓝宝石（图 1-2-64，澳大利亚，1974）、铁铝榴石、尖晶石、绿柱石、水晶等。

图 1-2-64

③变彩效应，也称晕彩效应，指在同一块宝石戒面上能够显现出赤、橙、黄、绿、青、蓝、紫多种光谱颜色，这些颜色能随着宝石的转动而发生变换，这种罕见的自然现象被称为变彩效应。变彩效应是优质欧泊特有的光学效应（图 1-2-65，吉布提，2010），在其他宝石上难得一见。

图 1-2-65

④变色效应，指在同一块宝石戒面上，在不同的光线照射下能显现出不同的颜色，这种现象被称为变色效应。变色效应一般指金绿宝石的绿色变种，也叫变石，这种金绿宝石变种在日光照射下呈绿色，在白炽灯光照射下又显现出紫红色。具有这种变色效应的宝石还有产自哥伦比亚的含钒蓝宝石，产自泰国的绿色蓝宝石（图 1-2-66，泰国，2001）、立方氧化锆变石和人造刚玉变石、人造尖晶石变石等。

此外，在宝石的光学效应中还有月光效应、砂金效应等。

具有上述种种特殊光学效应的宝石，虽系因其内部所含包裹体（实属杂质）所致，但都是在特定条件下形成，不仅数量较少，而且明显增加了宝石的奇特性和美感，成为宝石中的珍品，其价值会明显提高。

图 1-2-66

（3）宝石的力学特性

宝石的力学特性是指宝石在结晶作用过程中所形成的各种物理性质，包括密度和比重、硬度、韧性、解理、断口等。这些性质直接关系到宝石的品质和耐久性，是评价、鉴定宝石的重要依据，一般宝石爱好者应了解以下一些知识。

1）宝石的密度和比重。

密度是物体单位体积的重量。宝石的密度就是宝石单位体积的重量，用每立方厘米有多少克表示（g/cm^3）。人们都知道，水在标准大气压下、在4℃时的密度是$1g/cm^3$。而不同的宝石，因其化学成分和原子结构各异，其密度也不同，而且范围较大。在珠宝中，密度最大的是金，达$19.3g/cm^3$，密度最小的是琥珀，为$1g/cm^3$。几种主要宝石的密度依次是红宝石（图1–2–67，扎伊尔，1996）为$4g/cm^3$、金绿宝石（图1–2–68，几内亚比绍，2009）为$3.75g/cm^3$、金刚石（图1–2–69，扎伊尔，1996）为$3.52g/cm^3$、祖母绿（图1–2–70，吉布提，2010）为$2.71g/cm^3$。

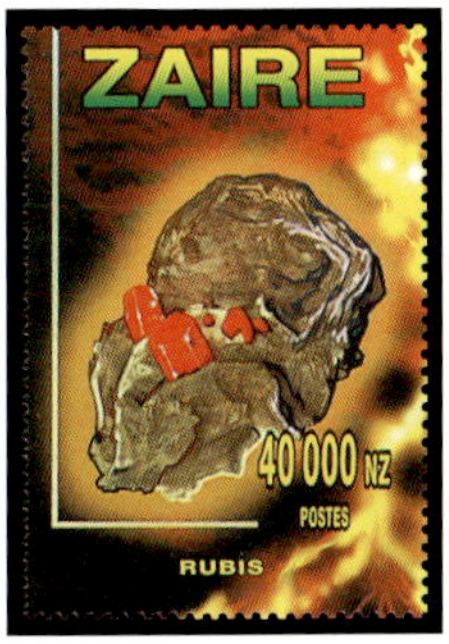

图1–2–67

比重，也叫相对密度。宝石的比重是指宝石在空气中的重量与同体积的水在4℃时的重量之比，即比重=宝石的密度/水的密度。如钻石的比重=3.52/1=3.52，也称密度值。比重是宝石的重要物理特性，它不仅是鉴定宝石的依据，而且直接影响每克拉宝石的大小。如一粒1克拉的祖母绿比同为1克拉的钻石大得多；而一粒1克拉的钻石又比同为1克拉的红宝石大。换言之，同为重1克拉而品种不同的宝石，其体积大小会有明显差异，比重大者体积小，比重小者体积大。

图1–2–68

2）宝石的硬度。

宝石的硬度是指宝石抵抗其他物质对其刻划、压入和磨蚀的能力。硬度直接关系到宝石的耐久性，不仅是鉴定宝石的重要依据之一，而且是宝石琢磨加工中必须注意的主要技术问题。

图1–2–69

图1–2–70

表示宝石硬度的方法有两种：

①摩氏硬度，也叫相对硬度或比较硬度。这种方法是德国矿物学家摩斯（F.Mohs）于1922年创立的，已沿用至今。这种方法是选择了10种能获得高纯度的矿物，经多次试验，按它们彼此之间抵抗刻划能力的大小排序而成的，称为摩氏硬度法。硬度划分为十个等级，依次是：a.金刚石（钻石）（图1–2–71，索马里，1999），硬度为10；b.刚玉（红、蓝宝石）（图1–2–72，中非共和国，1998），硬度为9；c.黄玉（托帕石）（图1–2–73，圣多美和普林西比，2006），硬度为8；d.石英（水晶）（图1–2–74，莫桑比克，1979），硬度为7；e.长石（图1–2–75，马拉维，2007），硬度为6；f.磷灰石（见本书“少见宝石”中“磷灰石”一

图1–2–71

图1–2–72

图1–2–73

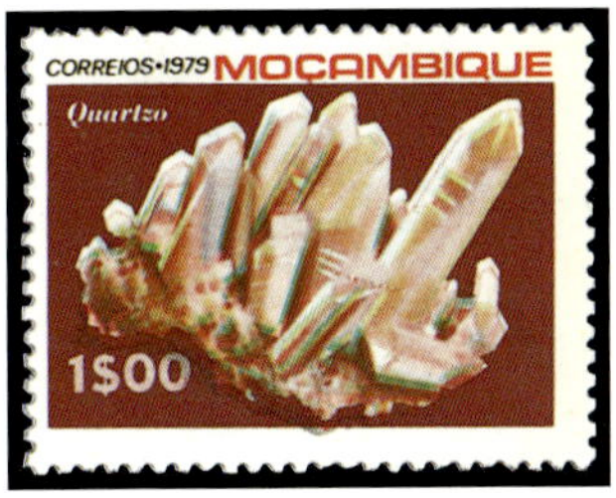

图 1-2-74

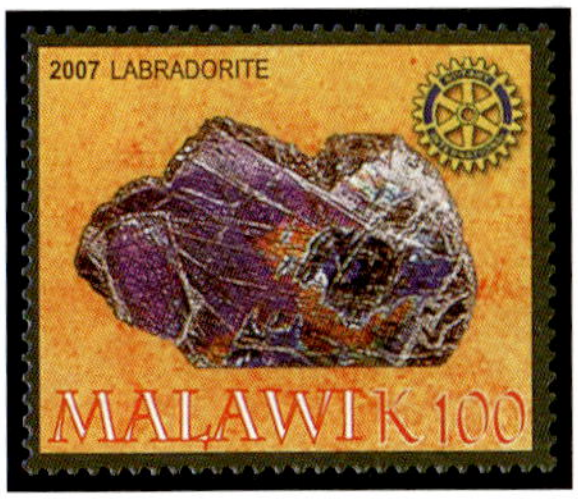

图 1-2-75

图 1-2-76

文插图），硬度为 5；g. 萤石（图 1–2–76，刚果民主共和国，2006），硬度为 4；h. 方解石（图 1–2–77，阿富汗，1999），硬度为 3；i. 石膏（图 1–2–78，刚果共和国，1999），硬度为 2；j. 滑石（图 1–2–79，中国邮政日戳），硬度为 1。

图 1-2-77

②绝对硬度，也叫压入硬度。这是一种采用专用仪器——显微硬度仪测定宝石硬度的方法。因这种设备及测定方法较为复杂，所以主要用于宝石的科学研究之中，一般宝石商界基本不使用这种方法，而多用摩氏硬度法测定，表示宝石的硬度。

图 1-2-78

围绕宝石硬度的测定，还有以下一些相关知识应该了解。

①摩氏硬度的十个等级只表示它们各自硬度的相对大小，等级之间硬度的差别不是均等的。如金刚石和刚玉两者硬度只差一级，但实际上金刚石的硬度比刚玉大 90 倍；刚玉和黄玉两者的硬度也只差一级，但刚玉的硬度只是黄玉的 5 倍多；而黄玉与石英两者硬度同样只差一级，但实际上两者硬度差异并不大。

图 1-2-79

②同一种宝石因受其晶体结构的影响，自身硬度会出现差异，不仅不同的刻面上硬度会有不同，而且同一个刻面上不同的角度或方向，其硬度也会有所不同，这就像同一块木材，因其纹理不同会有不同的硬度一样。还有一种状况是，同一种宝石因产地

及所含杂质不同，其硬度上也会出现差别。

③在一般情况下，对透明的宝石不宜做硬度测试，也不要贸然用硬物去刻划摩擦宝石饰物，因为这些做法易使宝石受到损伤，影响外观及价值。

3）宝石的韧性。

宝石的韧性是指宝石抵御外力作用抗破碎的能力。宝石的韧性与硬度不成正比关系，而主要与它的原子结构有关。如金刚石是世界上最硬的物质，但它的韧性却不如软玉；黄玉的硬度比石英高，但韧性比石英低，比石英容易加工。因此决定宝石的耐久性，除了化学稳定性和硬度之外，韧性也是一个重要因素，同时是在宝石加工、佩戴或收藏中必须关注的技术问题。

常见宝石的韧性值从高到低依次是黑色金刚石、翡翠、刚玉、钻石、水晶、橄榄石、祖母绿（绿柱石）、黄玉、月光石、玛瑙、锂辉石、褐帘石。

（三）宝石的开采与加工

1. 宝石的开采

在自然界里，除了有机宝石和人造宝石之外，天然宝石矿物在地球上的生存形态分为内生矿和外生矿。内生矿也称原生矿，指深藏于地球内部，即出现在地壳的岩石之中，与其他不同性质的矿物共生，或成为附着在母岩上的宝石（图 1–3–1，葡萄牙，1971；图 1–3–2，格林纳达，2003）。外生矿也称次生矿、冲积矿或砂矿，是由于地壳运动和外生地质作用，使含宝石矿物的岩石被提升到地球表面，经风吹、雨淋、日晒及河水冲刷等自然现象的作用，被侵蚀风化而脱离母岩，并随河流或小溪流动，最终堆积在河床、海滩形成砂矿床（图 1–3–3，西南非，1975），宝石就

图 1–3–1

图 1–3–2

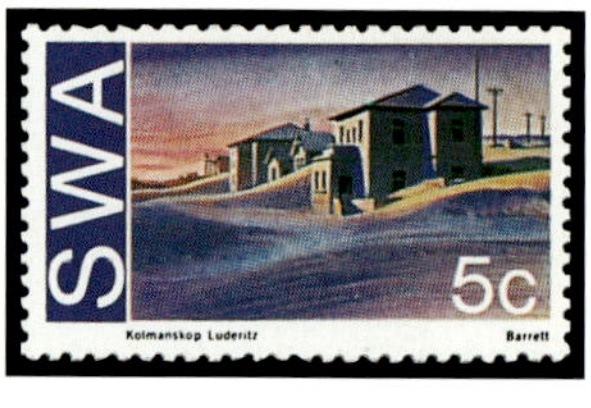

图 1–3–3

在砂石之中。

宝石开采就是人们在自然界获取宝石的方法和手段。由于宝石矿物的生存条件不同，所以开采方式也不一样，有井下开采和露天开采之分，不论哪种方式，在具体方法和操作上又分为人工开采和机械开采，或这两种方法的结合。

从宝石原岩中获取宝石主要采用井下开采方式，这种方式较为复杂困难，因为需要在岩石上开凿竖井（图 1–3–4，波兰，1966；图 1–3–5，罗得西亚和尼亚萨兰，1959），进而在蕴藏宝石的晶洞或岩层上打出平巷，人们在平巷中以人工方法（图 1–3–6，博茨瓦纳，1980；图 1–3–7，玻利维亚，1963）或机械方法（图 1–3–8，赞比亚，1983；图 1–3–9，坦桑尼亚，1985）开采挖掘含宝石的岩石，再将这些岩石运到地面（图 1–3–10，菲律宾，1978；图 1–3–11，伊朗，1988），经过破碎、筛选或水选等工序，最终获得宝石原石。如美洲哥伦比亚的祖母绿、巴西的祖母绿、紫水晶、电气石和非洲、亚洲一些国家盛产红宝石、蓝宝石等宝石的原生矿都是用这种方法开采的。有些国家对金刚石原生矿的开采虽然也采用这种方法，但因为矿床规模较大，获利高，所以开发者敢于

图 1–3–4

图 1–3–5

图 1–3–6

图 1–3–7

图 1–3–8

图 1–3–9

图 1–3–10

图 1-3-11

投入，进行机械化采选，从开凿竖井、打出平巷、挖掘矿石到破碎选矿各道工序，均采用机械化操作（图 1-3-12，莱索托，1971），而且有很完备的矿场建筑（图 1-3-13，坦噶尼喀，1961）。

对宝石砂矿主要以露天方式开采，不用凿井打巷，方法相对简单。成规模的金刚石砂矿，如南非奥兰治河口的韦巴布韦海岸沉积的金刚石矿床，则采用推土机或挖掘机等现代化机械将混有金刚石的砂石集中起来（图 1-3-14，博茨瓦纳，2001；图 1-3-15，纳米比亚，1991），而后进行采集。还有的使用更先进的船载机械设备，把沉积在海底混有金刚石的砂石通过管道吸到船上，而后采选其中的金刚石（图 1-3-16，纳米比亚，1998）。对于规模较小的宝石砂矿，一般采用较原始的方法，有的是在含宝石矿的河床或沙滩上凭肉眼寻找，如同大海捞针（图 1-3-17，图 1-3-18，西南非，1983）。更多的是采用人工淘洗的方法，即利用宝石（如红宝石、蓝宝石）与砂石比重上的差异，将混有宝石的砂石用簸箕形木质淘洗盘或圆形木质、铝质淘洗盘在水中淘洗，使比重小的砂石脱出，而比重大的宝石集中沉淀于盘底（图 1-3-19，老挝，1975）。这种方法如同过去人们在日常生活中煮粥烧饭之前将米在水中淘洗（俗称淘米），把米脱出，而沙粒沉于瓢底清除，所不同的是，一个剔除砂石，一个获得宝石。这

图 1-3-12

图 1-3-13

图 1-3-14

图 1-3-15

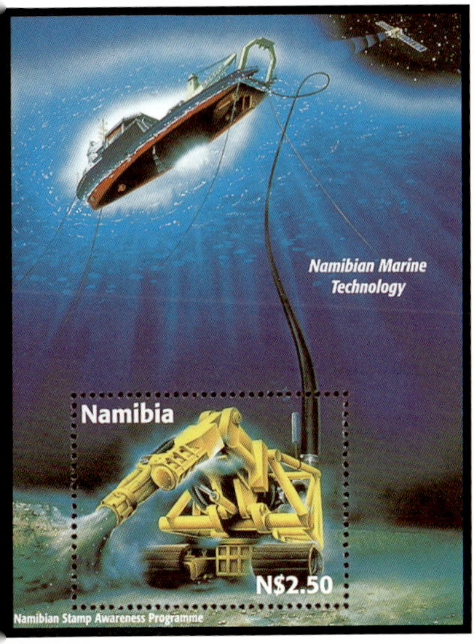

图 1-3-16

图 1-3-17

图 1-3-18

图 1-3-19

图 1-3-20

种方法也常见于在规模小的金刚石砂矿中采集金刚石（图 1–3–20，塞拉利昂，1961）。自然界里的天然宝石，除金刚石之外，其他各种宝石矿床规模一般都比较小，而且产状复杂，极难开采，所以多使用上述较原始的方法采集，又因其产量很低，故难以统计数量，这大概正是人们将他们称为宝石的主要原因之一吧。

2. 宝石的加工

人们通过开采和破碎选矿等初加工获得宝石原石，这种宝石原石也叫宝石毛坯，只是宝石原材料。其中有一些纯正粒大罕见的单质晶体（图 1–3–21，乌克兰，2009）和与母岩连在一体或与其他矿物共生、成色优良、晶形完整、外观颖美的晶体，会不经加工或只作简单修饰，保持原状（图 1–3–22，罗马尼亚，2010）作为宝石矿物标本，供博物馆收藏陈列、有关单位进行科学研究，或作为观赏石赏玩。而绝大多数宝石原石都要作进一步深加工，琢磨成各种形状的刻面石或弧面石（图 1–3–23，阿富汗，1988），以充分显示其绚

图 1–3–21

图 1-3-22

丽完美的品质，越是高档宝石越需要精心设计和加工，以获得更理想的佳品。如果说一块宝石原石的重量、颜色和纯净度是先天的，那么加工就是对它的后天美容，其加工工艺水平高低和质量优劣，直接关系到宝石的档次和价值，已成为评价宝石的重要依据之一。譬如对钻石的评价有四条标准，即“4C”，包括重量（Carat，克拉）、颜色（Colour）、纯净度（Clarity 即透明度）和切工（Cut 即加工）。加工是其中重要一条。对其他各种宝石的评价都同样如此。

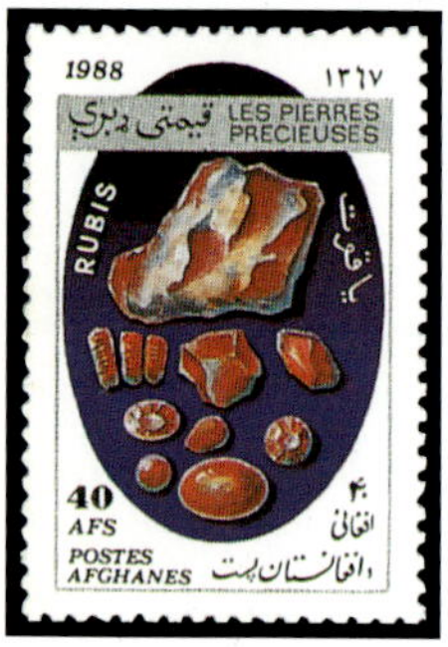

图 1-3-23

常言道：“玉不琢不成器。”宝石加工就是通过对宝石原石进行琢磨等基本工序后实现其预先设计的形态。所谓“琢”，指的是切割，就是把宝石原石上不需要的部分切除掉，或把大块的原石切割成需要的若干个小块。对切割的要求是既要精准，又要为下道工序——磨留下一定的加工余量。所谓“磨”，指的是深加工的磨削，即去除已切割成形的原石上所留下的加工余量，达到设计要求。磨包括倒棱、圈形、粗磨、细磨和抛光等主要工序。琢磨加工必须是渐进的、精准的，加工过程削减量不够或过多都会影响成品宝石的质量，乃至浪费原料，造成巨大损失。因此，宝石加工不仅需要先进的技术装备和丰富的操作经验，更需要在加工之前对宝石原石进行认真观察研究，根据其外部形状和内部特征做周密细致的设计，起码要考虑以下三方面情况：一是要合理确定琢型，尽可能减少被切除的余料，以保持其最大的重量；二是抓住内部性质特征，特别是光学特性，使其经琢磨加工能显现出反（折）射、星光或猫眼等特殊光学效应，以提高其品质；三是加工工艺技术及机械设备能够达到要求，实现设计方案。

图 1-3-24

可见宝石加工需要通过选择原石（图 1-3-24，

图 1-3-25

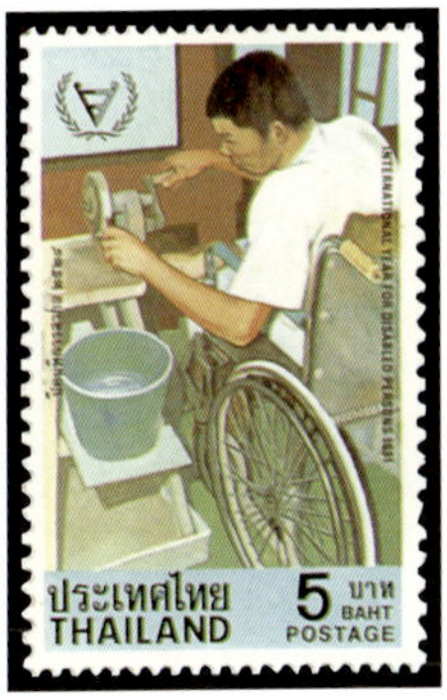

图 1-3-26

图 1-3-27

博普塔茨瓦纳，1978），并对其进行认真观察和研究（图 1-3-25，坦桑尼亚，1983），在确定设计方案之后，再经过切割（图 1-3-26，泰国，1961）、磨削（图 1-3-27，中非共和国，1966；图 1-3-28，澳大利亚纪念邮戳，1990）、抛光（图 1-3-29，塞拉利昂，1985）和钻孔等多道程序，最终加工成宝石成品。经检测合格（图 1-3-30，博茨瓦纳，2001），进而再经镶嵌加工（图 1-3-31，也门共和国，1996；图 1-3-32，加拿大，2002），制作成各种首饰或工艺品，供人们享用。上述宝石加工工序是需要借助于各种专用设备和工艺材料完成的。随着科学技术进步，宝石加工从简单的手工操作发展到复杂的

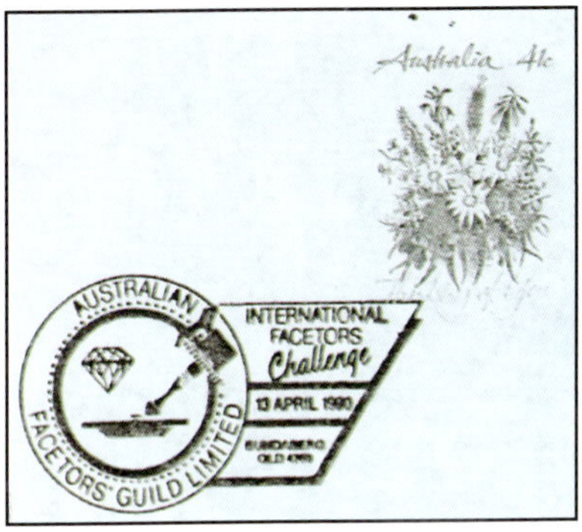

图 1-3-28

图 1-3-29

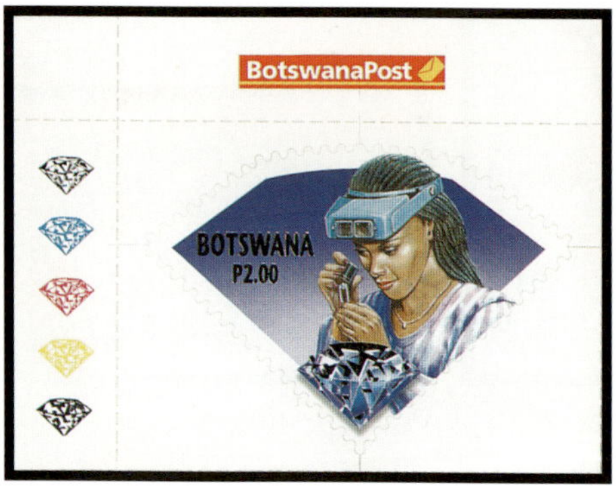

图 1-3-30

图 1-3-31

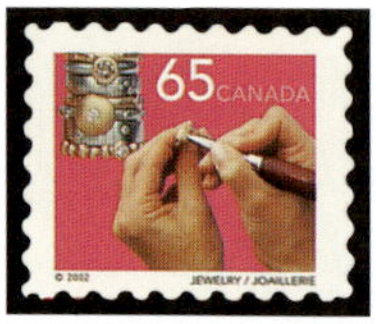

图 1-3-32

机械化操作，设备不断改进更新，种类逐渐增多。根据宝石加工工艺要求，主要加工设备分为切割设备、磨削设备、抛光设备、钻孔设备和必备工具等几大类。常用的工艺材料有磨料，如金刚石粉、碳化硅粉、刚玉粉和抛光用硅藻土；磨具，如金刚石锯片、砂轮、磨盘、抛光盘；辅料包括冷却液、黏结剂和清洗液等。

经加工完成的宝石成品，其款式（琢型）千变万化，多种多样，归纳起来主要分为弧面型、刻面型、珠型和异型几个大类，每个大类又有多种形态，我们能在邮票上看到的很有限。

图 1-3-33

图 1-3-34

弧面形，又称素面型，指宝石表面由一个经抛光的弧形面和一个未经抛光的平底面构成的类型。外形通常为卵形或圆形，具体分为圆形（图 1-3-33，印度尼西亚，1999）、椭圆形（图 1-3-34，印度尼西亚，1997）、橄榄形（图 1-3-35，塞拉利昂，1970）、方形、心形和随意形等。

刻面形，指宝石表面由一系列经切磨抛光的几何平面构成的类型。刻面型宝石外形种类

图 1-3-35

图 1-3-36

图 1-3-37

繁多，常见的有数十种，根据其外形特征及小面组合分为标准圆钻石形（图 1–3–36，马拉维，2007）、长方阶梯形（也称祖母绿型）（图 1–3–37，塞拉利昂，1970）、椭圆形（图 1–3–38，马拉维，2007）、玫瑰形（图 1–3–39，加纳，1966）和剪形等。

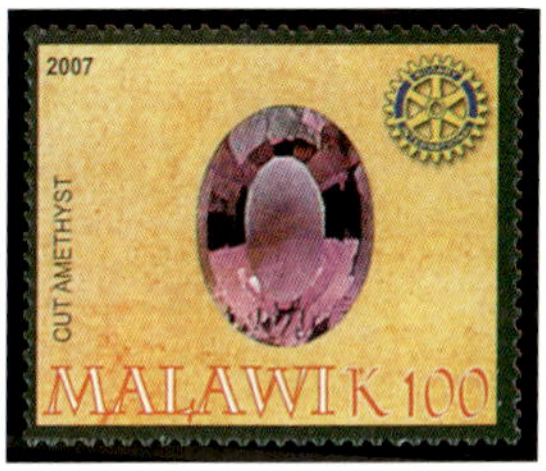

图 1-3-38

珠型，指珠状琢型，主要用于中低档宝石。分为圆形、椭圆形、腰鼓形，以及圆柱珠、菱形珠和立方珠等，主要用来制作珠串式饰物和其他配饰。如手链、项链（图 1–3–40，塞浦路斯，1980；图 1–3–41，科特迪瓦，1997）。

图 1-3-39

异型，包括自由型和随意型。自由型指依据宝石原石的外形，经简单研磨制成不规则外形的宝石；随意型指对宝石原石只磨去棱角和简单抛光，而不作过多加工的宝石。这种类型的最大特点是顺应天然，保持原始形态，外形千变万化，稀奇古怪，自然纯朴，具有独特魅力。多用来做吊坠、垂饰或手链（图 1–3–42，葡萄牙，1997）等。

图 1-3-40

图 1-3-41

图 1-3-42

二

走进斑斓的宝石世界

邮票被誉为“国家的名片”、“百科知识的窗口”。集邮伴随邮票诞生而兴，已有100多年的历史，是一项非常高雅的文化娱乐活动。随着集邮活动的不断深入和发展，专题集邮越来越受到人们的关注，已被列为一个专门的集邮类别，在目前已被确认的200多个集邮专题中，矿物宝石专题已成为重要的一员。

根据美国斯科特世界邮票目录和美国专题集邮协会（ATA）所属“宝石矿物和珠宝专题集邮研究会”会刊《国际宝石集邮》（封面见下页）所载相关资料，以及笔者多年来实际收集的情况，经汇总统计得知，自1932年哥伦比亚发行世界上第一枚宝石——祖母绿题材邮票至今，全世界已有150多个国家和地区发行矿物宝石专题邮票共400余套1500多枚，近200种矿物被搬上了方寸，其中包涵了所有各类宝石70余个品种。这些邮票大多选材严谨得当，内容丰富多彩，设计印制精美，图案自然质朴，展现在方寸间的一枚枚宝石矿物或宝石，犹如一件件精巧靓丽的艺术品，不仅颇具观赏性，给人以美的享受，而且极富知识性，可以说已成为一部特殊而形象的矿物学和宝石学教科书，让人从中学到许多知识。同时透过这个小小的窗口让大家从一个侧面了解世界各国宝石矿物资源状况，并唤醒人们对大自然赐予人类有限的宝石矿物资源的珍爱。

Philagems International

Gems, Minerals and Jewelry Study Unit

American Topical Association

A quarterly bulletin featuring articles, reports and checklists covering all phases of gems, minerals and jewelry on stamps.

UNIT OFFICERS

President
Alan Dean
108 Newton Square
Pointe Claire, Dorval, QC
H9R 1H8
Canada
E-mail:
norma.al@sympatico.ca

Vice-President
François Brisse
289 Oakdale Crescent
Beaconsfield, QC
H9W 1X3
Canada
E-mail:
fsbrisse@sympatico.ca

Secretary Treasurer
Gilberte Proteau
138 Lafontaine
Beloeil, QC
J3G 2G7
Canada
E-mail:
gilberte.ferland@sympatico.ca

New Issues
Ian Hunter
77 Edgevalley Way N.W.
Calgary, AB
T3A 4X7
Canada
E-mail: ighunter@shaw.ca

Editor
François Brisse

Autumn 2011 **No. 111**

CONTENTS

《国际宝石集邮》封面

(一) 珍贵宝石

1. 钻石——宝石之王

钻石，矿物学名称为金刚石，人们习惯上将未经琢磨的天然矿物称为金刚石（图 2-1-1，莱索托，1976），而把加工成饰品的称为钻石（图 2-1-2，泰国，2001），在中国两者常被混称。其英文名称为 Diamond，源自希腊语，是“坚硬无比”或“不可征服”的意思。

图 2-1-1

图 2-1-2

金刚石的化学分子式是 C，是唯一一种由单元素碳在特殊环境下结晶而成的宝石矿物。金刚石属等轴晶系，常见晶形为八面体（图 2-1-3，安哥拉，2001）、菱形十二面体和立方体等，有些因生成过程受残余岩浆的腐蚀作用，晶体往往成浑圆状（图 2-1-4，博茨瓦纳，1974）；具有典型的金刚光泽，透明、半透明或不透明，硬度为 10，是自然界最坚硬的物质，为水晶硬度的 1000 倍，比红蓝宝石的硬度高 90 倍，这是因为在该矿物中每个碳原子周围都有四个等距离呈对称排列的碳原子形成四面体配位，彼此以共价键牢固联结（图 2-1-5，索马里，1997），故使之不仅硬度最高，而且难熔，化学稳定性也好，坚固耐久。同时它又具有高折光率和强色散，五彩斑斓、晶莹剔透（图 2-1-6，德国，1997）。有些金刚石还因含有稀土元素，

图 2-1-3

图 2-1-4

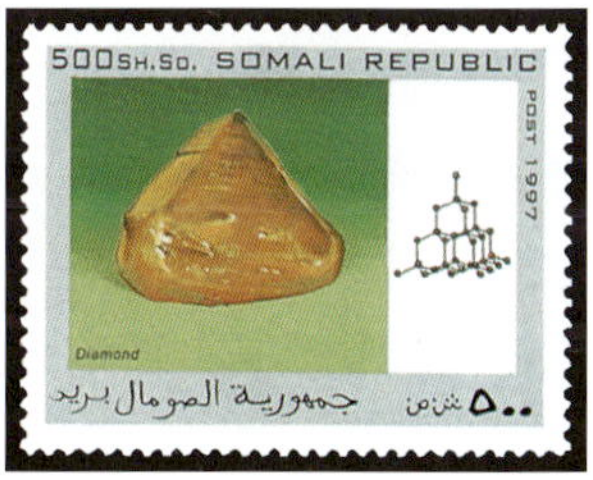

图 2-1-5

图 2-1-6

图 2-1-7

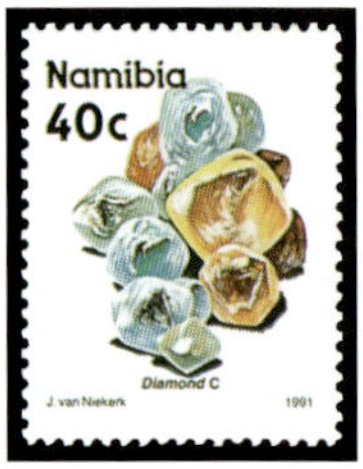

图 2-1-8

图 2-1-9

经曝晒后夜晚会发出淡青色磷光。金刚石除无色透明者（图 2-1-7，刚果，1969）之外，因含微量元素而具有多种颜色，常见的有浅黄、黄棕、浅褐等色，偶尔也有红、紫、蓝、绿和黑等色（图 2-1-8，纳米比亚，1991；图 2-1-9，布吉纳法索，1973；图 2-1-10，冈比亚，2003）。综上所述，金刚石的这些显著特性，使它成为极为珍贵又备受青睐的宝石品种，在世界公认的五大珍贵宝石（钻石、红宝石、蓝宝石、祖母绿和金绿宝石）中高居榜首，被誉

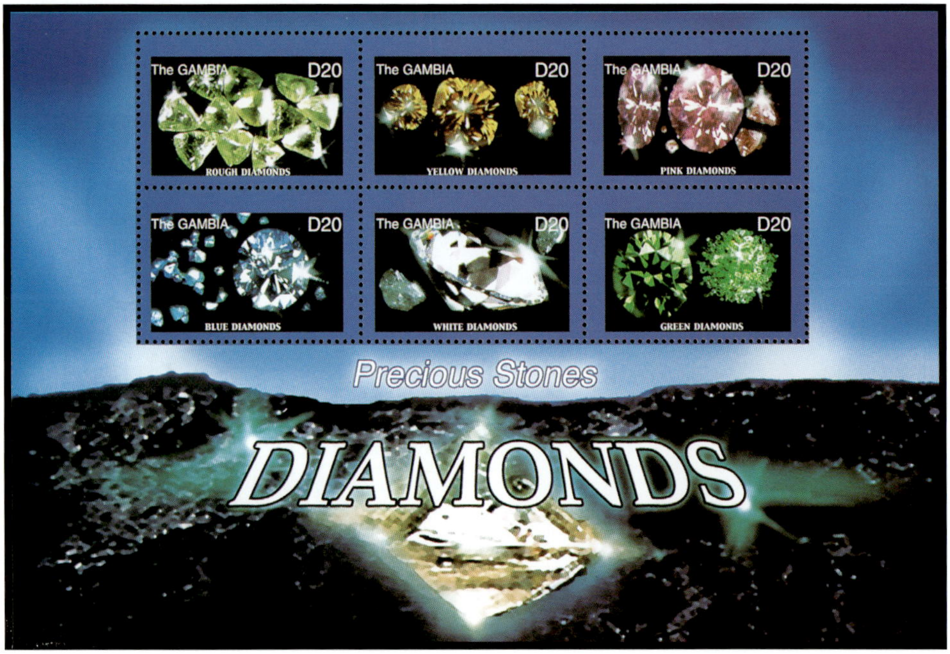

图 2-1-10

为“宝石之王”。

金刚石被人类发现和利用已有3000多年的历史，尽管它是自然界最坚硬的物质，但人们在长期实践中，摸索出一套以硬治硬的方法，即使用金刚石细微颗粒作磨料，对金刚石进行切割打磨加工，将其琢磨成各种不同制式和形态、璀璨夺目美丽动人的刻面宝石。最常见的琢型为圆形钻，是波兰人塔克瓦斯基于1919年根据金刚石的折光率，按照全反射原理设计出最佳反射效果的58个刻面的标准钻石型（图2-1-11，南非，1966）。从邮票上可以看到这种标准圆形钻的侧视图(图2-1-12，以色列，1968)、俯视图（图2-1-13，澳大利亚，1996）、立体图（图2-1-14，比利时，1960）及其从八面体晶体原石被切割琢磨成形的过程示意图（图2-1-15，博茨瓦纳，1970）。此外，还有方形、橄榄形（图2-1-16，以色列，2001）、祖母绿形（图2-1-17，

图 2-1-11

图 2-1-12

图 2-1-13

图 2-1-14

图 2-1-15

图 2-1-16

塞拉利昂，1970）、梨形（图 2–1–18，塞拉利昂，1969）、椭圆形（图 2–1–19，毛里求斯，1983）、心形、玫瑰形等。每一种琢型中又有多种不同的刻面和形态。这些品种繁多形态各异的钻石刻面石，通过能工巧匠之手，配以贵金属或其他宝石，可组合镶嵌成各种多姿多彩、精美绝伦的饰物，更显富贵高雅时尚，最常见的有戒指（图 2–1–20，圣多美和普林西比，2008）、项链或

图 2–1–17

图 2–1–18

图 2–1–19

图 2–1–20

图 2-1-21

图 2-1-22

图 2-1-23

项坠（图 2-1-21，博茨瓦纳，2001；图 2-1-22，塞拉利昂，1965）、耳坠（图 2-1-23，苏联，1971）、胸饰（图 2-1-24、图 2-1-25，同上）、头饰或王冠（图 2-1-26，澳大利亚，）等。钻石及其饰物，最初多被各国王室成员和达官贵人所享有，作为财富和权势的象征，随着社会发展进步，才逐渐进入寻常百姓家，即可彰显财富，又被当作爱情的信物以及永恒和成功的象征。对钻石及其饰物的受宠，也极大地推动了钻石加工业的发展，世界上已拥有一批技艺精湛、久负盛名的钻石加工地，最著名的有比利时的安特卫普（图 2-1-27，比利时，1992）、以色列的特拉维夫（图 2-1-28，以色列，2005）、印度的孟买、美国的纽约和德国的伊达尔——奥伯斯坦、荷兰的阿姆斯特丹（图 2-1-29，荷兰，2007）、泰国的曼谷以及中国香港等，这些国家和地区虽大多不出产钻石，但均已成为世界

图 2-1-24

图 2-1-25

图 2-1-26

图 2-1-27

图 2-1-28

图 2-1-29

钻石加工和贸易中心，钻石成品是他们的重要出口商品。

钻石的评价标准有四个要素，即重量（Carat Weight）、颜色（Color）、净度（Clarity）和切工（Cut），因四者的英文第一个字母均为“C”，故在珠宝首饰业中普遍称之为“4C”。一般除稀少昂贵的红、蓝、绿、黄等颜色的钻石珍品之外，通常以无色透明者为最佳；其重量单位为克拉，1 克拉等于 0.2 克，常见的钻石多在 0.25 克拉以下，大于 1 克拉的非常稀少；净度指从洁白无瑕到有疵点——即在 10 倍放大镜下能观察到的内部瑕疵及肉眼可见的外部缺陷；切工则指钻石加工的工艺水平。迄今为止，世界上已发现 100 克拉以上的大钻石 1900 多颗，多被命名并列为世界名钻，每一颗名钻的背后都有一段惊人或感人的故事和传说，有的已出现在邮票上。如 1905 年在南非普列米尔金刚石采矿场发现的世界上最大的宝石级金刚石，呈天蓝色，被命名为“库里南”，重达 3106 克拉，大小相当一个成人的拳头。1907 年南非当局把这颗稀世珍宝作为生日礼物送给英王爱德华七世。1908 年由荷兰工匠将其切割加工成 9 颗大钻和 96 颗小钻，最大的两颗中，一颗命名为“库里南 1 号”，重 530.2 克拉，呈卵形（图 2-1-30，南非，1980），另一颗命名为“库里南 2 号”，重 317.4 克拉，近似正方形（图 2-1-31，南非，1980）。这两颗钻石被分别镶嵌在英王的权杖（图 2-1-32，圣基茨和尼维斯、安圭拉，1977）和王冠（图 2-1-33，利比里亚，1978）上，至今仍是英王权的

图 2-1-30

图 2-1-31

图 2-1-32

图 2-1-33

象征之物。又如500年前发现于印度宝石之乡哥尔空达的一颗淡黄色钻石，被命名为“沙赫”，重88.7克拉，棒槌形，大小相当于姑娘的小手指（图2-1-34，苏联，1971），这颗名钻在古印度曾数度易主，被几代地方邦君所占有，并相继刻上了自己的名字，最后落入波斯国王法赫特·阿里沙赫之手。1829年俄罗斯驻波斯大使在德黑兰遇刺身亡，引发俄国极度不满并欲借机以武力反击，为平息事端，波斯国王派王子密尔查率团并携带珠宝赴彼得堡谢罪，在送给俄国的一批珠宝中包括“沙赫”钻石。此外还有重189.60克拉（原晶体重309克拉）的“奥尔洛夫”（图2-1-35，圣文森特，1989），重140.50克拉（原晶体重410克拉）的“摄政王”（图2-1-36，同上），重108.93克拉（原晶体重794.50克拉）的“光明之山”（图2-1-37，同上），重45.52克拉（原晶体重110.50克拉）的“希望”（图2-1-38，同上）和“印度之梨”（图2-1-39，同上）等，这几颗名钻于14～18世纪初陆续被发现，均产自印度，如今分别被英国、法国和俄罗斯珍藏。中国也曾于20世纪40～80年代陆续发现多颗重100克拉以上的大钻石，其中最著名的有重437.50克拉的“金鸡钻石”、重158.786克拉的“常林钻石”、重124.27克拉的“陈埠一号”和重119.01克拉的“蒙山一号”等，这几颗钻石均产自山东，遗憾的是未能登上方寸。

图2-1-34

图2-1-35

图2-1-36

图2-1-37

金刚石按其质地和用途分为宝石级和工业级两大类，世界上每年生产的金刚石大约仅有20%能达到宝石级，用于制作各种钻石饰物，而80%为工业级，在冶金、地质、煤炭、石油、机械、仪器仪表、

图 2-1-38

电子等领域得到广泛应用。

钻石是约在10亿～33亿年前，在地球内部150千米至200千米深处的地壳和地幔中的碳元素，在摄氏900～1300℃高温和4.5万～6万个大气压力以及适当氧化等综合因素作用之下结晶而成。又经过漫长的历史时期，由于地壳运动，特别是地震断裂、火山爆发等地质作用的推动，把这些结晶体带到地壳表面形成金刚石原生矿或砂矿。世界上最早发现金刚石的国家是印度，而且在相当长一段历史时期内是世界钻石的唯一产地，直到18世纪以后陆续在巴西、南非等国家发现钻石矿，这种情况才被打破。目前世界上产出钻石的国家有30多个，按产量居前七位的依次是澳大利亚、刚果（金）、博茨瓦纳、俄罗斯、南非、安哥拉和纳米比亚（这个排序会因一些新的发现而发生变化）。此外，还有加纳、几内亚、坦桑尼亚、塞拉利昂、中非、科特迪瓦、莱索托、巴西、圭亚那、加拿大、中国、印度和印度尼西亚等国。这些国家大多数都已发行过（有的还不止一次发行）以钻石为题材的邮票。

图 2-1-39

到目前为止，世界上已有近40个国家和地区发行以钻石为题材的邮票60多套150余枚，约占世界上已发行的矿物宝石专题邮票总数的10%。含有钻石信息的邮资封、片、简等邮政用品及邮政戳记，为数也十分可观。世界第一枚以钻石为图案的邮票出自加纳（图 2-1-40，加纳，1959 年 10 月 5 日），此后这枚邮票还曾几次被加盖改值发行。

图 2-1-40

2. 红宝石和蓝宝石——姐妹石

红宝石，英文名称为 Ruby，源自拉丁文 Ruber，意为“红色”；蓝宝石，英文名称为 Sapphire，从拉丁文 Saphzrus 转变而来，是“蓝色”的意思。在矿物学中两者同属刚玉（Corundum）矿物（图 2-1-41，贝宁，1998），红宝石系指红色的宝石级刚玉（图 2-1-42，肯尼亚，1977），蓝宝石则指除红宝石之外所有其他颜色的宝石级刚玉（图 2-1-43，肯尼亚，1977）。在珠宝首饰界红宝石和蓝宝石有“姐妹石”之称。

图 2-1-41

图 2-1-42

图 2-1-43

红宝石和蓝宝石的化学分子式同为 Al_2O_3，是简单氧化物类矿物，属三方晶系，晶体多呈六边形柱状（图 2-1-44，塔吉克斯坦，1998）、桶状（图 2-1-45，塔吉克斯坦，1998；图 2-1-46，柬埔寨，1998）或板状；具有玻璃光泽，透明至半透明，硬度为 9，仅次于钻石；化学性质稳定，并有良好的韧性和明显的多色性。红宝石和蓝宝石化学成分虽然相同，但由于在其结晶过程中混入不同的微量元素，因而成为显现不同颜色的晶体。含铬呈红色，含铬离子多寡导致颜色变化，如呈粉红、玫瑰红、鲜红和紫红等红

图 2-1-44

图 2-1-45

图 2-1-46

色调，流称为红宝石。含铁和钛呈蓝色，含铁和铬呈绿色，含镍呈黄色，含锰呈褐色，含钒呈紫色者，等等，统称为蓝宝石。所不同的是蓝色以外的各种蓝宝石名称均在“蓝宝石”之前冠以颜色，以示区别，如黄色蓝宝石（图 2-1-47，泰国，1972）、绿色蓝宝石（图 2-1-48，泰国，2001）。对非刚玉成分的其他红色或蓝色的宝石均不能称为红宝石或蓝宝石，只能叫做红色或蓝色某某宝石，如红色石榴石、红色尖晶石或蓝色钻石、蓝色尖晶石。

图 2-1-47

图 2-1-48

红宝石鲜红似火，蓝宝石清澈透蓝，两者以其晶莹剔透和艳丽色彩等特质备受青睐，自古以来被视为吉祥之物，是人们十分珍爱的宝石品种，与钻石、祖母绿和金绿宝石（猫眼）并列为世界五大珍贵宝石。在红宝石和蓝宝石中，颜色鲜艳纯正、透明度好、少瑕疵无裂纹、颗粒大者被视为佳品。优质透明的红宝石和蓝宝石多被琢磨成各种款式的刻面石，如圆形（图 2-1-49，斯里兰卡，1976）、祖母绿形（图 2-1-50，坦桑尼亚，1986）、梨形（图 2-1-51，泰国，1972）、椭圆形和方形（图 2-1-52，越南，1993）等。而透明度较差的则多被加工成半球状的弧面石，这种形状的宝石中，有的含有微细针状矿物或管状包裹体，它们若沿一定方向成有规则的排列，在光源

图 2-1-49

图 2-1-50

图 2-1-51

图 2-1-52

图 2-1-53

照射下会产生美丽迷人的“星光效应”，因而成为珍品，如星光蓝宝石（图2-1-53，斯里兰卡，1976）、褐色星光蓝宝石（图2-1-54，泰国，1972）。这些被琢磨加工成形的红、蓝宝石，配以贵金属和其他宝石，可制成各种美丽的饰物，如戒指（图2-1-55，多米尼加，1977）、胸针（图2-1-56，苏联，1971）、胸花（图2-1-57，联邦德国，1988）、手镯、手链、耳钉或耳坠（图2-1-58，古巴，2004）、项链（图2-1-59，斯里兰卡，1977）和面具（图2-1-60，斯里

图 2-1-54

图 2-1-55

图 2-1-56

图 2-1-57

图 2-1-58

图 2-1-59

图 2-1-60

图 2-1-61

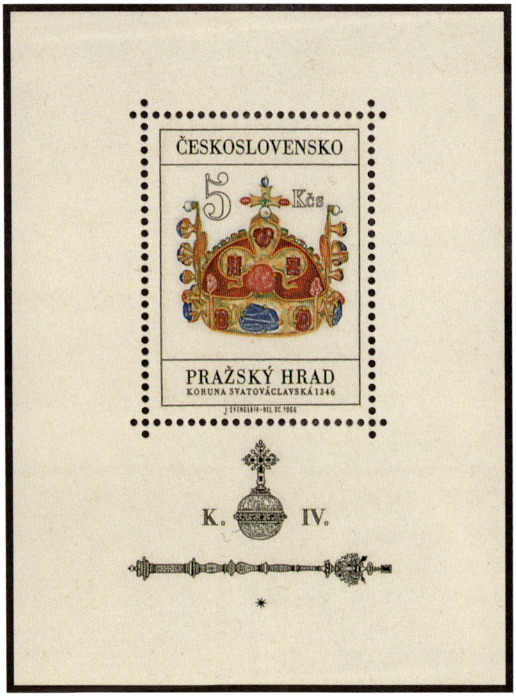

图 2-1-62

图 2-1-63

图 2-1-64

兰卡，1977）等。有些还与钻石、珍珠等宝石组合制成象征王权的皇冠（图 2-1-61，列支敦士登，1971；图 2-1-62，捷克斯洛伐克，1966）、权杖或服饰，有的还用作庙宇中的佛像和古建筑上的装饰物。此外，红宝石和蓝宝石在机械、电子、激光技术以及高科技领域中也得到广泛应用。

红宝石和蓝宝石在地球深部高温条件下，富铝贫硅的岩浆作用和变质作用下形成，世界上产地不多，红宝石的著名产地有缅甸、斯里兰卡、泰国、柬埔寨、越南等国；蓝宝石的主要产地有斯里兰卡、泰国、老挝（图 2-1-63，老挝，1975）、印度、中国、越南和澳大利亚等国。此外，非洲的肯尼亚、坦桑尼亚也出产红宝石和蓝宝石。优质的红宝石和蓝宝石都产自亚洲，最名贵的红宝石是产于缅甸抹谷（Mogok）地区“鸽血红”红宝石（图 2-1-64，缅甸，1991）和产于印度的“矢车菊蓝”。天然红宝石一般颗粒比较小，重量仅在 1 克拉左右，5 克拉的则属罕见。迄今为止，世界上最大的红宝石产自缅甸，重达

3450克拉。在美国华盛顿史密斯博物院中珍藏着一颗名为“罗塞里夫斯”的星光红宝石，产自斯里兰卡，重138.7克拉。蓝宝石比红宝石颗粒大，重几克拉至几十克拉的常见，100克拉以上的少见。世界上最大的蓝宝石产自斯里兰卡，重达19千克，著称于世的还有产自澳大利亚的昆士兰黑星蓝宝石，重733克拉，产自缅甸的“亚洲之星”蓝色星光蓝宝石，重330克拉。由于蓝宝石不如红宝石珍罕，故其价值略逊于红宝石。

由于优质天然红宝石和蓝宝石十分昂贵，人们发明了用焰熔法制造合成红宝石和蓝宝石的方法，如以纯净的三氧化二铝做原料，加入适量的氧化铬，采用焰熔技术合成红宝石，中国国内商业界称之为“鲁宾石”，其晶体呈倒梨状或胡萝卜状，有的还会呈现星光效应（见“宝石的概念”中图1–1–93）。

3. 祖母绿——绿宝石之王

祖母绿，英文名称为Emerala，意为“翠绿色”。中文名称源自波斯语Zumurua，译音为“助木鲁”，中国古代曾将其译为“珇碍绿”、“子母绿”等。它的拉丁文名称是Smaragdus，经讹传到16世纪演变成现在的英文名称。

祖母绿的化学分子式为$Be_3Al_2(SiO_3)_6$，在矿物学中与海蓝宝石、绿柱石同属绿柱石类矿物。绿柱石（Beryl）是一种含铍、铝的硅酸盐，其成分中常含钾、钠、钙、镁、铁、锂、铋、锰、铯、铬、钒和镍等多种微量元素，其中有一些是色素离子，致使绿柱石除绿色（图2–1–65，多哥，1999）之外，还有黄色（金）（图2–1–66，

图2–1–65

图 2-1-66

图 2-1-67

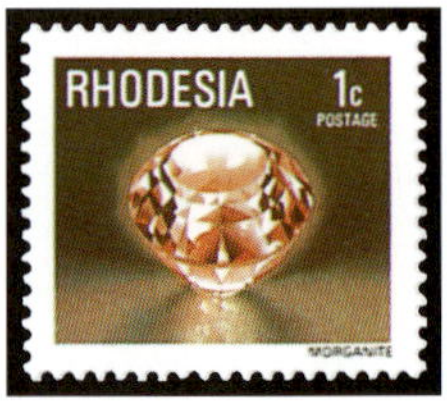

图 2-1-68

图 2-1-69

西南非，1961～1963）、粉红或红褐色（图 2-1-67，莫桑比克，1979）、铯（图 2-1-68，罗得西亚，1978）等。当绿柱石中所含的铝离子较多地被铬离子取代时会呈现出艳丽的翠绿色或浓绿色，这种绿柱石才称之为祖母绿（图 2-1-69，柬埔寨，1998；图 2-1-70，加逢，2008）。祖母绿属六方晶系，晶体呈六方短柱状（图 2-1-71，莫桑比克，1987）或长柱状（图 2-1-72，乌干达，1988）。具有玻璃光泽，透明至半透明，硬度为 7.5～8.0。其色泽取决于含铬离

图 2-1-70

子的多少，含量越高绿色越深；而透明度则取决于含氧化铁的多少，含量越少越透明。祖母绿是绿柱石家族中的佼佼者，其特有的翠绿色是其他绿色宝石所不能比拟的，因此被誉为“绿宝石之王”，是世界公认的五大珍贵宝石之一。由于祖母绿是在气成热液环境中形成的，所以晶体中含包裹体较多，十分纯净者不多见，一般或多或少都会看到一种类似棉絮状的细微纹路，俗称“蝉翼”或“蔗渣纹”，这本是它的瑕疵，但却成为它与其他绿色宝石相区别的重要特征，正如《博物要览》一书中所说，祖母绿“中有兔毫纹”者才算真品。

图 2-1-71

图 2-1-72

作为一种珍贵宝石，祖母绿通常被琢磨成长方形或方形阶梯形刻面石，就像标准圆形钻那样，这已成为一种最能表现祖母绿晶莹美丽的定型标准款式，人们称之为“祖母绿型”（图 2-1-73，巴西，1977；图 2-1-74，罗得西亚，1966），也有的被琢磨成圆形、椭圆形或心形（图 2-1-75，阿富汗，1988）。而瑕疵较多的祖母绿则多被加工成半球状的弧面石。这些经加工成形的祖母绿可用来制作各种名贵首饰，如戒面（图 2-1-76，以色列，1981）、耳坠（图 2-1-77，哥伦比亚，1972）、胸花（图 2-1-78，以色列，1968；图 2-1-79，葡萄牙，1991）、手镯（图 2-1-80，摩洛哥，1972）和垂

图 2-1-73

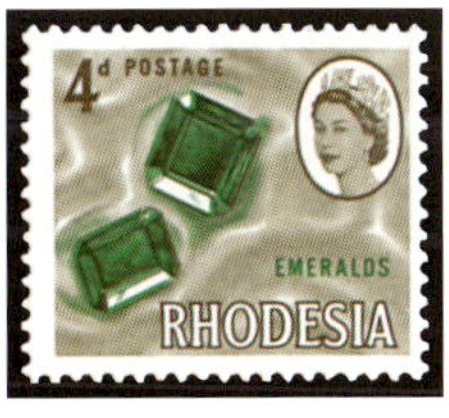

图 2-1-74

图 2-1-75

图 2-1-76

图 2-1-77

图 2-1-78

图 2-1-79

图 2-1-80

图 2-1-81

饰（图 2-1-81，摩洛哥，1969）。许多珍贵的祖母绿被镶嵌在欧洲各国和亚洲一些国家王室的皇冠、权杖、宝座和各种首饰上。需要提示的是：一是由于祖母绿韧性较差，性脆易碎，因此不论是对祖母绿进行琢磨加工，还是佩戴其饰品，均需倍加小心；二是在宝石中能仿祖母绿的品种较多，如绿色翡翠、绿色萤石、绿色电气石，同时人工合成祖母绿也已问世，因此在选购时应注意加以鉴别区分。

祖母绿被人类发现和利用已有数千年的历史，据记载早在公元前 2000 年，在古埃及的一个矿区就开始生产祖母绿了，它同许多珍贵宝石一样，极富传奇色彩。据说，耶稣在最后的晚餐中（图 2-1-82，圣多美和

图 2-1-82

普林西比，2003），使用的圣杯就是用祖母绿雕制而成的。古罗马暴君尼禄的一个眼镜也是用祖母绿制成的，他还凭借权势到处搜寻祖母绿。在古代波斯的伊朗王室，珍藏的祖母绿珍宝有数千件之多。在古印加帝国国王的王冠上镶嵌着 453 颗祖母绿，总重量达 1521 克拉，其中最大的一颗重 45 克拉。此王冠于 1593 年被安置在哥伦比亚大教堂的圣母像上。在欧洲祖母绿被认为是古希腊神话中象征爱和美的女神“维纳斯”的宝石。祖母绿以它美丽鲜艳的色彩，令人百看不厌，给人以无限美好的遐想，自古以来享有极高赞誉，视祖母绿为有生命的东西；认为持有祖母绿能使人才思敏捷，增强记忆和雄辩能力；能使人具有超自然的预言未来的能力，能让人变得节俭富有，还能防病，使人恢复眼睛的疲劳等。可见祖母绿的美丽和影响非同一般。

祖母绿按颜色、透明度、纯净度和重量划分等级，以颜色浓艳纯正、透明度高、无瑕疵和颗粒大者为上品。宝石级祖母绿，一般重 0.2 ～ 0.3 克拉即可制成高档首饰戒面，0.5 克拉的祖母绿售价就相当昂贵了，优质祖母绿的价格可与钻石相媲美，甚至能比同样大小的钻石贵出 3 ～ 4 倍。色艳透明的优质祖母绿大晶体极为罕见，但迄今为止，人类已发现不少巨大的祖母绿晶体，如 1956 年在南非发现的一颗重达 24000 克拉的祖母绿晶体，创下世界之最。排在第二位的是产自哥伦比亚木佐矿山的一颗巨大祖母绿晶体，重 16020 克拉。在俄罗斯费尔斯曼矿物博物馆中，收藏着一颗名为“科楚别耶夫”的祖母绿晶体，重 11000 克拉。

祖母绿生成条件比较苛刻，它是由含铍挥发组分的酸性融岩体和富含铝的超基性岩为围岩，两者相互作用下结晶而成的。世界上祖母绿的产地不多且比较分散，最著名的产地要首推哥伦比亚。该国出产的祖母绿以颜色好、质地佳、产量大闻名于世（图 2–1–83，哥伦比亚，1989），主要矿山有木佐和契沃尔，其产量几乎占世界祖母绿产量的 80%，每年生产的祖母绿价值约为 10 亿美元，有“祖母绿王国”之美誉。该国还率先把祖母绿搬上方寸，发行了世界第一枚以祖母绿为图案的邮票（图 2–1–84，哥伦比亚，1932），这也是世界第一枚宝石题材邮票。巴西也是

图 2–1–83

图 2-1-84

图 2-1-85

祖母绿的主要出产国，著名产地在桑塔特吉尼。该国的祖母绿呈淡黄绿或深绿色（图 2–1–85，巴西，2000，右下角边饰），透明度较差，属中低档祖母绿，1962 年以来，也有优质祖母绿被发现。俄罗斯乌拉尔地区是祖母绿著名产地，出产的祖母绿呈淡绿至深绿色，多为柱状晶体（图 2–1–86，苏联，1963）。津巴布韦也盛产祖母绿（图 2–1–87，津巴布韦，2002），并已成为该国主要出口资源。该国在独立前后曾多次发行以祖母绿为图案的邮票（图 2–1–88，南罗得西亚，1965）。出产祖母绿的国家还有坦桑尼亚、赞比亚、南非、印度、巴基斯坦、阿富汗和中国等。有些国家虽不出产祖母绿，但发行了以祖母绿为题材的邮票，图案多为祖母绿柱状晶体（图 2–1–89，墨西哥，2002；图 2–1–90，刚果，2002）等。

图 2-1-86

图 2-1-87

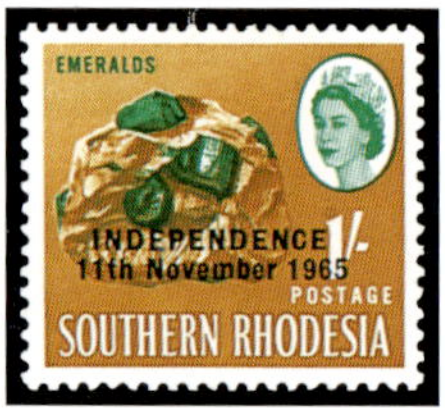

图 2-1-88

图 2-1-89

图 2-1-90

4. 金绿宝石——变石与猫眼

金绿宝石，英文名称为Chrysoberyl，源自希腊语词汇，由Shryso（金黄）和Beryl（绿柱石）合并而成，意为金黄色绿柱石，高度概括了该宝石的颜色特征。

金绿宝石的化学分子式为$BeAl_2O_4$，在矿物学中属于尖晶石族，是一种含铍、铝的氧化物类矿物，同时含有少量铁、钛和铬等微量元素。属斜方晶系，晶体呈短柱状、板状或假六方环状（图2-1-91左，法国纪念邮戳，1993；图2-1-92左，奥地利纪念邮戳，1995），具有玻璃光泽，透明至半透明，硬度为8.5，仅次于钻石和刚玉，且有极佳的韧性。在金绿宝石的化学组分中，因含铁元素数量不一，使其有蜜黄（图2-1-93，科摩罗，1998）、酒黄、黄绿（图2-1-94，赤道几内亚，2003）、灰绿、黄褐（图2-1-95，印度尼西亚，1998）等多种颜色，但都明显带有金黄色调。金绿宝石有两个名贵的变种，即具有“猫眼”和“变色”两种奇特光学效应的品种，珠宝界称之为“猫眼石”和“变石”（图2-1-96，巴西，1998），把金绿宝石列为世界五大珍贵宝石之一，实际上指的是这两个品种。

图 2-1-91

图 2-1-92

图 2-1-93

图 2-1-94

图 2-1-95

图 2–1–96

图 2–1–97

“猫眼石”是专指具有猫眼效应的金绿宝石（图 2–1–97，斯里兰卡，1976），这种宝石是因其内部含有许多密集定向排列的包裹体，在光线照射下由于反射作用而产生一条闪光的亮带，即“眼线”，状如猫眼，故称“猫眼石”。猫眼石以呈蜜黄色或酒黄色为最佳，以光带居中且竖直为上品，以闪光强弱分贵贱。在自然界，具有猫眼效应的宝石有 20 多种，如石英、海蓝宝石、电气石、阳起石、磷灰石、长石，但其眼线均不如金绿猫眼那样明亮和清晰，因此珠宝界把具有猫眼效应的金绿宝石称为“真猫眼”或“猫眼”，而其他具有猫眼效应的宝石都不能直称猫眼，必须在其前面冠以原宝石名称，如“石英猫眼”、“祖母绿猫眼”、“碧玺猫眼”，它们在外观上与真正的猫眼很少有相近的。另外，在聚光灯下观察猫眼石，有时还会看到两种有趣的现象，一种是把猫眼石放在聚光光源下，并形成正确的角度，会看到其向光的一半呈现出本体颜色，而背光的一半则呈现乳白色。另一种是把猫眼石置于两个聚光光源下，转动宝石会看到其眼线会出现张开和闭合的现象，张开时有清楚的区域隔开，而闭合时又形成一条细线。

图 2–1–98

“变石”是一种含铬而具有变色效应的金绿宝石，也叫“亚历山大石”（图 2–1–98 左上，坦桑尼亚，2004）。据说，在 1830 年俄国沙皇亚历山大二世过生日那天，恰巧在俄国乌拉尔的托卡瓦加祖母绿矿山发现了变石（另一说法是亚历山大二世戴着镶嵌着变石的王冠出席典礼），由此得名。变石的变色效应是其对光波选择吸收的结果，其透明的晶体可通过红光和绿光，故在不同波长光源照射下，当光源（如白炽灯）中红色成分多时呈现红色；当光源（如日光灯或阳光）中绿色成分多时又会显现绿色，因此被誉为“白昼里的祖母绿，黑夜里的红宝石”，一块宝石兼有两种珍贵宝石的颜色，可见其名贵和神奇。变石很少有大于几克拉的晶体，其价值取决于它的颜色和变色强烈程度。变石的价值比猫眼要低许多。而还有一个集变色效应和猫眼效应于一身的品种，称为“变石猫眼石”，非常罕见和珍贵。

金绿宝石中的猫眼石一般都被琢磨成半球状的弧面石，以使其显现出猫眼闪光；而变石则多被切磨加工成标准圆钻型或祖母绿型的刻面石。由于金绿宝石具有硬度高、韧性好、抗冲击能力强等特性，所以变石和猫眼石这两种琢型宝石是制作男用戒指的理想材料，同时也用于制作项坠和胸针等饰品。

金绿宝石通常产于古老变质岩地区的花岗伟晶岩中，也产于砂岩中。世界上出产金绿宝石的国家不多，主要产地在斯里兰卡和俄罗斯，其次是巴西、缅甸、马达加斯加、坦桑尼亚、美国等，中国新疆、四川也有产出。世界上最好的猫眼产地在斯里兰卡，该国也是唯一既出产猫眼又出产变石的国家，并多次在邮票和邮资简上得到展示（图 2-1-99，斯里兰卡）。最好的变石则产自俄罗斯乌拉尔地区，产量居世界之首。

图 2-1-99

（二）普通宝石

1. 电气石

电气石，英文名称 Tourmalite，在宝石学中称之为碧玺。电气石是它的矿物名称，其得名与该矿物所具有的热电性有关，在西方流传着这样一个故事：18 世纪时，一个炎热的夏天，在荷兰的阿姆斯特丹城里，几名儿童在阳光下玩航海者从海外带回来的一些彩石，发现这些石头在阳光照射下出现一种奇异现象，便叫他们的父母前来观看。他们的父母惊奇地看到这种石头具有一种能吸引灰尘或草屑等轻物体的力量，因此荷兰人把这种石头称为“吸灰石”，后被称作电气石。电气石除受热外，在受到摩擦或加压时也会产生静电，这是电气石的一个重要特性。这种性质与该矿物的晶体具有异极对称性有关。

图 2-2-1

电气石的化学分子式为“$NaR_3Al_6B_3Si_6O_{27}(OH)_4$”（其中 R=Mg，Fe，Li，Al，Mn）。它是自然界中化学成分最为复杂的矿物品种之一，是一种以含硼、铝为特征的复杂硼硅酸盐。电气石属三方晶系，晶体呈复三方长柱状（图 2-2-1，莫桑比克，1971），集合体往往呈棒状（图 2-2-2，多哥，1999）；放射状（图 2-2-3，赞比亚，1982），有时为隐晶质块状（图 2-2-4，中非，1998）。电气石具有玻璃光泽，透明至半透明，硬度为 7.0 ～ 7.5。电气石化学组分

图 2-2-2

图 2-2-3

图 2-2-4

图 2-2-5

图 2-2-6

图 2-2-7

图 2-2-8

图 2-2-9

复杂，因含不同金属离子有许多种类，如铁电气石，镁电气石、锂电气石，且颜色五彩缤纷，富含铁者呈暗绿色（图 2-2-5，塔吉克斯坦，1998）、深蓝色（图 2-2-6，科摩罗群岛，1998）、暗褐色（图 2-2-7，莫桑比克，1979）或黑色（图 2-2-8，几内亚比绍，2009）；富含镁者呈褐黄色（图 2-2-9，斯洛文尼亚，2000）；富含锂和锰者呈玫瑰红色（图 2-2-10，法属南极领地，2010）或淡蓝色；含铬者则呈深绿色。此外，还有双色或多色电气石，是因其晶体长轴方向分布二色、三色乃至多色的色带或呈同心层状分布的色带所致，如中间部分为紫红色，外表呈绿色的被称为“西瓜碧玺”。双色电气石在邮票上也有所展示（图 2-2-11，尼日尔，1996）。

图 2-2-10

在各种颜色的电气石中，可用来制作宝石的仅有红色（图 2-2-12，吉布提，2010）、绿色（图 2-2-13，肯尼亚，1977）、蓝色（图 2-2-14，西南非，1961）、杂色（即多色）和电气石猫眼等几种，其中红色电气石最受欢迎。一般红色电气

图 2-2-11

图 2-2-12

图 2-2-13

石常用来制作女性饰物，绿色、蓝色电气石常用来制作男性饰物，而透明的杂色电气石可作为贵重的玉雕石料。在宝石界，用来制作宝石的电气石都被称为碧玺，或在前面冠之以颜色，如红碧玺、绿碧玺、蓝碧玺。

图 2-2-14

电气石被用来制作宝石仅有几百年的历史，由于它具有以鲜艳的颜色和良好的透明度所构成的天然之美，故一问世便受到人们的青睐。在中国清朝电气石就备受喜爱，据说慈禧太后死后，脚下就放置一个重1800多克的碧玺莲花。在故宫博物院里陈列的文物中，也有大量碧玺饰品，如碧玺朝珠手串、镶有碧玺的如意（图 2-2-15，中国台湾，1987）、头饰和摆件等。如今电气石依然是很受人们欢迎的中档宝石品种。

图 2-2-15

电气石产于花岗岩、花岗伟晶岩、石英岩和石英脉中，主要产地有美国、巴西、俄罗斯、马达加斯加、斯里兰卡、肯尼亚、纳米比亚和中国等。巴西的红色电气石世界闻名（图 2-2-16，巴西，2009）。在世界上已有许多国家把电气石搬上方寸，除本文以上所列举的之外，还有美国、瑞士、马里、索马里（图 2-2-17，

图 2-2-16

图 2-2-17

1999）、刚果（图 2-2-18，2006）等，有的还出现在小型张的边饰图案之中，如几内亚比绍（图 2-2-19，2009）等。这些邮票也展示了不同颜色和形态的电气石。

图 2-2-18

图 2-2-19

2. 海蓝宝石

海蓝宝石，英文名称为 Aquamarine，源自拉丁文，是“海水”的意思。海蓝宝石又称水蓝宝石或蓝晶，相传这种宝石产于海底，是海水的精华，所以镶嵌这种宝石的首饰深受海员的喜爱，被视为护身符，故又有“福神石”的称谓。

图 2-2-20

图 2-2-21

海蓝宝石的化学分子式为 $Be_3Al_2(SiO_3)_6$，属于硅酸盐类矿物，实际上它是一种含微量三氧化二铁的绿柱石变种。属六方晶系，晶体呈六方柱状（图 2-2-20，柬埔寨，1998；图 2-2-21，索马里，1999），具有玻璃光泽，透明至半透明，硬度为 7.5。海蓝宝石组分中因含微量铁元素而呈深蓝至浅蓝色（图 2-2-22，津巴布韦，2002；图 2-2-23，几内亚比绍，

图 2-2-22

图 2-2-23

2009；图 2-2-24 右上角，惮饰，刚果，2006），这种淡雅的颜色十分诱人，同时除了自身具有这种颜色的天然海蓝宝石之外，对于部分质地欠佳的浅绿、浅黄色的透明绿柱石，通过人工热处理的方法，即加热到 200 ～ 500℃，可将绿色和黄色去除掉，而获得海蓝宝石淡雅的海蓝色。

海蓝宝石以色正而深、清澈透明和粒大无瑕者为

图 2-2-24

上品，这种优质的海蓝宝石可琢磨成各种形状的刻面石，如圆形、椭圆形、祖母绿形（图 2-2-25，民主德国，1974；图 2-2-26，西南非，1979）、倒梨（或水滴）形（图 2-2-27，巴西，1997；图 2-2-28，肯尼亚，1977）等。而不透明的海蓝宝石，其晶体内如含有平行分布的管状气、液态包体或

图 2-2-25

图 2-2-26

电气石，可加工成具有猫眼效应的弧面石，也很难得。这些经琢磨加工的海蓝宝石可用于制作各种首饰。围绕海蓝宝石有许多传说，在中世纪，人们认为佩戴海蓝宝石饰物可使人增长见识，具有先见之明。如有人认为如果口含海蓝宝石能在地狱中召唤魔鬼，并能得到他想知道的任何问题的答案；有人认为海蓝宝石有避邪的力量，能使佩戴者战胜邪恶。传说，浸泡过海蓝宝石的水可医治眼疾等病症。

图 2-2-27

图 2-2-28

需要提示的是，在自然界和现实生活中，有许多蓝色的宝石，如蓝色蓝宝石、蓝色锆石、蓝色托帕石（黄玉）、蓝色碧玺与海蓝宝石的颜色颇为相似，但可以鉴别，方法是通过测定上列宝石的硬度、比重和折光率、光性、二色性等加以区别，海蓝宝石的硬度不如蓝色蓝宝石，而它的比重和折光率却比蓝色锆石、托帕石及碧玺要小和低。也可以用手掂，同海蓝宝石颜色相似的各种宝石，因密度明显偏大，手感都比较重，如把它们放入三溴甲烷溶液中都会下沉，而海蓝宝石会浮于液面。另外，海蓝宝石具有明显的二色性，这又可与人工合成宝石和赝品相区分。

海蓝宝石产于花岗质伟晶岩中，尤其富集于糖粒状钠长石化伟晶岩中。主要产地有巴西、俄罗斯、马达加斯加、美国和巴基斯坦等国。中国新疆、云南、内蒙古和湖北等地也有产出。在新疆阿勒泰地区曾发现过珍贵的海蓝宝石猫眼。在绿柱石中，大颗粒、纯净、无裂纹的海蓝宝石晶体时有发现，世界上最大的一块绿蓝色海蓝宝石巨大晶体重 115.50 千克，于 1912 年产自巴西。英国自然历史博物馆中收藏着一块无瑕疵重 879.5 克拉被切磨成阶梯形的海水绿色海蓝宝石，美国洛杉矶自然历史博物馆藏有一块重 638 克拉的优质海蓝宝石。在美国其他自然历史博物馆中，也珍藏着一些切磨好的海蓝宝石样品，一块产自俄罗斯，重 271 克拉；一块产自斯里兰卡，重 355 克拉；还有产自巴西的一块祖母绿，形重 141.5 克拉，一块质量绝佳重 400 克拉的海蓝宝石等。

3. 尖晶石

尖晶石，英文名称为 Spinel，源自希腊语 Spark 一词，是“闪光”的意思。

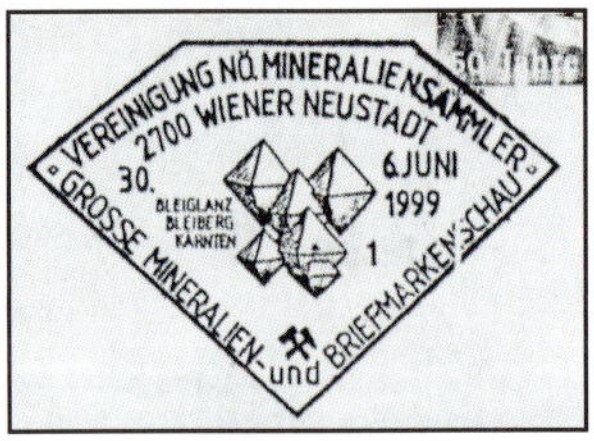

图 2–2–29

图 2–2–30

图 2–2–31

尖晶石实际上是矿物名称，在矿物学中它是一族矿物，其化学分子式为 $MgAl_2O_4$，是一种镁铝氧化物类矿物。属等轴晶系，晶体呈八面体（图 2–2–29，奥地利，纪念邮戳，1999；图 2–2–30，索马里，2000）和八面体与菱形十二面体的聚形；具有玻璃光泽，透明至半透明，硬度为 8。尖晶石因含不同微量元素而有红、粉红、紫红、橙、黄、褐、蓝和黑等多种颜色。含铬呈红色或紫红色（图 2–2–31，索马里，2003；图 2–2–32，法属南极领地，2008；图 2–2–33，塔吉克斯坦，1998），含铁而呈蓝色或黑色（图 2–2–34，匈牙利，1969；图 2–2–35，乍得，1999）等。红色尖晶石和蓝色尖晶石还分别有红色和蓝色荧光。

尖晶石有许多品种，用于宝石的主要有镁铝尖晶石及少量镁铁尖晶石、锌尖晶石和具有星光效应或变色效应的铁尖晶石等几种。其中以红色透明者为最佳，红色尖晶石颜色红艳浓重，且有红色荧光，

图 2–2–32

图 2–2–33

图 2–2–34

光泽明亮，硬度较高，有良好的耐磨性，是尖晶石中最珍贵的宝石品种，其价值仅次于红宝石，人们喜欢用它来制作各种首饰。而具有星光效应或变色效应的尖晶石十分罕见，是更为珍贵的尖晶石宝石品种，价值很高。

图 2-2-35

尖晶石的多种颜色与许多宝石品种的颜色相似，尤其容易与红宝石、蓝宝石、石榴石和锆石混淆，如红色尖晶石天然晶体酷似红宝石，国内珠宝业界称之为大红宝石，是红宝石的最佳代用品，所以自古以来，红色尖晶石常被人们误认为是红宝石，如著名的重 170 克拉名为“黑王子红宝石”和重 361 克拉名为“铁木儿红宝石”被镶嵌在英国国王王冠最显眼的位置上（图 2-2-36，多米尼亚，1977），这两块宝石一直被认为是红宝石，直至近代经鉴定才确认它们均为红色尖晶石。又如俄罗斯女沙皇叶卡捷琳娜二世王冠上镶嵌的一颗重 398.72 克拉的“红宝石”，实际上也是红色尖晶石。鉴于宝石名称需要规范化，所以红色尖晶石不能称为红宝石，尽管它也属于比较珍贵的宝石品种，但其价值不及红宝石，两者不是同一个品种。两者区别在于，红色尖晶石颜色均一为均质体，没有二色性；红宝石性质与之相反，颜色不均，具有二色性，且有绢状包裹体。另外，尖晶石的比重和折光率均低于红宝石，所以借助于常规仪器很容易把两者区别开来。

图 2-2-36

宝石级尖晶石产于接触交代型矿床中，即由酸性花岗岩交代白云质大理岩而成，在风化残积矿床和砂矿中也有产出，与红宝石和蓝宝石为同一地质产状，两者往往伴生，同时被开采。世界上红色尖晶石的主要出产国有斯里兰卡、缅甸、泰国和柬埔寨；蓝色尖晶石则产自斯里兰卡、缅甸等。此外，阿富汗、巴基斯坦、俄罗斯、巴西、美国、澳大利亚、意大利等国也有宝石级尖晶石产出。由于宝石级尖晶石比较稀少，人们对它的了解不多，所以原以为大于 5 克拉的尖晶石很难找到，后来才知道历史上一些很著名的大颗粒红色宝石实际上就是尖晶石，除前面已提到的“黑王子红宝石”和“铁木儿红宝石”外，还有一些超过 100 克拉的尖晶石珍品，如一颗重 71.15 克拉的红色尖晶石刻面石，现珍藏在美国自然历史博物馆中。又如 19 世纪中期，西方列强侵略中国，英国从中国掠走一颗抛光后重 520 克拉的尖晶石，现作为矿物晶体标本陈列在英国自然历史博物馆中。

4. 橄榄石

橄榄石，英文名称为 Olivine，源自拉丁文 Olive，意为具有橄榄绿色特征。它的另一个英文名称是 Peridot，系从法文演化而来。橄榄石大约在 3500 年前发现于古埃及的圣·约翰岛，是一种古老的宝石，人们常用来制作护身符，以消除夜间的恐怖，被视为“太阳宝石”。

橄榄石的化学分子式为 $(Mg \cdot Fe)_2SiO_4$，是镁铁硅酸盐类矿物，属斜方晶系，晶体呈短柱状，完整晶体少见，多为不规则圆粒状集合体（图 2-2-37 右，德国，纪念邮戳，2004；图 2-2-38，法属南极领地，1995），具有玻璃光泽，透明至半透明，硬度为 6.5 ～ 7.0。橄榄石是一种自色宝石，因含铁元素而致绿色，而且含铁量越多颜色越深，有橄榄绿、黄绿、褐绿色等（图 2-2-39，科摩罗，1998；图 2-2-40，乍得，1996；图 2-2-41，尼日尔，1996），最佳者为似祖母绿色。橄榄石因镁和铁的含量不同与变化而构成完美的类质同象系列，

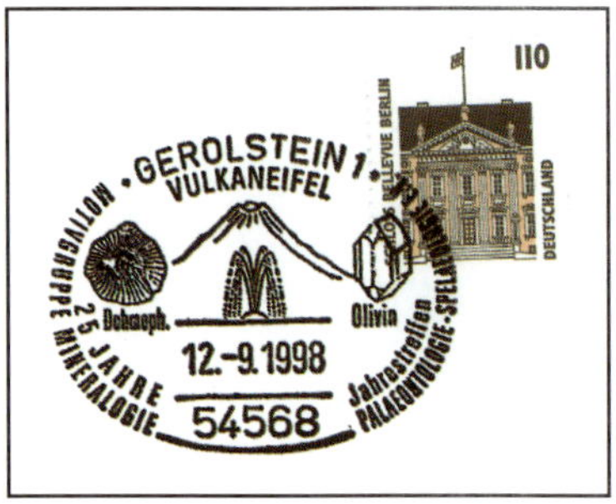

图 2-2-37

图 2-2-38

图 2-2-39

图 2-2-40

有多个品种，一般中间成分最为常见，镁含量较高的才被视为宝石级橄榄石，如镁含量在90%以上的，称为镁橄榄石，镁含量在70%～80%的，称为贵橄榄石。此外，还有镁铁橄榄石、铁橄榄石等。还值得一提的是，有的陨石中含宝石级橄榄石（图2–2–42，索马里，1999），十分罕见，被称为“天宝石”。

图 2–2–41

橄榄石优劣的主要评价依据是颜色、净度和重量，一般把颜色为浓郁鲜艳的橄榄绿色、透明度好、内部缺陷少、颗粒大的视为佳品。橄榄石加工比较容易，可根据其大小、质地任意切割，琢磨成圆形、椭圆形、橄榄形、心形等多种款式的刻面宝石，用来制作各种首饰，即便是小颗粒的橄榄石，也可用来制作群镶宝石饰品。橄榄石虽属于中低档宝石，但由于它颜色悦目，价格适中，所以很受人们的喜爱，是当今世界较为畅销的宝石品种。需要提示的是，由于橄榄石性脆，韧性较差，且不耐酸，突然遇热会发生破裂，碰撞容易破损或出现划痕，接触酸液会被腐蚀，所以在运输、加工、佩戴及清洗等各个环节均需倍加小心，注意呵护。

图 2–2–42

橄榄石主要产于各种喷出或侵入的基性、超基性岩中，即硅含量较低的基性火山岩中，在自然界分布比较普遍，产地较多，但宝石级橄榄石并不多。世界上著名的产地有埃及红海的扎巴加德岛、美国的亚利桑那州、缅甸的抹谷。此外，巴西、墨西哥、澳大利亚、俄罗斯、肯尼亚及中国等也有产出。中国的河北、吉林是世界上优质橄榄石产地。在河北的万全曾发现一颗重236.5克拉的橄榄石，被命名为“华北之星”。在美国多家自然历史博物馆中都藏有罕见的橄榄石珍品，如世界上最大的一颗产自埃及红海重319克拉的绿色橄榄石和另一颗产自缅甸重289克拉的橄榄石就珍藏在美国史密斯学院。英国伦敦地质博物馆也收藏了一颗来自缅甸重136克拉的橄榄石。

5. 托帕石

托帕石是其英文名称Topaz的译音，从梵文Topas衍生而来，是“火彩”的意思。Topaz是红海中的一个小岛，以盛产橄榄石著称，当时人们把黄色的橄榄石称之为Topaz，一直误用至今。托帕石的矿物学名称为黄玉。

托帕石的化学分子式为$Al_2[SiO_4](F, OH)_2$，是一种含羟基的铝镁酸盐类矿物，属斜方晶系，晶体多呈斜方柱状（图2-2-43，苏联，1963；图2-2-44，尼日尔，1996），也有粒状、块状集合体（图2-2-45，西南非，1979）。具有玻璃光泽，透明，硬度为8。托帕石颜色丰富，以黄或黄褐色最为多见（图2-2-46，西南非，1961；图2-2-47，巴西，1977），也有红或粉红色（图2-2-48，吉布提，2010）、浅蓝（图2-2-49，津巴布韦，1980）、浅紫、浅绿（图2-2-50，贝宁，2002）和褐色等。同时除天然的红色、粉红色和浅蓝色之外，其他颜色的托帕石经人工改色处理可变成像海蓝宝石一样艳丽的天蓝色和金黄色；无色的托帕石也可通过辐射和加热处理的方法使之改变颜色，以提高价值。由于天然托帕石资源较短缺，这种经处理改色的黄色托帕石也很受欢迎。

图 2-2-43

图 2-2-44

托帕石是一种较古老而珍贵的中档宝石品种，以颜色浓艳、透明度高、无裂纹和颗粒大的晶体为最佳，尤以呈酒黄、天蓝和红色者最受青睐。上等的被

图 2-2-45

图 2-2-46

图 2-2-47

图 2-2-48

称为“帝王红”的托帕石，价格很昂贵。色正质优的托帕石可琢磨成各种款式的刻面石，最流行的是祖母绿形（图 2-2-51，格林纳达，2001）和圆形（图 2-2-52，民主德国，1974），也有椭圆形、方形等琢形。这些刻面宝石可用来镶嵌戒指、胸针、项坠等各种首饰。需要提示的是，托帕石虽硬度大而耐用，但韧性较差，且有较发育的解理，受到撞击容易沿解理面出现裂纹，甚至破裂，所以在运输、加工及佩戴时均需注意呵护。另外，外表酷似托帕石的宝石品种较多，如黄水晶、海蓝宝石、磷灰石、电气石、黄色软玉，以及人造蓝宝石、人造尖晶石，一般凭肉眼观察很难区分。但它们的物理性质差别较大，托帕石较之这些相似宝石硬度高、比重大，故借助简单仪器可以区别。

图 2-2-49

图 2-2-50

图 2-2-51

图 2-2-52

由于托帕石种类繁多且具有不寻常的品质，所以围绕这种宝石也有许多传说，如人们把托帕石作为护身符佩戴，认为它能消除悲哀，增强智慧，给人以勇气；认为在黄金上镶嵌一块托帕石挂在颈上可避邪气，驱赶妖魔；有的把托帕石视为富饶和虔诚的代表，认为戴上它能使人心情舒畅，情绪稳定，不做噩梦；还有的认为用托帕石的粉末泡酒，可以治疗气喘、失眠、烧伤和出血等病症。这些大概也是托帕石作为宝石流传久远的原因吧。

托帕石的产状有两种类型，一种是原生矿，主要产在花岗伟晶岩、酸性火成岩的晶洞中，更常见于伟晶岩脉中；另一种是砂矿，多以卵砾状堆积于古河床的砾石层中。世界上托帕石的主要产地有巴西和斯里兰卡，此外，澳大利亚、美国、墨西哥、俄罗斯、英国、津巴布韦、尼日利亚、缅甸和中国均有产出。中国出产的改色蓝色托帕石质量优良，是重要的出口宝石产品之一。在世界上大块的托帕石晶体时有发现，巴西盛产优质宝石级托帕石，曾发现一块黄色透明的巨大托帕石晶体，重达 117 千克。在美国纽约自然历史博物馆中珍藏着多粒经切磨抛光的托帕石名贵标本，如有两块灰蓝色托帕石，各重 308 克拉和 120 克拉；另还有两块产自巴西的浅蓝色托帕石，分别重 1643 克拉和 258 克拉。在英国伦敦大英自然历史博物馆中也藏有一些大块托帕石晶体，如一块无色托帕石，重 1300 克拉，一块蓝色托帕石，重 614 克拉，均产自巴西。另据说，在 17 世纪葡萄牙国王的王冠上镶嵌着一颗被认为是世界最大、重 1640 克拉的 Braganza 钻石，现已确认它不是钻石，而是一块无色的托帕石。

6. 石榴石

石榴石，英文名称为 Garnet，源自拉丁文 Granatum，意为“像种子”，这是因为石榴石的矿物晶体形态和颜色酷似石榴的“籽”，这个特殊的外表特征使之得名石榴石，也叫石榴子石。在宝石学中石榴石又被称作“紫牙乌”，“牙乌”在阿拉伯语中是红宝石的意思，红色的石榴石很像红宝石，其颜色又多见红而带紫者，故又得此名。

石榴石的化学分子式为 $R_3M_2(SiO_4)_3$，其中 R 代表镁（Mg）、钙（Ca）、锰（Mn）和低价铁（Fe），M 代表铝（Al）、高价铁（Fe）和铬（Cr）等，从中不难看出它是一种化学成分很复杂的硅酸盐类矿物，是一族矿物的总称。石榴石属等轴晶系，晶体呈菱形十二面体（图 2-2-53，奥地利，纪念邮戳，1997；图 2-2-54，瑞士，1985）、四角三八面体（图 2-2-55，奥地利，纪念邮戳，2001；图 2-2-56，南非，2009），以及由两者构成的聚形（图 2-2-57，

图 2-2-53

图 2-2-54

图 2-2-55

莫桑比克，1987），具有玻璃光泽至次金刚光泽，透明至半透明，硬度为7.0～7.5。由于石榴石中所含诸多元素的不同组合，使之形成了一个类质同象的系列石榴石大家族，按化学组成可分为两个系列、六个品种，不同种类之间常以类质同象替换，很少以端员组分出现。

图 2-2-56

图 2-2-57

第一个系列是铁铝榴石，包括：

铁铝榴石（图 2-2-58，保加利亚，1995），英文名称为 Almandine，来自拉丁文，意为“木炭末”。化学分子式是 $Fe_3Al_2(SiO_4)_3$，因含铁的成分多而多呈褐红色或褐黑红色，能发出像木炭燃烧时火一样的暗红色，有的半透明者具有星光效应。

图 2-2-58

镁铝榴石，（图 2-2-59，肯尼亚，1977）也叫贵榴石，英文名称为 Pyrope，来自希腊文 Pyropos，意为“火一般的”、“像火一样”，说明它的颜色像火一样红。化学分子式是 $Mg_3Al_2(SiO_4)_3$，因含铬和铁而呈血红色、紫红色或玫瑰红色。

图 2-2-59

锰铝榴石，英文名称为 Spessartine，是根据该矿物的发现地德国巴伐利亚西北的 Spessart 命名的。化学分子式是 $Mn_3Al_2(SiO_4)_3$，纯净者呈鲜橙色，含铁增多时呈深橙色至红色。

第二个系列是钙铁榴石，包括：

钙铬榴石，英文名称为 Uvarovite，是为纪念俄国著名科学家乌瓦洛夫，以其名字（C.C.Ybapoba）命名的。钙铬榴石具有非常美丽的翠绿色，只是颗粒度较小，多不具备宝石价值。

钙铝榴石（图 2-2-60，加拿大，1992），英文名称为 Grossularite，是来自俄文植物学名称，以醋栗的颜色命名的。化学分子式是 $Ca_3Al_2(SiO_4)_3$，具有多种颜色，基础色调是黄绿色，深者至翠绿色，浅者至浅黄色。

图 2-2-60

钙铁榴石（图 2-2-61，阿塞拜疆，1994），英文名称为 Andradite，是以葡萄牙一位矿物学家 J.B.Dandrade Esilva 的名字命名的，人们也称其为翠榴石。化学分子式是 $Ca_3Fe_2(SiO_4)_3$，颜色为绿色或黄绿色。

图 2-2-61

虽然不同成分的石榴石其物理性质和内含矿物包裹体不同，宝石价值也存在很大差异，但因其具有折光率高、光泽强、颜色艳丽和硬度较大等特性，所以它是现今人们较为喜欢的宝石品种之一。石榴石的价值以颜色、透明度和粒度来衡量，其中出产在肯尼亚的翠绿色的钙铁榴石、含铬钒的钙铝榴石价值最高，质优者可与祖母绿价值相当；其次是红色的镁铝榴石和橙黄色的锰铝榴石。这几种石榴石可根据其质地琢磨成多种款式的刻面石或弧面石，用来制作各种首饰（图 2-2-62，罗得西亚，1978；图 2-2-63，巴西，2001），而半透明的含水钙铝榴石多用来作玉料。

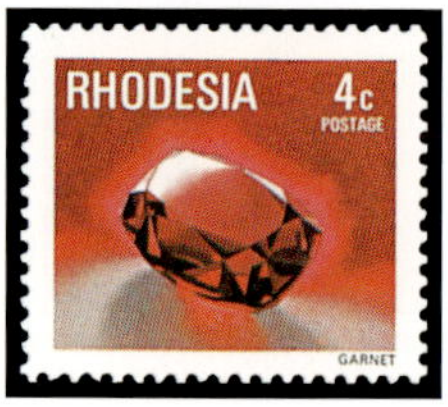

图 2-2-62

在宝石中，石榴石虽不是珍贵品种，但被人类认知已有几千年历史，留下了许多传说。数千年来，各种颜色的石榴石被认为是信仰、坚贞和纯朴的象征之物，同时相信它有使用价值，既可入药治病救人，又可研磨成粉末作染料。外出旅游佩戴石榴石，可确保旅途平安无事，免受惊险。在古希腊、古罗马时代，石榴石常被人们用来作驱邪的护身符。亚洲人确信石榴石的颜色会使敌人遭到更多的杀伤，故喜欢用石榴石、砾石制作子弹。石榴石还被一些国家的王室作为宝物收藏。许多波斯人常常把石榴石作为

图 2-2-63

君主的偶像崇拜。石榴石在工业中也多有应用，如作为高级磨料可运用于铜版印刷技术中。

石榴石是自然界中常见的矿物，在地壳中普遍存在，在区域和接触变质岩及超基性岩等岩类中均有产出，宝石级石榴石可在冲击矿床中发现。世界上石榴石的主要产地有斯里兰卡、巴西、印度、马达加斯加、肯尼亚、美国、中国、墨西哥、南非、坦桑尼亚、津巴布韦等。

7. 水晶

水晶，英文名称为 Crystal，源自希腊语 Krystallos，意为“洁白的冰”。它是最常见的矿物，也是最古老的宝石。由于水晶清澈如水，晶莹剔透，中国古人曾形象地称之为“水玉”、“水精”、“千年冰”，同时还有“菩萨石”、“马牙石”、“眼镜石”、“放光石”等许多有趣的别名。

图 2-2-64

水晶的化学分子式为 SiO_2，是一种无色透明的石英（Quartz）结晶体矿物（图 2-2-64，罗马尼亚，1985），属三方晶系，晶体通常呈六方双锥和六方柱构成的带锥头的柱状（图 2-2-65，苏联，1973；图 2-2-66，瑞士，1958），也常见以不规则状或美丽的晶簇方式出现（图 2-2-67，摩纳哥，1990；图 2-2-68，法属南极领地，1998）。透明，具有玻璃光泽，硬度为 7。水晶的主要化学成分是二氧化硅，因含钙、镁、铁、锰等微量致色元素和含各种包裹体或“色心”，故有多种颜色，并按颜色划分为无色水晶、紫晶、黄晶、茶晶、烟晶和墨晶等许

图 2-2-65

图 2-2-66

图 2-2-67

图 2-2-68

多品种，被用来做宝石的有：

水晶，无色透明，靓丽非凡，是很常见也很受欢迎的普通宝石品种（图 2-2-69，法国，1986；图 2-2-70，保加利亚，1995），块大的可用来做水晶球、雕制工艺品和器皿（图 2-2-71，比利时，1960），也可做成镜片；块小的可琢磨成宝石戒面。特别值得一提的是，近年来有些国家采用特殊工艺，把水晶实物“镶嵌”（粘贴）在邮票画面上作为装饰物，既提高了邮票的观赏性和收藏价值，也为特殊材质邮票增添了新成员（图 2-2-72，奥地利，2004）。

紫晶，英文名称 Amethys，来自希腊文“Amethustos”。紫晶是一种呈淡紫、浓紫或葡萄紫色的水晶（图 2-2-73，

图 2-2-69

图 2-2-70

图 2-2-71

图 2-2-72

阿塞拜疆，1994；图 2-2-74，朝鲜，1995；图 2-2-75，民主德国，1972），虽属于中档宝石，但因具有艳丽的颜色，十分诱人，是水晶中的佼佼者，被誉为“水晶之王”。质优无瑕透明的紫晶可作各种首饰的戒面（图 2-2-76，肯尼亚，1977；图 2-2-77，巴西，1989；图 2-2-78，苏联，1971），也可制成各种工艺品。此外，在自然界紫晶还常以晶洞形态呈现，有大有小，是非常奇特迷人的观赏石（图 2-2-79，法属南极领地，1997）。

图 2-2-73

图 2-2-74

图 2-2-75

图 2-2-76

图 2-2-77

黄晶，英文名称为 Citrine，是一种浅黄色或黄褐色的水晶（图 2-2-80，博茨瓦纳，1974），因外观酷似黄玉，故又称假黄玉或黄玉水晶，主要用做宝石戒面（图 2-2-81，罗得西亚，1978；图 2-2-82，索马里，1999）。

烟晶，英文名称为 Smory Quartz 或 Cairngorm，后面的名称源自其产地苏格兰的山名。烟晶是一种呈烟色至深褐色的水晶（图 2-2-83，瑞士，1960；图 2-2-84，民主德国，1969；图 2-2-85，泽西，2007）。呈淡棕色者也叫作茶晶，主要用做宝

图 2-2-78

图 2-2-79

图 2-2-80

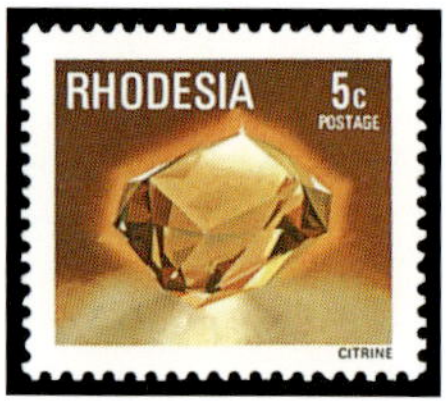

图 2-2-81

图 2-2-82

图 2-2-83

图 2-2-84

图 2-2-85

图 2-2-86

石戒面（图 2-2-86，民主德国，1974；图 2-2-87，印度尼西亚，1999）和玉雕原料。由于其具有被加热后改变颜色的特性，故又可作为改色原料。

图 2-2-87

除以上所列之外，水晶还有几个特殊品种，如在水晶晶体中有的含纤细的头发丝状、纤维状金红石、角闪石或电气石包裹体、被称为发晶，是良好的玉石材料；有的含定向排列的纤维状或管状气态包裹体，会产生星光或猫眼效应，叫做星光水晶或猫眼水晶，是难得的宝石材料；还有的含肉眼可见的液态包裹体，称为水胆水晶，十分罕见，多做观赏石或标本。

水晶的用途比较广泛，除了做宝石戒面、玉雕原料和观赏石之外，在其他领域也得到应用。水晶受热易碎是其弱点，但它具有压电性，即在高压作用下，其单晶体两端会产生电荷，所以无色、纯净、不具双晶的水晶可作压电石英片，用于工业和高科技之中。水晶还具有独特的医疗保健功能，明代著名医学家李时珍在《本草纲目》中记载，水晶“辛寒无毒”，主治“惊悸心热”，有温肺肾、安心神之功效。近年来，在美国、日本和欧洲一些国家掀起水晶热，与水晶具有可以稳定人的情绪、增强应变能力、有助于消除疲劳等各种保健功效有关。此外，水晶的纯洁使人们相信它内中隐藏着神灵，认为对着做成球状的水晶凝视可预言未来，所以日本人很喜欢把水晶球摆放在家中。中国古人认为紫水晶可以促进相互谅解，保佑万事如意；认为口中含上水晶能止渴，戴水晶片制成的眼镜能养眼等。

与水晶相似的宝石有尖晶石、长石、方柱石、堇青石、托帕石、绿柱石、电气石等，由于水晶与这些相似宝石中的大多数（方柱石、堇青石除外）物理性质差别较大，通过测定硬度、比重等很容易鉴别，而与人工合成的水晶或紫水晶较难区分。

水晶属于显晶质石英矿物，即为透明的石英矿物晶体，而石英是地球地壳中普遍存在的矿物，所以水晶分布非常广泛，几乎世界各国都有产出。具有宝石价值的水晶和紫水晶均产自火山岩、伟晶岩或存在于灰岩、页岩脉的晶洞中。紫水晶的最著名产地是巴西，此外乌拉圭、俄罗斯、马达加斯加、美国、墨西哥、中国和印度等国也有产出，这些国家多发行过以紫水晶为图案的邮票（图 2-2-88，墨西哥，2004）。在世界许多地方曾发现巨大而漂亮的紫晶晶簇，如 20 世纪初，在巴西发现一块惊人的巨大紫晶晶洞，长 33 英尺（1 英尺≈0.3 米），宽 5.5 英尺，呈面包状，重约 35 吨。整个晶洞内排列着形态完好、呈深蓝至紫色的紫晶晶体，十分罕见。

图 2-2-88

8. **长石**

长石，英文名称为 Feldspar，由德语 Feldspath 演化而来，Spar 是裂开的意思，它准确地揭示了长石具有完全解理而容易断裂的特性。长石是地壳中分布最广的造岩矿物之一，约占地壳总重量的 50%。

长石（图 2-2-89，瑞士，1960；图 2-2-90，埃塞俄比亚，2007），是一种以钾、钠、钙为主要化学成分的铝硅酸

图 2-2-89

图 2-2-90

图 2-2-91

图 2-2-92

盐类矿物，而且是一个大家族，按矿物学分类分为钾长石（图 2-2-91，赞比亚，1982）和斜长石（图 2-2-92，新喀里多尼亚，1982）两大类（即两个亚族），化学分子式分别为 $KAlSi_3O_8$ 和 $NaAlSi_3O_8$–$CaAlSi_3O_8$，又各含多个品种。钾长石包括正长石 Orthoclase（图 2-2-93，圣多美和普林西比，2007）、微斜长石（Microcline），（图 2-2-94，圣多美和普林西比，2007）和透长石。斜长石主要指长石的端元类质同象系列的钠长石（图 2-2-95，马里，1998）和钙长石。钾长石多为单斜晶系，其中微斜长石属三斜晶系，晶体多呈柱状（图 2-2-96，法属南极领地，1996；图 2-2-97，乌干达，1988）；斜长石属三斜晶系，晶体常呈板状（图 2-2-98，几内亚比绍，2009）、柱状（图 2-2-99，摩纳哥，1990），双晶普遍，硬度为 6.0 ～ 6.5。长石具有

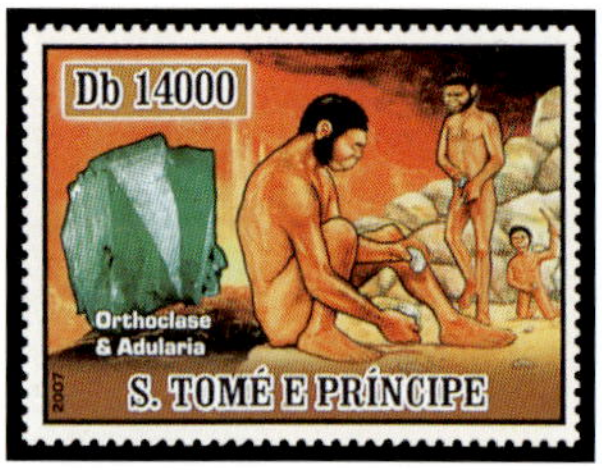

图 2-2-93

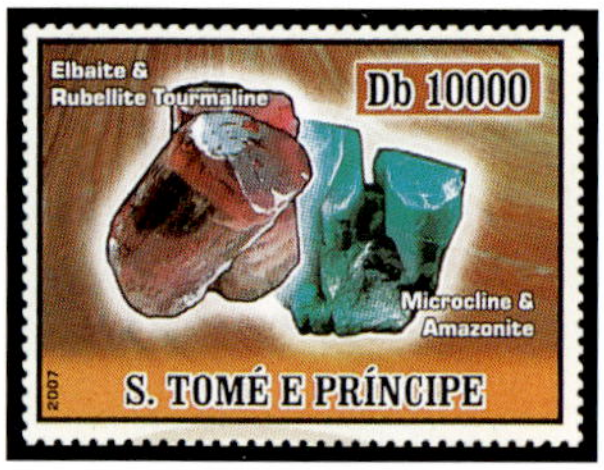

图 2-2-94

图 2-2-95

图 2-2-96

图 2-2-97

图 2-2-98

图 2-2-99

玻璃光泽和珍珠光泽，透明至半透明，通常为无色、白色、淡褐、绿色和蓝绿色（图 2-2-100，卢旺达，2009；图 2-2-101，泽西，2007；图 2-2-102，乍得，1998）。在长石家族中，能达到好的宝石级品质的非常稀少，只有晶体透明、颜色鲜艳，以及具有特殊光学效应的长石才可用作宝石，主要品种有：月光石、日光石、天河石和拉长石等。

图 2-2-100

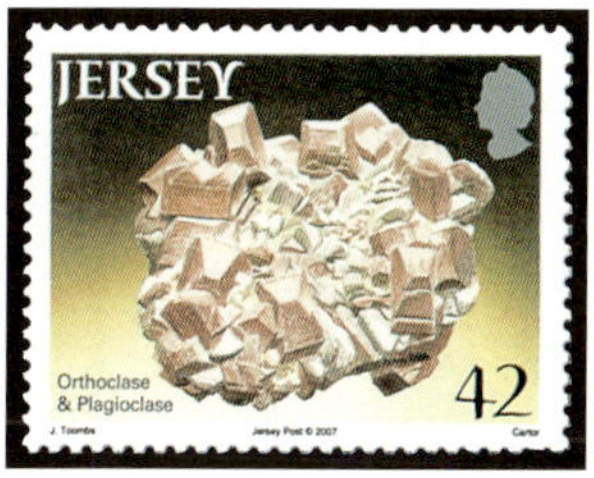

图 2-2-101

图 2-2-102

月光石（Moonstone）是无色透明至半透明的正长石——冰长石（图2-2-103，墨西哥,2005）矿物，属钾长石中的微斜长石，它是长石类宝石中的珍品，古人称之为“白玉石”。月光石具有典型的光学效应，由于其双晶纹对光的反射和解理面对光产生的干扰，以及衍射作用使之形成一种淡青色乳状至珍珠状闪光，如同朦胧的月光，故得此名。月光石加工款式多为素身弧面石，加工后如内含漂游的波浪状淡蓝色晕彩，则是最具价值的上品。世界上许多地区的人认为佩戴月光石做成的饰品能给人带来好运。古人也相信它能唤醒心上人温柔的感情，并给人以憧憬未来的力量。印第安人视月光石为神圣的石头，只把它戴在象征神圣的黄色衣服上。宝石级月光石多发现于片麻岩和结晶片岩的岩洞中，主要产地有斯里兰卡、缅甸、印度、澳大利亚、马达加斯加、坦桑尼亚和美国、巴西等。

图 2-2-103

日光石（Sunstone）（图 2-2-104，马拉维，1980）属于长石矿物中无色透明的斜长石，因其晶体内含有细小鳞

图 2-2-104

片状赤铁矿、针铁矿等金属矿物包裹体，对光的反射而出现金黄色耀眼的光芒，由此得名，又被称为“太阳石”。转动这种宝石时，会看到红色或金色亮晶，这种光学效应被称为砂金闪光，沙金闪光效应越好价值越高。日光石主产于片麻岩中的石英脉和伟晶岩中，主要产地有俄罗斯、美国、墨西哥、挪威等。

图 2-2-105

拉长石（Labradorite）（图 2-2-105，科索沃，1999）是长石矿物中斜长石族最重要的宝石品种，具有独特的蓝、绿、橙色变彩效应，转动这种宝石时能看到犹如游动的斑状彩虹，故又称为虹彩拉长石。芬兰出产的一种拉长石具有连续多色而鲜艳的闪光，被称之为光谱石。拉长石产于辉长岩、斜长岩、辉绿岩、玄武岩和辉长伟晶岩中，主要产地有美国、加拿大、俄罗斯和马拉加斯加等。优质宝石级拉长石多产自美国和加拿大。

图 2-2-106

天河石（Amazonite）（图 2-2-106，索马里，1995；图 2-2-107，肯尼亚，1977），属于钾长石矿物中的微斜长石变种，又称“亚马逊石”，它是一种因含铷、铯元素而呈现独特亮绿或蓝绿色宝石，以透明度好、少解理的纯正蓝色或绿色为上品，可用来制作宝石戒面和装饰品。天河石产于伟晶岩中，主要产地有美国、马达加斯加、俄罗斯、澳大利亚和印度，中国内蒙古也有产出。

图 2-2-107

9. 锆石

锆石，英文名称为 Zircon，源自古阿拉伯语 Zargun，寓意该矿物为朱红色。锆石的旧称是锆英石，而红色、橙红色和红褐色锆石又被称为风信子石。

锆石的化学分子式为 $ZrSiO_4$，它是一种成分比较简单的锆硅酸盐矿物，属于四方晶系，晶体呈四方锥状、四方柱状或两者的聚形短柱状（图 2-2-108，奥地利，纪念邮戳，1996；图 2-2-109，加拿大，1962；图 2-2-110，圣皮

图 2-2-108

图 2-2-109

图 2-2-110

埃尔和密克隆岛，1995）。锆石具有金刚光泽至亚金刚光泽，透明至半透明，硬度为 7.0 ～ 7.5，多为无色、也有红（图 2-2-111，法属南极领地，2011）、橙、褐（图 2-2-112，刚果，2002；图 2-2-113，莫桑比克，1971）和黄、绿、蓝等多种颜色。锆石根据其成因及形成过程受某些放射性物质辐射影响而发生的结晶程度变化，分为高型、低型和中间过渡的中型三种类型，宝石级锆石主要指高型锆石，它是岩浆早期结晶的产物，晶体完整，光泽强，色散高，硬度大，可与钻石相媲美，而价格却比钻石低许多，因此备受人们青睐。在各种颜色的锆石中，尤以无色透明、蓝色和红色者为最佳，可琢磨成标准圆钻型（图 2-2-114，泰国，1972；图 2-2-115，法属南极领地，2011）等多种款式的刻面石，制作各种首饰。无色透明的锆石酷似钻石。

图 2-2-111

图 2-2-112

图 2-2-113

锆石的一个显著特性是受热会改变颜色，因此人们利用锆石的这一特质，对采集到的浅黄、褐、深红等颜色的天然锆石晶体进行加热

图 2-2-114

图 2-2-115

处理，可获得艳丽的蓝色、金黄色或无色锆石，使之从低型锆石转变成高型锆石，从而达到优化的目的。不足之处是，锆石本身石性较脆，经过热处理的锆石虽然质量得到提高，但同时也增加了脆性，很容易受损，因此在运输、加工和佩戴等各个环节都要避免碰撞摩擦，以防受到损坏。

由于受时代和科技发展水平所限，在中世纪人们对锆石的认识曾出现某些偏颇，留下许多传说，如认为佩戴红色锆石具有催眠作用；会使人变得聪慧，获得荣誉和财富；能够驱走瘟疫和邪恶。同时认为如果宝石光泽消失又是危险的信号等。不可否认的是，锆石的用途很广泛，除宝石级锆石可制作各种首饰之外，锆石还可用作耐火材料、高温工业陶瓷材料和化学试剂，也是高科技领域和原子能工业不可缺少的原材料。

由于锆石颜色较多，故与其相似的宝石也较多，如尖晶石、红宝石、蓝宝石很容易混淆，不同的是锆石的比重和折光率均高于这几种宝石，而与钻石的区别在于除硬度不同之外，锆石的双折射率高于钻石，从加工好的刻面石顶部观察，锆石的刻面交线呈双影，而钻石则无此现象。

锆石主要产自玄武岩和变质岩中，也常见于被风化的砂矿之中。主要产地有斯里兰卡、泰国、柬埔寨和越南。此外，缅甸、法国、澳大利亚、坦桑尼亚和中国也有产出。世界上许多国家的大博物馆中都有锆石珍品收藏，其中以纽约的美国国家历史博物馆的锆石藏品最有名。该馆藏有一颗重达 208 克拉的蓝色锆石，还有一颗重 100 多克拉的褐色锆石，非常罕见。

10. 坦桑石

坦桑石，英文名称 Tanzanite，源自地名。它是一种含钒的黝帘石（V-Zoisite），因 1967 年在非洲的坦桑尼亚被发现，故国际宝石界将其以产地命名为“坦桑尼亚石”，简称坦桑石。

坦桑石的化学分子式为 $Ca_2Al_3(SiO_4)_3(OH)$，是钙铝硅酸盐，在矿物学中属绿帘石族矿物。它是黝帘石的三个宝石级矿物变种中可用作宝石的品种，另外两种分别是锰黝帘石和钠黝帘石（图 2-2-116，斯洛文尼亚，2005），主要用作玉雕石料。坦桑石属斜方晶系，晶体呈短柱状（图 2-2-117 左下角边饰，几内亚比绍，2006）或块状集合体（图 2-2-118 中下，坦桑尼亚，2004），具有玻璃光泽，透明至半透明，硬度为 6.0 ～ 6.5。坦桑石因成分中含微量元素钒致使其颜色呈靛蓝至蓝色（图 2-2-119，乍得，1998），也有蓝紫或褐黄色（图 2-2-120，索马里，2003；图 2-2-121，乍得，1996），颜色不均匀，并有明显的蓝、紫和绿三色性。

图 2-2-116

坦桑石多被加工成刻面石（图 2-2-122，坦桑尼亚，1986）或弧面石，有些含平行排列的阳起石、十字石包裹体的坦桑石晶体，被磨制成弧面石后会出

图 2-2-117

图 2-2-118

现猫眼效应。坦桑石酷似蓝宝石，用优质坦桑石制成的项链、耳坠、手镯、戒指等各种首饰（图 2-2-123，尼日尔，1997），可同蓝宝石首饰相媲美，其价格也不低于蓝宝石。只是由于优质的坦桑石多为经过优化处理而成，故属于中档宝石。

坦桑石虽发现和被用作宝石时间较晚，但已有许多珍品存在，如在 1968 年有一件镶嵌 24 颗坦桑石的胸针，在美国纽约的展览会上展示，标价 5 万美元。在这个胸针上镶嵌的坦桑石最小的数克拉，最大的一颗重 84 克拉。在美国华盛顿斯密逊博物馆珍藏有两颗坦桑石珍品，一颗为蓝色，重 122.7 克拉；一颗是蓝色坦桑石猫眼，重 18.2 克拉，均来自坦桑尼亚，十分罕见。还有一颗重 220 克拉

图 2-2-119

图 2-2-120

图 2-2-122

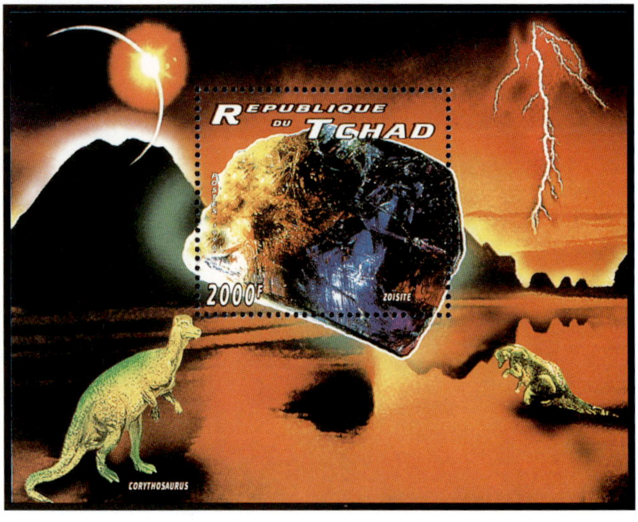

图 2-2-121

的蓝色坦桑石，被私人收藏。

与坦桑石相似的宝石除蓝宝石之外，还有堇青石。坦桑石与两者的区别在于坦桑石的硬度、比重和折光率均低（小）于蓝宝石，而密度和折光率又高于堇青石。另外，坦桑石与两者的颜色也有差异，所以不难区分。

坦桑石通常是基性斜长石经水热变质的产物，与角闪石相伴见于变质岩结晶片岩等岩石中。主要产地有坦桑尼亚、奥地利、意大利、美国和墨西哥等。宝石级坦桑石多产自坦桑尼亚，而其他国家出产的该黝帘石变种，不论颜色还是透明度均不及坦桑尼亚的产品。

图 2-2-123

11. 欧泊（蛋白石）

欧泊，英文名称为 Opal，源自拉丁文 Opalus，意思是“集宝石之美于一身”。另一种说法是来自梵文 Upala，意思是“珍贵的石头”。中文名称系根据其英文名称的译音而来。欧泊是一种具有变色效应的宝石，古罗马著名自然科学家普林尼曾这样描述：“在一块欧泊石上，你可以看到红宝石的火焰，紫水晶般的色斑，祖母绿般的海绿，五色缤纷，浑然一体，美不胜收。”在中国古代，欧泊被视为宫廷珍宝，明清时期有白宝石、骊珠、闪山云、五彩石等多种称谓。由于欧泊集多种名贵宝石的特点于一体，色彩艳丽，品质华贵，所以深受人们喜爱。

欧泊的矿物学名称叫贵蛋白石（Precious Opal），化学分子式为 $SiO_2 \cdot nH_2O$，主要由含水的二氧化硅组成，含水量一般为 6%～10%，最高可达 20%，属于硅酸胶质体，常呈致密块状、钟乳状、结核状集合体（图 2–2–124，中非，1998；图 2–2–125，索马里，1999），具有玻璃光泽至蜡状光泽，透明至半透明，硬度为 5.0 ～ 6.5。其颜色多为蛋白色（图 2–2–126，埃塞俄比亚，2003），因成分中含铁、铜、锰、镍等微量杂质元素，所以也有灰黑、蓝、褐等色（图 2–2–127，澳大利亚，1974；图 2–2–128，汤加，1988；图 2–2–129，埃塞俄比亚，2003），特别是其光泽具有变彩效应，在深紫或浓褐紫色的表面有如孔雀羽毛般华丽的颜色，随着光线的变化而变幻，呈现出红、橙、蓝、绿等多种色彩的闪光，令人赞叹不已（图 2–2–130，埃塞俄比亚，2003；图 2–2–131，澳大利亚，1995）。

图 2–2–124

图 2–2–125

图 2–2–126

作为一种矿物，蛋白石有贵蛋白石（或称宝石级蛋白石）和普通蛋白石之分，一般把贵蛋白石称为欧泊，只有欧泊才能产生变彩效应，这个特征曾长期是个谜，直到电子显微镜问世后才得到揭示。把欧泊置于 1 万倍以上的电子显微镜下，会发现其内部结构是由无数极细小的二氧化硅圆球在三维空间规则排

图 2–2–127

图 2–2–128

图 2–2–129

图 2–2–130

图 2–2–131

列而成的，圆球之间的间隙对光起到光栅作用，即衍射现象，衍射所产生的色光（所谓“火”）的波长主要由入射光与球面的角度及球体直径大小决定，因此当转动宝石时，入射光的角度会发生变化，从而改变了衍射光的波长，使之变换颜色，产生艳丽的虹彩。而普通蛋白石由于内部细微圆球直径大小不一，且排列无序，在光线照射下会发生无规则的散射，出现乳状晕色，不能产生特殊光学效应，因此不能变彩，其价值远低于贵蛋白石。

图 2-2-132

欧泊按体色特征及光学效应分为三种：一是黑欧泊（图 2-2-132，印度尼西亚，1998），在黑蓝、灰黑或褐体色上出现强烈的变彩效应，色彩鲜艳，非常诱人，是欧泊中最珍贵的品种，产量极少；二是白欧泊（图 2-2-133，乍得，1998），体色为乳白色或浅灰色，具有变彩效应，但变色较浅，是欧泊中的常见品种；三是火欧泊（图 2-2-134，埃塞俄比亚，2003），体色呈火焰般红、橘红或橘黄色，无变彩或变彩不明显，但色调热烈，有动感，是欧泊中的低档品种。欧泊以体呈黑色或深色、变彩均匀、色泽艳丽、对比强烈、质地细密无损者为最佳。欧泊是一种很迷人的宝石，可用来琢磨加工成弧面形或刻面型宝石（图 2-2-135，冈比亚，2003），只是因其性脆、不耐酸、易受损、遇高温会发生炸裂，所含水分被蒸发后会失去透明度，因此一般多用于制作女士戒指、胸针和耳饰（图 2-2-136，匈牙利，1973）等不易受冲击碰撞的首饰，佩戴或存放均需倍加呵护。在宝石业中，除天然欧泊外，还有一些与之相似的人工合成或人造的欧泊品种，如染色欧泊、注塑欧泊、注油欧泊、

图 2-2-133

图 2-2-134

图 2-2-135

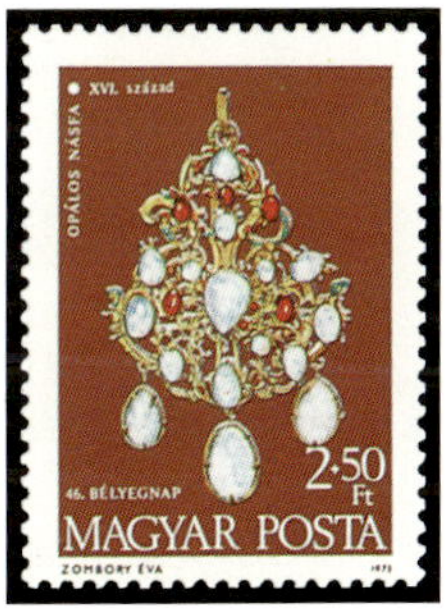

图 2-2-136

合成欧泊、玻璃欧泊和塑料欧泊等，其价值远不如天然欧泊，两者之间在物理和光学性能上存在一定差异，通过技术手段和肉眼观察可以区分。

欧泊主要产自外生由淋滤作用而形成的古风化壳中和火山期后热液之中，最著名的优质欧泊产地是澳大利亚，从被发现至今已有百余年历史，其产量占世界总产量的90%以上。此外墨西哥、美国、巴西、洪都拉斯、捷克、斯洛伐克和印度尼西亚等国也有产出。世界上已发现许多体大而美丽的欧泊珍品，如最大的一块，名为"美洲豹欧泊"，重达61.3千克；一颗质地良好，具有由绚丽的黄、绿和蓝色闪电般闪烁交相辉映而构成深红色图案的著名欧泊，重达711克拉；名为"火焰女士"重233克拉和名为"世界之光"重273克拉的两颗黑欧泊等，均产自澳大利亚。

12. 锂辉石

锂辉石，英文名称为Spodumene，来自希腊文，意为"烧成灰烬"，指首次发现该矿物时的状态，似椁木的颜色。

锂辉石的化学分子式为$LiAl(Si_2O_6)$，它是一种具有链状结构的锂和铝的硅酸盐矿物，有两个著名的宝石变种，一是"翠绿锂辉石"（图2-2-137，吉布提，2010），因矿物成分中含铬离子而呈微黄、绿色至接近祖母绿色，又称"希登石"（Hiddenite），是以1879年最早在美国北卡罗来纳州斯托尼潘特花岗岩晶洞中发现这种宝石的美国矿物学家希登（Willam.E.Hidden）的名字命名的。二是"紫锂辉石"（图2-2-138，乍得，2001；图2-2-139，吉布提，2010）；因矿物成分中含锰离子而致紫色，又称"孔兹石"（Kunzite），是以在1902年首次描述这种宝石的美国宝石学家孔兹（George Frederick Kunz）的名字命名的。而锂辉石则是该矿物的第三个变种。

图 2-2-137

图 2-2-138

图 2-2-139

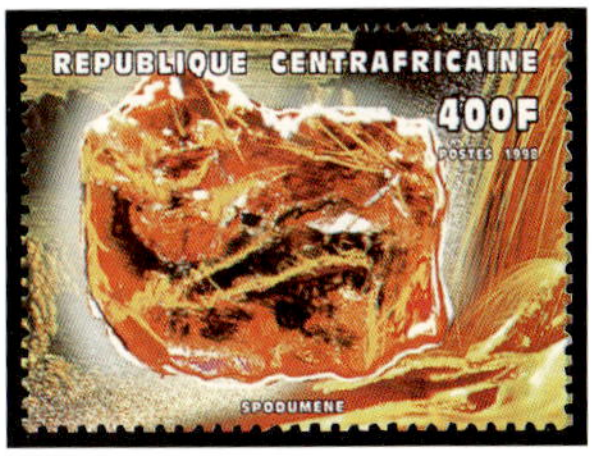

图 2-2-140

锂帆石属单斜晶系，晶体呈棱柱状、柱状或块状（图 2-2-140，中非共和国，1998；图 2-2-141，圣多美和普林西比，2006），具有玻璃光泽至珍珠光泽，透明，硬度为 6.0 ～ 7.0。锂辉石颜色众多，有灰、浅黄、粉红、浅紫（图 2-2-142，几内亚，1998；图 2-2-143，几内亚，1998）、淡绿、蓝绿等色，最常见是黄灰色。它也是一种多色性明显的矿物，紫锂辉石晶体的多色性呈现为红色至几乎无色，即转动该矿物用肉眼观察会发现晶体长轴方向的颜色较深，而在与长轴垂直的方向上颜色几乎消失。翠绿锂辉石晶体的多色性表现为微蓝至绿色和微黄至绿色，即用肉眼从不同方向观察会看到不同的颜色。锂辉石具有很强的荧光，无闪光现象，遇酸易被腐蚀，性脆，对热敏感，而且有两组解理发育，因此对其进行切磨加工较为困难。

图 2-2-141

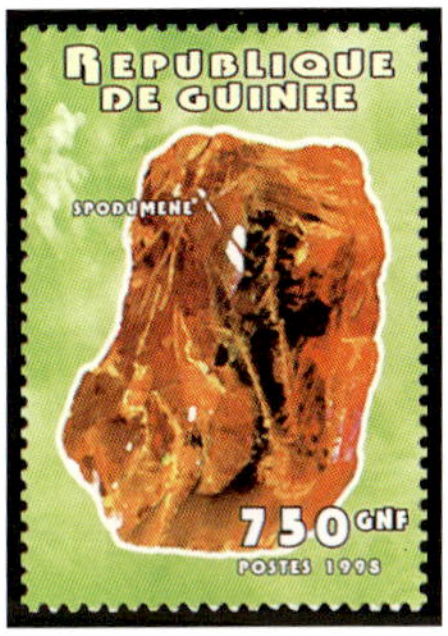

图 2-2-142

锂辉石作为宝石，常被琢磨成刻面型宝石，而具有猫眼效应的锂辉石可加工成弧面形宝石，因其颜色典雅，故很受人们喜爱。世界上已发现许多大颗粒锂辉石珍品，如在美国华盛顿斯密逊博物馆中，藏有两颗黄色锂辉石，各为 327 克拉和 71.1 克拉，分别产自巴西和马达加斯加；一颗重 880 克拉的紫锂辉石和一颗重 334 克拉的深紫罗兰色锂辉石，来自巴西；还有两颗产自美国本土的紫锂辉石，分别重 177 克拉和 11.6 克拉。在奥地利维也纳自然历史博物馆中，藏有一颗翠绿锂辉石晶体，大小为 3cm × 0.6cm，非常罕见。

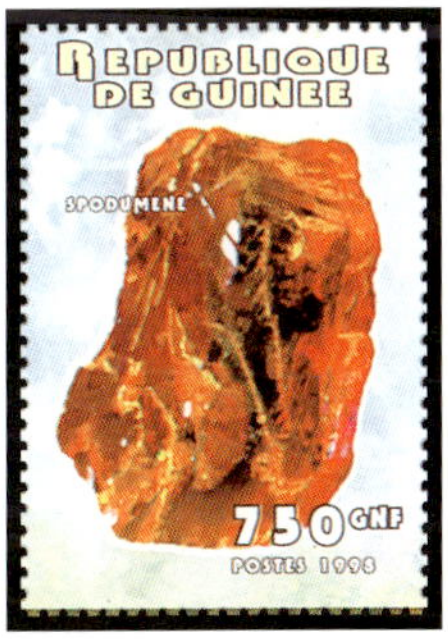

图 2-2-143

锂辉石形成于伟晶岩中，常与石英、电气石、黄玉和绿柱石等矿物共生。主要产地有美国、巴西、马达加斯加、缅甸、加拿大、俄罗斯、阿富汗等国家，中国新疆阿勒泰地区也有产出。

13. 赤铁矿

赤铁矿，英文名称为 Hematite，来自希腊语，意思是“像血一样”，表明了该矿物具有像血一样的颜色特征，因此也叫“血石”（Blood Stone）、血铁石（Blood Ironstone），俗称“红铁矿”。因经琢磨加工后会显现出强烈的金属光泽，所以在宝石界又有“乌钢石”之称。

图 2-2-144

赤铁矿的化学分子式为 Fe_2O_3，是一种氧化物类矿物，属三方晶系，晶体呈菱面体（图 2-2-144，马达加斯加，1971）或板状，但很少见，而有趣的是它的集合体形态多种多样，有玫瑰状或片状并显露金属光泽的镜铁矿（图 2-2-145，中非，1998）、红鳞片状的云母赤铁矿（图 2-2-146，安哥拉，2002）、肾状块体的肾状赤铁矿（图 2-2-147，俄罗斯，2000; 图 2-2-148，贝宁，2002）、鱼子状块体的鲕状赤铁矿（图 2-2-149，阿富汗，1999; 图 2-2-150，几内亚比绍，2001）和呈土状的铁赭石等。赤铁矿具有金属光泽，不透明，硬度为 5.5 ～ 6.5，其颜色有鲜红、浅棕、钢灰和铁黑色（图 2-2-151 左下角边饰，圣多美和普林西比，2009）

图 2-2-145

图 2-2-146

图 2-2-147

图 2-2-148

图 2-2-149

图 2-2-150

图 2-2-151

等，而条痕为樱红色。在本书“绿帘石”中，从几内亚比绍发行的一枚小型张左下角边饰中可看到赤铁矿的踪影。赤铁矿韧性好，无解理，但溶于盐酸。

赤铁矿是一种古老的宝石，据说曾有一位巴比伦作家记载，早在公元前63年有的王室就把赤铁矿作为宝石收藏，并视其为有效的护身符。人们还相信佩戴赤铁矿的人会使君王乐意倾听他的祈求，在诉讼和判决时也会得到光顾。如今赤铁矿仍被许多国家当作宝石，优质的赤铁矿晶体经抛光加工成弧面形宝石可制作项链、念珠和服饰等；黑色的赤铁矿可加工成刻面型宝石，作为“黑色钻石”，也可加工成圆形珠子，当作“黑色珍珠”；把特优质的赤铁矿晶体加工琢磨成刻面型宝石有“阿拉斯加钻石”的美称。赤铁矿更多地被用于制作浮雕或各种雕刻工艺品，是目前珠宝市场上较流行的赤铁矿宝石品种，前些年中国市场上出现的乌钢石饰品，就是产自巴西的赤铁矿制品。此外，有发光结晶面的赤铁矿可用来制作镜面，一般的磨成粉末可做成染料、颜料和抛光材料，赤铁矿还是重要的铁矿石，可见赤铁矿的用途十分广泛。

赤铁矿是自然界中分布很广的铁矿物之一，它形成于各种地质作用条件下，产生于各种不同成因类型的矿床中，主要产出地有美国、英国、德国、挪威、瑞典、厄瓜多尔、巴西、澳大利亚和中国，其中多数国家把赤铁矿用于宝石。

14. 萤石

萤石，英文名称为 Flourite，源自拉丁文 Fluere，是“流动”的意思，指这种矿物熔点低，在冶炼工业中可用作助溶剂。

萤石的化学分子式为 CaF_2（图 2–2–152 左下角，墨西哥，1978），是自然界中重要的含氟矿物，故又称“氟石”。萤石属等轴晶系，晶体多为立方体（图 2–2–153，赤道几内亚，1994），少数为八面体（图 2–2–154，瑞士，1961）和菱形十二面体，有的呈双晶（图 2–2–155，法国，1986），集合体为粒状、块状或晶簇状（图 2–2–156，吉尔吉斯斯坦，1994）。萤石具有玻璃光泽，透明至半透明，硬度为 4，性脆易破碎，无色透明者少见，多为蓝（图 2–2–157，朝鲜，2000）、绿（图 2–2–158，瑞士，2003）、紫（图 2–2–159，阿尔及利亚，1983）和白色，也有黄或橙（图 2–2–160，罗马尼亚，2006）、褐（图 2–2–161，莫桑比克，1979）以及烟黑等色，还有的在同一块萤石上显示黄、绿、蓝、褐、红等多种颜色的

图 2–2–152

图 2–2–153

图 2–2–154

图 2–2–155

图 2–2–156

图 2–2–157

图 2–2–158

图 2–2–159

图 2-2-160

图 2-2-161

图 2-2-162

晶体（图 2-2-162，肯尼亚，1977）。更值得一提的是，有些萤石具有奇特的荧光效应，即在紫外线长波光源照射下，会发出强烈的荧光，被加热后在暗处也会发出蓝、绿、红等多种颜色的荧光，有的还会产生磷光，在夜间显现光亮。

萤石本来硬度低，又有发育完全的解理，之所以能被列入宝石矿物，主要因为它具有美丽的颜色和独特的发光效应，透明的祖母绿色和紫色萤石是萤石中的上品，可用来琢磨成弧面形宝石，能冒充祖母绿和紫晶，一般被视为低档宝石；具有荧光效应的萤石可制成“夜明珠”观赏或收藏，也彰显了它的宝石价值，这种夜明珠在中国珠宝市场上已大量出现；紫色的块状集合体则主要用于雕刻装饰工艺品，晶体完整的晶簇可作为观赏石。此外，萤石作为一种矿物，在冶炼和化学工业中也被广泛应用，大量用来制造氢氟酸和氟化物，优质的萤石还可作为光学材料。人类发现和利用萤石的历史可追溯到数千年前，中国远在新石器时代已开始用萤石制作串珠等饰物；欧洲在古罗马时期，也已用萤石雕制杯、碗、瓶等器物。

萤石形成于热液矿脉和蚀变代之中，也产于某些酸性、碱性火成岩中，有些萤石矿脉穿插于某些沉积岩中，是自然界分布较为广泛的矿物，主要产地有美国、英国、瑞士、法国、纳米比亚、澳大利亚和中国等。中国萤石储量居亚洲首位，主要产地有浙江、湖南、山东和辽宁等省。

图 2-2-163

或许正是萤石分布较广的缘故，迄今为止，世界上已有 20 多个国家发行了以萤石为图案的邮票，展示了萤石晶体的各种形态和颜色，除本文以上所列举的之外还有许多，其中多为紫色萤石（图 2-2-163，西南非，1989；图 2-2-164，斯洛文尼亚，2001；图 2-2-165，墨西哥，2005；图 2-2-166，

图 2-2-164

图 2-2-165

图 2-2-166

图 2-2-167

古巴，2004）等。有趣的是，斯洛文尼亚发行紫色萤石图案邮票，采用横双连形式印制，两枚邮票之间有两个相对的箭头，并以边纸上的文字提示人们，直视两枚邮票中间的箭头，会观察到萤石的立体映像图。此外也有绿色的、粉红色的（图 2-2-167，索马里，1999）和烟黑色的萤石登上方寸。

15. 菱锰矿

菱锰矿，英文名称为 Rhodochrosite，来自希腊语，意为“玫瑰色”，表明了这种矿物的主要颜色特征。在珠宝界也把菱锰矿称为印加石（Incastone）或印加玫瑰（Incarose）。

菱锰矿的化学分子式为 $MnCO_3$，它是一种锰碳酸盐矿物，属三方晶系，晶体呈菱面体（图 2-2-168，秘鲁，2002；图 2-2-169，刚果 2003），常以集合体形态产出，呈粒状（图 2-2-170，美国，1974）、块状、钟乳状（图 2-2-171，朝鲜，1986；图 2-2-172 左下角边饰，几内亚，1999）、结核状，结

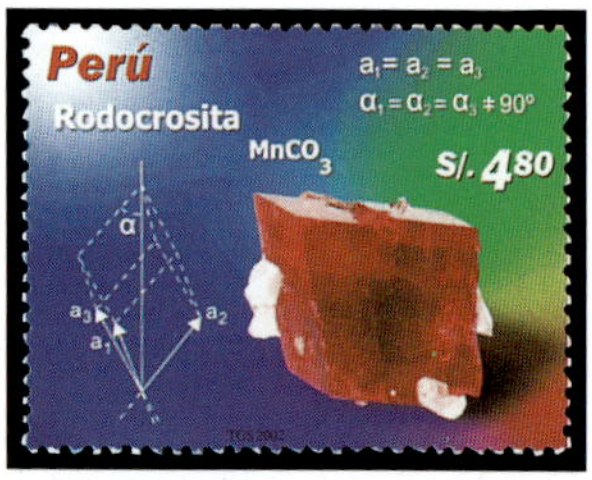

图 2-2-168

图 2-2-169

图 2-2-170

图 2-2-171

图 2-2-172

核状内部呈现同心圆层状花纹（图 2-2-173，中非，1998）。具有玻璃光泽到珍珠光泽，透明至半透明，硬度为 3.5 ～ 4.5。从以上所列图中不难发现，菱锰矿的颜色多为玫瑰红色（图 2-2-174，几内亚比绍，2010），这是该矿物的典型颜色，也有粉红、暗红、淡黄、浅灰和褐等色。其粉红色是因含锰所致，并随含钙量增加而变浅，但表面容易氧化而又会变为褐黑色，同时暗红色变种具有弱二色性。菱锰矿没有特征色包裹体，也不存在荧光效应，难熔，遇盐酸会起泡。

图 2-2-173

图 2-2-174

菱锰矿硬度偏低，性脆，韧性差，加工难度较大，但因其晶体非常漂亮，所以仍被人们用作宝石。优质透明至半透明的玫瑰红色菱锰矿晶体可琢磨加工成刻面型宝石，粉红色不透明的块体则可制成弧面形宝石，但两者都很稀少，且主要用于收藏。菱锰矿宝石珍品少见，英国枢密院藏有一颗被加工成椭圆形的红色菱锰矿宝石，重达 59.65 克拉，十分珍贵，产自南非；美国华盛顿斯密逊博物馆也藏有一颗菱锰矿宝石，重 9.5 克拉，也产自南非。近年来，具有不同色调的粉红色条带斑纹的块状菱锰矿已成为非常好的装饰材料，也被用于制作雕刻工艺品和观赏石。中国珠宝界用阿根廷产的菱锰矿制作项链和手链珠等首饰，称为“红纹石”，也有一定市场。

菱锰矿在内生或外生作用下均可形成，如产在热液矿脉中，与铁、铝、金、银和铜矿石以及其他锰矿物伴生，也可大量分布在沉积锰矿床之中。世界上菱锰矿的著名产地有美国、南非、阿根廷、马达加斯加、罗马尼亚、西班牙、德国、墨西哥、巴西和澳大利亚等。最精美的粉红——深红色菱锰矿产自美国的科罗拉多州等地，深红色菱锰矿晶体多产自南非，而优质块状和条带状菱锰矿多来自阿根廷卡塔马卡省。

（三）少见宝石

1. 锡石

锡石，英文名称为 Cassiterite，源自希腊语 Kassiteras，是“锡”的意思。

图 2-3-1

锡石的化学分子式为 SnO_2，主要成分是氧化锡，属于氧化物类矿物，常含铁、铌、钽、钛和锰等微量元素。锡石为四方晶系，晶体常呈短柱状、细长柱状或双锥状、锥状（图 2-3-1，扎伊尔——现刚果民主共和国，1983；图 2-3-2，乌干达，1988），集合体为块状、粒状或肾状；具有金刚光泽至半金刚光泽，透明至半透明，硬度为 6.0 ～ 7.0；纯净者为白色或无色，但因含有多种微量金属元素，故又有多种颜色，一般为棕、黄和红褐色（图 2-3-3，

图 2-3-2

图 2-3-3

图 2-3-4

泰国，1990；图 2-3-4，乍得，1999），含铁量高时呈黑色，含铌、钽量高者呈沥青黑色。锡石还具有比重大、硬度较高、色散强（高于金刚石），且解理不完全，无特征包裹体，耐酸等特色，故质优者进入宝石行列。

纯净透明锡石晶体的闪光和色散颇具魅力，是非常迷人的宝石，只有这种优质的锡石晶体可加工琢磨成标准圆钻型刻面石，并可作为钻石的代用品，颜色纯正的还可代替有色钻石，正因此它也容易与钻石、棕色锆石和榍石相混淆，但由于锡石有较高的比重和显著的二色性，又与上述相似宝石不难区分。只是这种优质宝石级锡石及其镶嵌物难得一见，且价格也相当之高，在中国一块长 5 厘米的锡石晶体，参考售价为 400 元；而一块长 8 厘米的锡石晶体，参考售价可达 1600 元。锡石除少量用来制作宝石和观赏石或收藏品之外，主要用于工业。锡石的含锡量高达 78% 左右，是提炼锡的重要矿物，这比其作为宝石更有价值。在工业中，锡可用来制造白口铁、锡管、锡箔、各种合金和电镀机件，其氧化物可用于制作染料、搪瓷、瓷器和玻璃等。

锡石矿床与酸性花岗岩岩浆活动密切相关，其中以锡石石英脉和锡石硫化物热液矿床最有价值，常与萤石、石英、电气石、磷灰石共生，同时也富集于砂矿中。世界上锡石的主要产地有马来西亚、玻利维亚、美国、德国、澳大利亚、纳米比亚、巴西和中国等国家。宝石级锡石主要产自玻利维亚，该国曾发行过 1 枚含一块锡石晶体图案的矿物题材邮票（图 2-3-5，玻利维亚，1992）。锡矿是中国的优质矿种之一，最著名的产地有广西大厂和云南

图 2-3-5

个旧，但很少有达到宝石级的。1981年在中国华南锡矿山周围的砂矿中发现一粒柱状、重19.5克拉的淡粉棕色透明的锡石晶体，说明中国也蕴藏着这种宝石资源。

2. 金红石

金红石，英文名称为Rutile，源自希腊语Rutilus，是“红色”的意思。

金红石的化学分子式为TiO_2，主要成分是氧化钛，属于氧化物类矿物，常含铁、钽、铌、锡、锰、铬、钒等微量杂质元素，有三个不同的晶体变种，即与锐钛矿和板钛矿三者为同质多象变体，并构成金红石族。金红石属四方晶系，晶体呈柱状、双锥状或针状（图2-3-6，法属南极领地，2006）；具有金刚光泽至半金属光泽，透明至不透明，硬度为6.0～6.5。其颜色通常为暗红色或红褐色（图2-3-7，法国邮资明信片美术图），有时呈黄、蓝、紫、黑和草绿等色，其品种有黑色金红石，因富含铁元素而致黑色的一个变种，又称

图2-3-6

图2-3-7

铁金红石（图 2-3-8，索马里，1997）。发状金红石，指以纤细的针状晶体形成于石英晶体中的金红石（图 2-3-9，摩纳哥，1990）；具有特殊效应的金红石，指金红石在刚玉、石英及其他矿物中成定向针状包裹体而呈现“猫眼”或“星光”效应者。金红石还有两个明显而突出的特征，一是具有非常高的折光率和双折射率；二是具有极强的色散。此外，它纯净度较好，不含特征性包裹体，不受酸的腐蚀和热的影响。这些特征使之成为艳丽夺目十分诱人的宝石。

图 2-3-8

图 2-3-9

作为一种宝石矿物，金红石大多数作为观赏石或收藏品，只有少数用作宝石。透明的褐色金红石晶体（图 2-3-10 附票图下，圣多美和普林西比，2006）可琢磨成美丽诱人的刻面宝石，而无色透明的金红石因色散高（高于钻石）加工成刻面型宝石后会产生比钻石更强烈的宝石光，可作为钻石的代用品。另外，自 20 世纪 40 年代后出现的人工合成无色透明的金红石，也被用来作为钻石的代用品。金红石的晶形与锆石和锡石的晶形相似，但锆石硬度较大，而锡石则比重较大，故不难区分；金红石的柱状晶体又与电气石很相似，可根据两者的光学性质加以鉴别。

图 2-3-10

金红石形成于高温条件下，主要产于变质岩系的含金红石石英脉和伟晶岩脉中，在伟晶岩中可见到金红石巨晶。此外，金红石也常见于砂矿中。世界上金红石的著名产地有挪威、俄罗斯、瑞士、美国、墨西哥和巴西等国家，粒大精美的金红石晶体多产自美国和巴西。

3. 磷灰石

磷灰石，英文名称为Apatite，源自希腊语Apatan，意为“欺骗石”，因为磷灰石在最初被发现时，有的晶体很像绿柱石，有的又与海蓝宝石和紫晶颇为相似，而被误认为是这些矿物，使人上当受骗，故得此别名。

磷灰石的分子式为$Ca_5[PO_4]_3(F, Cl \cdot OH)$，它是一种化学成分较为复杂的钙磷酸盐矿物，常含铈、铀、钍和稀土元素，按附加阴离子的不同又分为氟磷灰石、氯磷灰石、羟磷灰石和锶磷灰石等多个变种，它们相互间成类质同象关系，通常以氟磷灰石最为常见。磷灰石属六方晶系，晶体常呈六方体柱状（图2-3-11，法属南极领地，2003）、菱柱状及板状，具有玻璃光泽，透明至半透明，硬度为5.0，其颜色多种多样，以浅黄（图2-3-12，墨西哥，防痨附捐邮票，1985）、浅绿（图2-3-13，乍得，1998）、黄绿（图2-3-14，墨西哥，2005）、蓝、褐红和浅紫红色最多见，纯磷灰石是无色的，其中呈黄色和绿色者与所含稀土元素有关。磷灰石发光性多变，在长波紫外线照射下，其黄色晶体会显现浅紫粉红色荧光，绿色和紫色晶体会发出绿色荧光，蓝色晶体会呈现蓝色荧光。有的磷灰石还具有猫眼效应。磷灰石无典型包裹体，难熔，但易受硫酸和盐酸腐蚀。

图2-3-11

图2-3-12

图2-3-13

图2-3-14

磷灰石虽硬度较低，但因具有漂亮的颜色和诱人的外观而被列为宝石，其中蓝色和绿色者更显珍贵。优质透明的磷灰石晶体可琢磨加工成刻面型宝石，而含有平行管状包裹体不透明或半透明的晶体可琢磨成弧面形宝石，具有猫眼效应的称为磷灰石猫眼，更受欢迎，但因不属于珍贵宝石，故一般售价不高。磷灰石晶体十分诱人，也是一种很好的观赏石，可供收藏。此外，磷灰石还是磷的主要化工原料，可用来制造农用磷肥。

磷灰石主要产在结晶片岩、伟晶岩及岩洞岩脉中，以致密块状、粒状或结核状集合体形式产出，其产地分布较为广泛，且各具特色。缅甸和斯里兰卡以及中国甘肃产微蓝至绿色磷灰石被称为“芦荀石”。挪威产的一种蓝绿色磷灰石则被叫做“摩洛克斯石”（Moroxite）。中国新疆的伟晶岩中有宝石级紫红色磷灰石产出。此外，巴西、加拿大、坦桑尼亚等国家也有磷灰石产出。

4. 蓝晶石

蓝晶石，英文名称为 Kyanite，源自希腊语 Kyanos，意为“蓝色”。它还有另一个英文名称 Kisthene，也来自希腊语，是“双重”和“强度”的意思，指硬度不一，道出了蓝晶石的一个最大特点，即在同一块晶体上不同方向晶面上的硬度会有很大变化，在一个方向的晶面上硬度为 4.0 ～ 5.0，而在另一个与之呈垂直方向的晶面上硬度为 6.5 ～ 7.0，这是由于该矿物晶体在不同方向内部结构存在差异所导致的，这种差异又使之有“二硬石”之称。

蓝晶石的分子式为 Al_2SiO_5，是一种不多见的含氧盐硅酸盐类矿物，其化学成分与红柱石和矽线石相同，三者为同质多象变体，构成不同的矿物。蓝晶石属三斜晶系，晶体呈扁平柱状或片状（图 2-3-15，乍得，1998），晶形常被扭曲或弯曲（图 2-3-16，乍得，1996），常见双晶，集合体呈块状或纤维状，具有玻璃光泽至珍珠光泽，透明至半透明，硬度为 4.0 ～ 7.0。蓝晶石成分中因常含铁、铬离子，故有明显多色性，颜色为浅蓝或暗蓝（图 2-3-17，马拉维，1980），也有的呈黄色、灰色、绿色（图 2-3-18，撒哈拉，1998）和褐色等，无色者少见，其单个晶体颜色也多有变化。

图 2-3-15

图 2-3-16

由于蓝晶石的硬度表现为各向异性，这种特性

图 2-3-17

图 2-3-18

给琢磨和抛光加工带来困难，操作时稍有不慎就会损坏，因此只有很少优质色丽透明者被用作宝石，一般主要用于观赏或收藏。作为宝石，蓝晶石的外貌与蓝宝石和黄玉较为相似，但根据彼此的硬度、折光率和比重等性质不难区分。

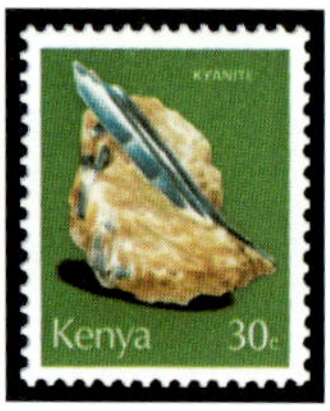

图 2-3-19

蓝晶石主要产于变质岩，特别是片麻岩和云母片岩中，在地壳深处由富含铝土的岩石变质而成，常与石榴石、十字石、云母和石英等矿物共生（图 2-3-19，肯尼亚，1977）；又由于蓝晶石具有很好的化学稳定性，不易被腐蚀，故在被风化后，它又会转移到漂砂之中。世界上蓝晶石的主要产地有印度、缅甸、俄罗斯、巴西、瑞士、美国和肯尼亚等国家，中国也有产出，产地主要在江苏、新疆。

5. 堇青石

堇青石，英文名称为 Iolite，来自希腊文，意为“紫罗兰”，表明了宝石级堇青石的颜色特征。它还有几个英文名称，其一 Cordierite 是以 19 世纪第一个描述该矿物的法国地质学家皮埃尔·路易斯·科迪埃（P.L.Cordier）的名字命名的；其二 Dichroite，也来自希腊文，是“双色”的意思，因为这种矿物具有极明显的“二色性”，故又被称为“二色石”。此外，由于它还很像缅甸产的靛蓝色蓝宝石，同时常含水，所以又享有“水蓝宝石”的美名。

图 2-3-20

堇青石的化学分子式为 $Mg_2Al_4Si_5O_{18}$，它是一种镁和铝的硅酸盐矿物，属斜方晶系，晶体呈短柱状（图 2-3-20，法属南极领地，1994），也常见假六方柱状的贯穿三连晶，晶体中可含云母、矽线石、十字石、尖晶石、锆石、磷灰石等包裹体，集合体呈块状或粒状。（图 2-3-21、22，吉布提，2010，有

图 2-3-21

图 2-3-22

齿孔和无齿孔票），具有玻璃光泽，透明至半透明，硬度为 7.0 ～ 7.5。堇青石的颜色以蓝色和紫蓝色最为常见，也有黄、浅黄、浅绿或浅褐等色，条痕无色。它的一个突出特征是具有很强的多色性，紫色晶体的多色性表现为浅紫、暗紫和黄至褐色；而蓝色晶体的多色性表现为无色至黄色、蓝至灰色和暗紫色，因此用肉眼从不同方向观察会发现其体色变化很大，一个方向呈靛蓝色，另一个方向可能呈现极淡的黄色或无色。堇青石中具星光和猫眼效应者少见。

堇青石不仅具有诱人的颜色，而且坚韧性也好，因而才被用作宝石。半透明的蓝色、紫色堇青石可琢磨成弧形界面，而透明者可加工成刻面型宝石。蓝色的堇青石经切磨加工成形后酷似蓝宝石，但因蓝色堇青石的硬度、比重和折光率均不如蓝宝石，而且堇青石有强烈的多色性，故两者不难区分。宝石级堇青石珍品虽不多见，但已有发现，在英国伦敦大英自然历史博物馆中，藏有一颗蛋圆宝形堇青石，重达 885 克拉；在美国华盛顿斯密逊博物馆中也藏有一颗重 15.6 克拉的蓝色堇青石和重 10.2 克拉的靛青色堇青石，均产自斯里兰卡。

堇青石是典型的变质成因矿物，多产于片麻岩、结晶片岩以及接触变质岩中，常与角闪石类矿物黑云母、矽线石、基性斜长石等矿物共生。砂矿是宝石级堇青石的主要来源，主要产地有斯里兰卡、巴西、印度、缅甸、马达加斯加、芬兰和挪威等国。

6. 异极矿

异极矿，英文名称为 Hemimorphite，因该矿物在生成结晶过程中其晶体两端呈不对称发育，有明显的“异极”形态，故得此名。

异极矿的化学分子式为 $Zn_4(Si_2O_7)(OH)_2H_2O$，是一种以锌为主要成分的硅酸盐矿物，含锌达 53.7%，有时也含有少量的铝和铁。它是金属锌的重要矿石矿物，只有很少的无色透明晶体才用作宝石。异极矿属于斜方晶系，晶体呈薄板

图 2-3-23

图 2-3-24

状或锥状（图 2-3-23，墨西哥，2005），但单个晶体较为少见，通常为致密粒状、钟乳状、葡萄状、纤维状或束状集合体（图 2-3-24，乍得，1996；图 2-3-25，莫桑比克，2002），或呈多孔状和土状物质。具有玻璃光泽，透明至半透明，硬度为 4.5 ～ 5。其颜色为白、灰、蓝、浅绿、黄褐和棕色（图 2-3-26，阿富汗，1999），其中的蓝色与含铜杂质元素相关，有时会呈条带状分布。异极矿有两个方向的完全柱状解理，解理面呈珍珠光泽；同时还具有强烈的热电性和压电性。

宝石级异极矿晶体是无色透明的，而罕见的淡黄、淡绿和浅黄色的透明晶体可加工成刻面型宝石，块体以深蓝色者为最佳，纤维状块体可琢磨成猫眼石品种，而束状和鸡冠状的集合体是有价值的观赏石。与异极矿相似的宝石有葡萄石、白铅矿等，可根据异极矿的硬度、比重、折光率、无荧光和成分中含锌较多等特性，与这些相似宝石区别开来。宝石级异极矿珍品很少见，已发现有重 1 ～ 3 克拉的蓝色蛋圆形宝石，产自墨西哥。在加拿大卡尔加里狄沃团体收藏一枚重 1.9 克拉的异极矿无色晶体。

图 2-3-25

图 2-3-26

异极矿产于铅锌硫化物矿床的氧化带，是由原生锌矿物风化后形成的次生矿物，常与菱锌矿、白铅矿、方铅矿、绿铜矿等共生。其产地遍布世界各地，主要有墨西哥、美国、罗马尼亚、德国、奥地利、意大利和英国等，而宝石级异极矿多来自墨西哥。

7．榍石

榍石，英文名称为 Sphene，来自希腊语 Sphen，意为“楔子”，是因其晶体形态呈扁平状楔形而得名。另一个英文名称为 Titanite，从中可看出它是一种含有钛元素的物质。

榍石的化学分子式为 $CaTiSiO_5$，它是一种具有岛状结构的钙钛硅酸盐矿物，成分中富含钇和铈，也常含铁、铌、镁和锰等微量元素。榍石属单斜晶系，晶体呈扁平的信封状（图 2-3-27，乍得，1996）、楔状（图 2-3-28，几内亚比绍，2009），也有板状、棱柱状和双晶产出，集合体为板状、柱状和粒状。具有金刚光泽，透明至不透明，硬度为 5.0 ～ 5.5。其颜色有绿、黄、褐、灰、蓝和黑等多种，与所含微量元素有关，含铁量少时呈绿色和黄色，含铁量多时则呈褐色至黑色；当含较多氧化锰时，又会呈现红色和玫瑰红色；尤以因含铬而呈翠绿色者为最佳，其绚丽的绿色如同优质祖母绿。黄色的榍石晶体具有明显的多色性，表现为微绿至黄色、微红至黄色和无色。

图 2-3-27

颜色鲜艳或无色透明的榍石晶体可用作宝石，因其具有高色散值，故常被

图 2-3-28

加工琢磨成刻面型宝石。若加工成标准圆钻型宝石，会产生强烈的火彩，因此可能会与锆石和人工合成的金红石混淆，但由于榍石的比重明显低于上述两种相似宝石，所以不难区分。优质的榍石比较少见，在英国枢密院中收藏一颗蓝色榍石宝石，重 63 克拉。在美国华盛顿美国国家博物馆中珍藏一件由 16 粒宝石级榍石组成的项链，其中最大的一颗榍石重 15 克拉以上。美国华盛顿斯密逊博物馆也藏有多颗榍石珍品，一颗为金黄色，重 9.3 克拉，产自瑞士；一颗为黄褐色，重 5.6 克拉，产自墨西哥；一颗为褐色，重 8.5 克拉，产自美国纽约州。这些都是极为罕见的榍石珍品。特别值得一提的是，瑞士于 1972 年在阿尔卑斯山岩石的张节里中意外发现一颗产于结晶岩的黄褐色榍石巨晶（图 2–3–29，瑞士，2002；图 2–3–30，瑞士，2005，再版邮票，与 2002 年发行的一枚同图同面值，不同的是用纸、印制单位和票面上标注的发行年份），晶体长达 48 厘米，是极好的宝石材料。

图 2–3–29

图 2–3–30

榍石主要产于变质岩中，特别是片岩和片麻岩中，作为副矿物广泛分布在各种岩浆岩之中，常与长石、锆石、磷灰石等矿物共生。世界上榍石的著名产地有美国、墨西哥、瑞士、奥地利、法国、缅甸、马达加斯加和巴西等国，中国新疆也有宝石级榍石产出。

8．黄铁矿

黄铁矿，英文名称为 Pyrite，来自希腊语，是“火花”的意思，因为这种矿物在受到钢铁等硬物撞击时会放射出火花。由于黄铁矿的表面带有黄褐锖色，在结晶面或抛光面上具有很强的金属光泽，常常被误认为是黄金，因此又有“假黄金”和“愚人金”之称。

图 2–3–31

黄铁矿的化学分子式为 FeS_2，是最常见的铁的硫化物矿物，也叫硫铁矿。属等轴晶系，晶体完好，多呈立方体（图 2–3–31，瑞士，1958；图 2–3–32，西班牙，1994）、

图 2-3-32

图 2-3-33

图 2-3-34

八面体（图 2-3-33，多哥，1999）或五角十二面体（图 2-3-34，塞浦路斯，1998；图 2-3-35，莫桑比克，1987），集合体呈粒状（图 2-3-36，厄瓜多尔，1997）或致密块状（图 2-3-37，朝鲜，2002；图 2-3-38，列支敦士登，1989），具有强金属光泽，不透明，硬度为 6.0～6.5。其颜色多为浅黄铜色或锖黄色（图 2-3-39，亚美尼亚，1998），表面常有斑点状黄褐锖色及褐黑或绿黑色条痕。

图 2-3-35

黄铁矿有一种同质多象变体，即白铁矿，英文名称为 Marcasite，属单斜晶体，晶体呈板状，结核状的白铁矿具有放射状的内部构造（图 2-3-40，法国，1986），颜色为浅铜黄至白色，新鲜面为白色，故被称作白铁矿。其硬度、比重均低于黄铁矿，且性质不稳定，本不适合做宝石，但在宝石行业中有时把出售的黄铁矿标上白铁矿的名称。

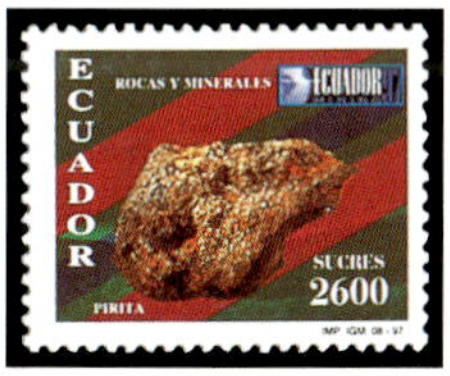

图 2-3-36

图 2-3-37

图 2-3-38

图 2-3-39

图 2-3-40

黄铁矿用途广泛，优质的黄铁矿晶体可加工成宝石，但不多见，主要用于装饰。完整的黄铁矿晶簇，形态颜色都非常漂亮，有的很像牡丹花，故多被用作观赏石。据说古代墨西哥人常用黄铁矿制造漂亮的镜子，即把一面研磨抛光成镜面，光亮照人，而另一面则雕刻各种象征性图形。美洲的印第安人有时把黄铁矿作为护身符佩戴。在宝石行业中，黄铁矿被视为廉价宝石，因此它没有太多仿制品。它与黄金的主要区别在于它比黄金硬度大而比重小，而且黄铁矿的条痕呈绿黑色或褐黑色，黄金的条痕为金黄色，所以两者不难区分。

黄铁矿是世界上分布最为广泛的矿物，形成于各种不同的地质条件下，常见于各类岩石和矿石之中。著名产地有美国、德国、西班牙、意大利、法国、墨西哥、秘鲁等。

在宝石业中，黄铁矿属于少见宝石，但在矿物宝石专题邮票中却是问世较早、数量较多的品种之一，除了以上所列举的之外，还有许多国家发行了以黄铁矿为图案的邮票，如新西兰、索马里（图 2–3–41，2000）、莫桑比克（图 2–3–42，2007）、乍得（图 2–3–43，2001）、卢旺达（图 2–3–44，2009）、法属南极领地。

图 2–3–41

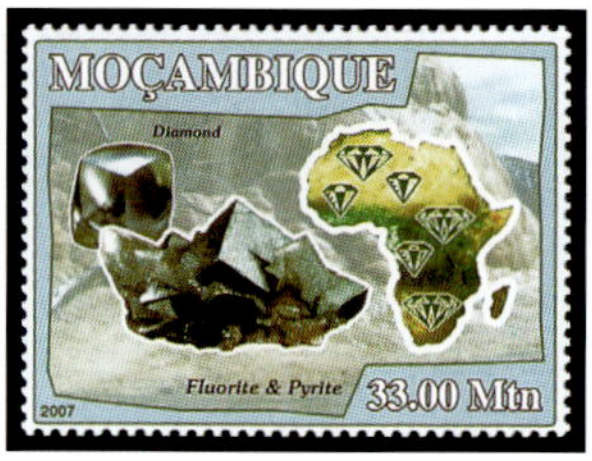

图 2–3–42

图 2–3–43

图 2–3–44

9. 十字石

十字石，英文名称为Staurolite，来自希腊语 Stauros，意为“十字形”。因该矿物的晶体外形酷似十字形，故被称为“十字石”。此外，根据耶稣遇难被钉在十字架上，仙女们闻讯而哭泣，泪珠落到地上凝固成十字形状这一传说，又有“仙女石”（Fairy Stone）之美称。

十字石的化学分子式为 $FeAl_4(SiO_4)_2O_2(OH)_2$，它是一种

图 2–3–45

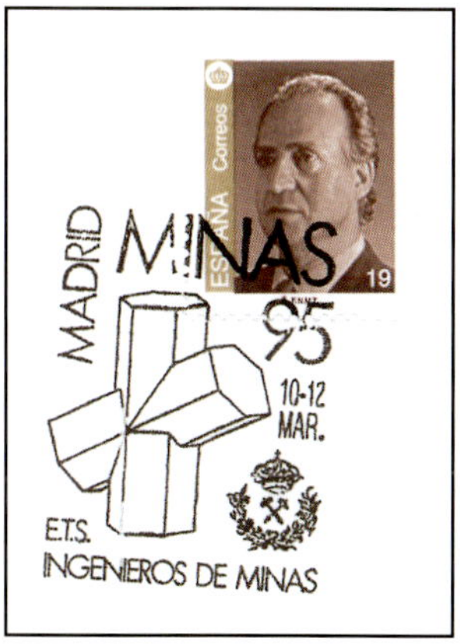

图 2–3–46

铝和铁的含水硅酸盐矿物，属单斜或假斜方晶系，晶体发育良好，呈短柱状，常见有交角为 90° 的十字形或交角为 60° 的 X 形贯穿双晶体（图 2–3–45，法国纪念邮戳，2000；图 2–3–46，西班牙纪念邮戳，1995）。十字石具有玻璃光泽至松脂光泽，透明—半透明—不透明，硬度为 7.0 ～ 7.5，其颜色为深褐、红褐、黄褐至黑褐色（图 2–3–47，撒哈拉，1998；图 2–3–48，莫桑比克，2007），同时有多色性，为黄或红色、金黄色和无色。

图 2–3–47

图 2–3–48

十字石没有漂亮的颜色和特征性包裹体，也没有任何荧光现象，但由于它稀少，有较大的硬度，尤其又具有奇特的十字形外观，所以也得到人们喜爱，在西方几百年来一直把它当作护身符佩戴，或作为宗教珠宝。透明的十字石晶体被视为佳品，可加工成刻面型宝石，十分珍贵，一般多用作观赏或收藏。十字石珍品很少见，在美国华盛顿斯密逊博物馆中珍藏一颗深褐色名贵十字石晶体，重 3 克拉，产自巴西。十字石的独特外形使它没有相似宝石，但有赝品，既用其他物质经腐蚀或雕刻而成，因其硬度和比重均低于十字石，所以不难区分。

十字石产于片麻岩、结晶片岩和千枚岩等变质岩中，是一种深变质矿物，通常与蓝晶石、电气石、石榴石和矽线石等矿物共生，也见于次生砂矿之中。世界上十字石的著名产出国有瑞士、法国、纳米比亚、巴西、美国和墨西哥等，宝石级十字石晶体产自瑞士和巴西，双晶多产自美国。

十字石因稀少在宝石中被列为少见宝石品种，在矿物宝石专题邮票中同样是少见品种之一，到目前为止仅见上列两枚，而有的国家为配合举办矿物展览等，刻制启用绘有十字石晶体形态图案的纪念邮戳或宣传邮戳（图 2–3–49、图 2–3–50，法国，1988、2001）却多次出现。

图 2–3–49

图 2–3–50

10. 绿帘石

绿帘石，英文名称为 Epidote，可能来自希腊语 Epidosis，是“增长”的意思，指这种矿物的晶体一面比另一面长。

绿帘石的化学分子式为 $Ca_2(A1, Fe)_3(SiO_4)_3(OH)$，它是一种具有岛状结构的含水钙铝硅酸盐类矿物，因成分中常含锰、镁、铬、钠、钾等各种微量元素，故有多种类质同象替代物，如富含锰为红帘石，含铬为铬绿帘石，钙被镁置换为镁绿帘石等。绿帘石属单斜晶系，晶体常呈柱状或棱柱状（图 2–3–51，法属南极领地，1999；图 2–3–52，乍得，2001），集合体为放射状和晶簇状，具有玻璃光泽，透明到不透明，硬度为 6.0 ～ 7.0。绿帘石因含多种致色元素，故其颜色有灰、黄和黄绿、绿褐或绿黑等各种不同色调的绿色，并随含铁量的增加颜色会变深，随含锰量的增加又会显现不同程度的粉红色，同时其晶体具有明显的多色性，为绿、黄绿和褐三种颜色。绿帘石的弱点是韧性差，易碎，遇盐酸会部分溶解。

图 2–3–51

图 2–3–52

绿帘石以具有祖母绿色和深蓝色等浓艳颜色、透明无裂纹的晶体为最佳，可加工琢磨成长方形或随形宝石，含纤维状包裹体的绿帘石可琢磨成具有猫眼效应的弧面形绿帘石猫眼。主要成分为绿帘石的岩石，经加工抛光或胶合后，可制作成具有观赏性的“绿帘石花岗石”。绿帘石珍品不多见，美国华盛顿斯密逊博物馆收藏一颗褐色绿帘石宝石珍品，重3.9克拉，产自奥地利。

绿帘石是典型的变质矿物，广泛分布于变质岩、接触交代矽卡岩以及热液蚀变岩脉中，常与拓榴石、阳起石、绿泥石和石英等矿物伴生（图2-3-53左下角边饰，几内亚比绍，2008）。世界上绿帘石的著名产出国有奥地利、瑞士、法国、美国、巴西、俄罗斯、意大利和肯尼亚等。此外，缅甸出产一种祖母绿色的绿帘石，称之为铬绿帘石，也叫“度冒石”（Tawmawite），是一种罕见的宝石。

图 2-3-53

11. 钼铅矿

钼铅矿，英文名称为Wulfenite，是以奥地利矿物学家弗朗兹·伍尔芬（F.X.Wulfen，1728—1805）的名字命名的。为纪念这位矿物学家逝世175周年，奥地利邮政部门于1980年12月8日发行了一个纪念信封，并刻制启用了一枚纪念邮戳，纪念封上的美术图案及纪念戳中展示了钼铅矿晶体图形（图 2-3-54，1980），寓意深刻。

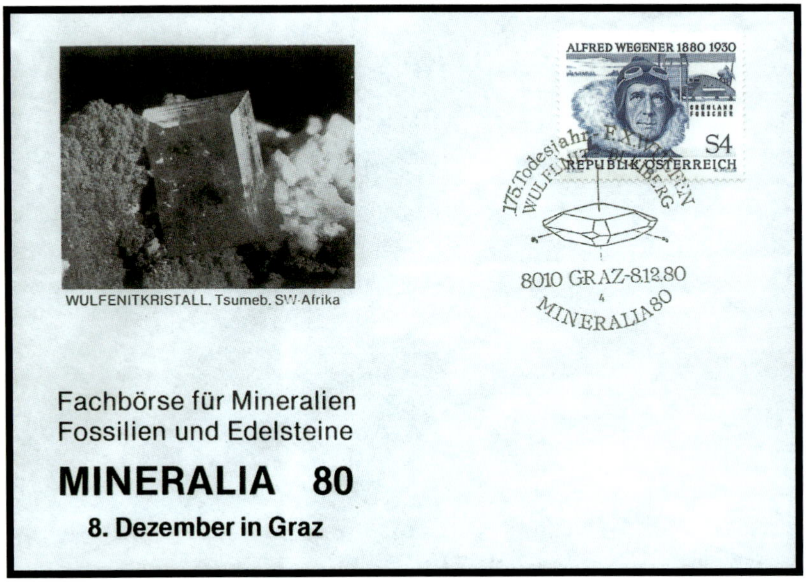

图 2-3-54

钼铅矿也叫彩钼铅矿，化学分子式为 PbM_0O_4，它是一种铅的钼酸盐矿物，属四方晶系，晶体呈四方板状（图 2-3-55，纳米比亚，1991；图 2-3-56，乍得，1998）、柱状（图 2-3-57，美国，1992），八面锥状少见，集合体为粒状块体（图 2-3-58，南斯拉夫，1980；图 2-3-59，几内亚比绍，2008）。具有油脂光泽到金刚光泽，透明至半透明，硬度为 2.75 ～ 3.0，其典型颜色有橙色或黄色（图 2-3-60，斯洛文尼亚，1997；图 2-3-61，摩洛哥，1987），也有

图 2-3-55

图 2-3-56

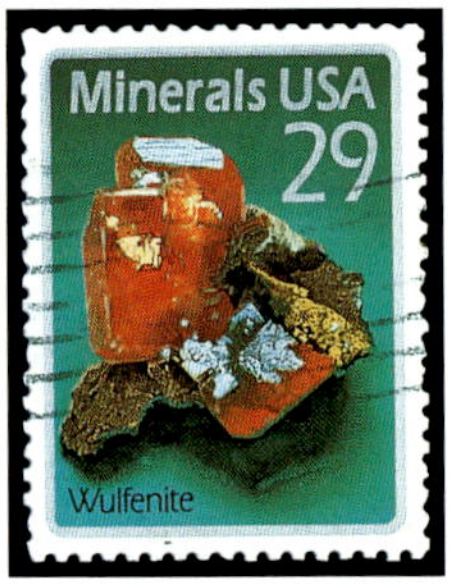

图 2-3-57

图 2-3-58

图 2-3-59

图 2-3-60

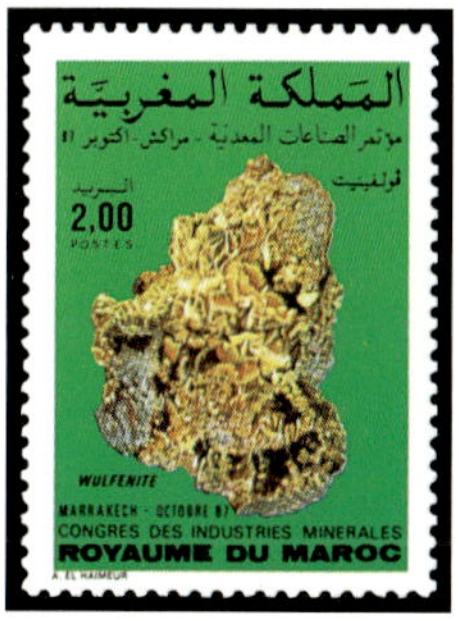

图 2-3-61

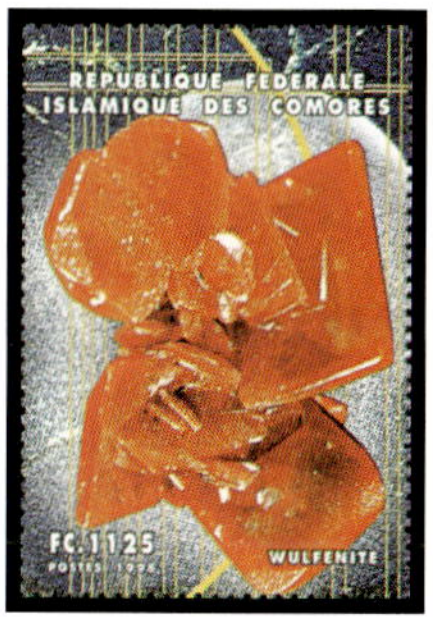

图 2-3-62

棕黄、绿棕、褐和红（图 2-3-62，科摩罗，1998；图 2-3-63，乍得，2001）等色，同时有弱二色性。钼铅矿色散高，无荧光，易熔，可溶于盐酸，也可被硝酸分解。

图 2-3-63

钼铅矿硬度低，性脆，且对热较敏感，不便加工，但由于它具有极强的光泽和色散等特征，所以仍被人们用作宝石。透明的晶体可琢磨加工成刻面型宝石，会产生“出火”现象，光彩夺目，犹如美丽的钻石，十分珍贵，只是因其质软易损，故多用于珍藏。钼铅矿宝石珍品不多见，在加拿大卡尔加里狄沃团体珍藏一颗黄色钼铅矿宝石，重 15.25 克拉，产自纳米比亚的楚梅市；还有一颗红色钼铅矿晶体，重 9.44 克拉，产自美国的亚利桑那州。钼铅矿以其硬度、比重以及折光率等固有特征，可与其他类似的宝石相区别。此外，钼铅矿大量聚积时还可作为钼和铅的矿石加以利用。

钼铅矿产于铅和钼的矿床氧化带中，是一种次生矿物，常与白铅矿、褐铁矿、钒铅矿、方铅矿、磷氯铅矿等矿物共生。主要产出地有美国、纳米比亚、墨西哥、奥地利、德国、波兰、摩洛哥、刚果（金）和澳大利亚等。而优质的钼铅矿晶体多产自美国的亚利桑那州和纳米比亚的楚梅市。

12. 葡萄石

葡萄石，英文名称为 Prehnite，是以该矿物的发现者普雷恩（Colonel

F.Prehn）的姓氏命名的。在商业界曾把白色的葡萄石称作“日本玉石”出售。

葡萄石的化学分子式是 $Ca_2Al_2Si_3O_{10}(OH)_2$，它是一种结构十分复杂的含水钙铝硅酸盐矿物，属斜方晶系，晶体呈板状或柱状，但很少见，通常为葡萄状、肾状、放射状或粒状集合体（图 2–3–64，贝宁，2002）。在“绿帘石”一节图 2–3–53 几内亚比绍发行的一枚小型张左下角边饰图中也可看到葡萄石的集合体。颜色为浅绿深绿、黄绿（图 2–3–65，马里，2005）、浅棕、灰白色和无色，具有蜡状光泽至玻璃光泽，硬度为 6.0 ～ 6.5。葡萄石不仅有较高的硬度，而且韧性好，在紫外线或 X 射线照射下还可能出现淡黄褐色的荧光，但受其集合体结构影响，没有多色性和双折射现象，在吹管或宝石喷灯下会熔化或膨胀，并能被酸侵蚀。

图 2–3–64

图 2–3–65

葡萄石是一种深得宝石收藏家喜爱的宝石品种，无色、黄色和绿色透明的葡萄石晶体可加工成刻面型宝石，但非常稀少，通常多被切磨成弧面形宝石，如椭圆形（图 2–3–66，印度尼西亚，2000）等。颜色纯正、致密和质地细腻的优质大块葡萄石集合体可代替玉石，是制作玉器工艺品的极佳原料。宝石级葡萄石珍品不多见，加拿大卡尔加里狄沃团体藏有一颗黄色的葡萄石晶体，重 38.20 克拉，产自澳大利亚。在加拿大的魁北克曾发现一颗长达 7.6 厘米的无色葡萄石晶体，十分珍贵。与葡萄石相似的宝石有岫玉、软玉、绿玉髓等，可根据葡萄石所具有的放射状结构、较高的折射率和较小的比重等特征同这些相似玉石加以区别。

图 2–3–66

葡萄石属于热液蚀变产物，见于蚀变的辉长岩、辉绿岩等基性火成岩中。主要产地有美国、意大利、法国、瑞士、俄罗斯、南非和澳大利亚等，中国云南等地也有产出。美国新泽西州出产的葡萄石最大块体重达数吨。

值得一提的是，印度尼西亚曾于2000年为迎接在该国举办世界邮展（后因故未能举办），发行了第四组宝石题材邮票，其中一枚图案为葡萄石（图2-3-66），有趣的是这套邮票同前几组宝石题材邮票一样有三种版式，除大版之外，还有一个含三套邮票的小版（图2-3-67）和一个特殊小版（图2-3-68），特殊小版仅含两套邮票，而把两枚小型票图列入其中，同时葡萄石图邮票受到“关照”，多印了两枚，据说这个特殊小版印量很少。可见，如果说葡萄石是宝石中的少见品种，这个特别关照了葡萄石的特殊小版邮票也成了一个少见品种。

图 2-3-67

图 2-3-68

13. 方钠石

方钠石，英文名称为Sodalite，寓意它是一种含钠的矿物，俗称“苏打石”。据传，早年英国公主玛格丽特到加拿大访问，期间在当地发现了方钠石，故有时又称方钠石为“公主蓝”，由名称可见该矿物的颜色特征。

方钠石的化学分子式为 $Na_8(AlSiO_4)_6Cl_2$，它是一种含氯的钠铝硅酸盐矿物，成分中有时含钾，在矿物学中归于方钠石族，该族矿物除方钠石外，还有黝方石，两者晶体结构相同，只是附加阴离子有异，但性质极为相似。方钠石属

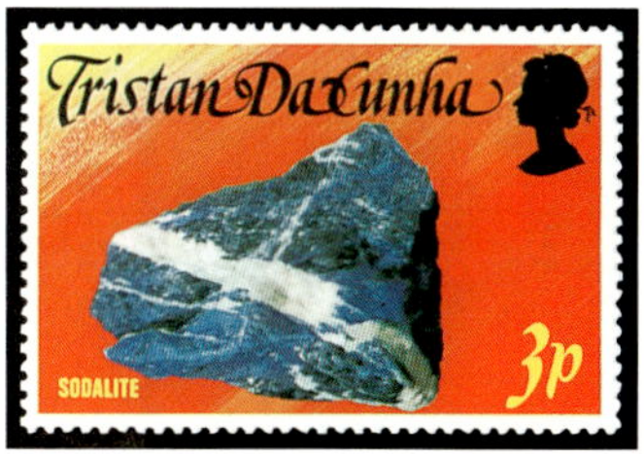

图 2-3-69

等轴晶系，晶体呈菱形十二面体，很少见，多为致密块状、粒状集合体，具有玻璃光泽至油脂光泽，透明至不透明，硬度为 5.5 ~ 6.0。其颜色以蓝色调为主，块状集合体上往往有白色或粉红色方解石的斑点和纹理（图 2-3-69，特立斯坦达库尼亚，1978），这种蓝色调和白色纹理的特征在其磨光面上也能看到（图 2-3-70，加拿大，1992）。方钠石受热会熔化成无色玻璃，遇盐酸会溶解，溶液置于玻璃上蒸发后，可形成氯化钠（Nacl）。方钠石在紫外线照射下会发出橙—紫色荧光，晶体中菱形十二面体解理明显。

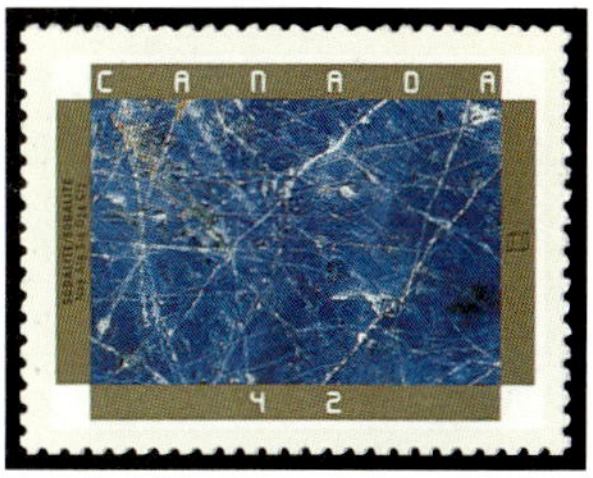

图 2-3-70

方钠石蓝色透明的晶体可加工成刻面形宝石，而蓝色的致密块体可做成弧面形宝石或串珠，大的块体可作为玉雕原料。方钠石是青金石的主要成分，通常可用来代替青金石，两者外貌相似，极易混淆，但方钠石中很少有像青金石那样含特征性黄铁矿包裹体。另外还可以根据方钠石的硬度、比重、折光率和荧光现象等特征与青金石和其他蓝色透明宝石相区分。

方钠石形成于火成岩中，是富钠岩浆的结晶产物，常与长石、锆石、白榴石、霞石等矿物伴生。主要产地有美国、加拿大、纳米比亚，这几个国家都有优质蓝—深蓝色方钠石或蓝色透明—半透明的方钠石块体产出。其他产出国还有俄罗斯、意大利、挪威、德国、印度、巴西和玻利维亚等。

14. 阳起石

阳起石，英文名称为 Actionlite，来自希腊语，寓意这种矿物呈“纤维状”。

阳起石的化学分子式为 $Ca_2(Mg,Fe)_5Si_8O_{22}(OH)_2$，它是一种含氢氧的镁、铁、钙、钠、铝的链状硅酸盐矿物，是角闪石族矿物的一种，与透闪石（Tremolite）成类质同象关系。它有两个变种，一是阳起石和透闪石成隐晶质坚韧致密状块体，称软玉；二是阳起石和透闪石成纤维状集合体且易劈裂成细丝状，称

图 2-3-71

角闪石石棉（Amphibolite）（图 2-3-71，布吉纳法索，1991）。阳起石属单斜晶系，晶体呈柱状（图 2-3-72 右下角边饰，圣多美和普林西比，2006）、针状，通常为放射状或纤维状集合体（图 2-3-73，墨西哥，2005），具有玻璃光泽，透明至半透明，硬度为5.5～6.0。其颜色以绿为主色调，并随含铁量的增加而显现不同程度的绿色，有绿、淡绿、蓝绿、黑绿和黑等色。同时有明显的多色性，为黄至暗绿色。

阳起石是常见矿物，较大晶体不多见，只有浅绿至深绿色透明的晶体被视为宝石，尤其以颜色鲜艳和透明度高者为佳，可用来制作刻面型宝石，但因其解理发育，易碎，加工难度大，所以很少见，主要用于收藏，正因此阳起石宝石珍品也难得一见，加拿大卡尔加里狄沃团体收藏着一颗被加工成阶梯形的绿色阳起石宝石，重 2.06 克拉，产自非洲。阳起石除可用于宝石之外，它的变种，软玉可用作雕刻材料；而角闪石石棉具有耐高温，抗酸碱，不导电，也不异热等特性，可在冶金和化学工业中用作保温、隔热、绝缘和防腐材料。与阳起石相似的宝石有透辉石、绿色电气石等，可根据其晶体形态、硬度、比重和折光率等

图 2-3-72

图 2-3-73

特征加以区别。

阳起石产于接触变质的石灰岩、白云岩和区域变质岩中，常与钠长石、绿泥石、绿帘石、滑石和石英等矿物共生。世界各地均有阳起石产出，优质纯净暗绿色的小粒晶体多产自马达加斯加，该国是磨面阳起石的唯一产地。绿色透明的晶体也产自坦桑尼亚，在美国和中国台湾省也发现了样子似金绿宝石的阳起石晶体。

15. 沸石

沸石，英文名称为 Zeolite，在矿物学中，它是沸石族矿物的总称。

沸石族矿物是含沸石的钠、钾、钙、锶、钡的铝硅酸盐矿物，其品种有 36 种之多，它们具有不同和相同或近似的特性，其中被列为宝石的主要品种有：

钠沸石，英文名称为 Natrolite，源自拉丁文 Natron，指明了这种矿物成分中含钠。化学分子式为 $Na_2(Al_2Si_3O_{10})\cdot 2H_2O$，属斜方晶系，常呈放射针状或放射纤维状集合体（图 2–3–74，法属南极领地，1989）

图 2–3–74

方沸石，英文名称为 Analcime，源自希腊语 Analkis，寓意这种矿物具有弱电性。化学分子式为 $Na(AlSi_2O_6)\cdot H_2O$，属等轴晶系，晶体呈四角三八面体（图 2–3–75，法属南极领地，1989）。

图 2–3–75

中沸石，英文名称为 Mesolite，源自希腊语 Mesos，是“居中”的意思。化学分子式为 $Na_2Ca_2(Al_2Si_3O_{10})_3\cdot 8H_2O$，属单斜晶系，晶体呈针状，通常为放射状集合体（图 2–3–76，法罗群岛，1992）。

图 2–3–76

丝光沸石，也叫发光沸石，英文名称为 Mordenite，源自其发现地的地名——加拿大斯科舍的莫尔登 Morden。化学分子式为 $(Na_2, K_2, Ca)(Al_2Si_{10}O_{24})\cdot 7H_2O$，属斜方晶系，晶体呈针状，通常呈放射纤维状或似棉絮状集合体（图 2–3–77，法属南极领地，1991）。

杆沸石，英文名称为Thomsonite，源自人名R.D.Thompson。化学分子式为$NaCa_2(Al_5Si_5O_{20})\cdot 6H_2O$，属斜方晶系，晶体呈柱状或针状，但很少见，往往呈放射状球粒集合体（图2-3-78中下边饰，几内亚比绍，2008）。

钙沸石，英文名称为Scolecite，源自希腊语Skolex，指这种矿物的硼砂小球会卷曲成像蚯蚓的样子。化学分子式为$Ca(Al_2Si_3O_{10})\cdot 3H_2O$，属单斜晶系，晶体呈针状，通常呈放射状或球状集合体（图2-3-79，冰岛，1998）。

图 2-3-77

图 2-3-78

以上几种均为已发现宝石级品种。此外，还有辉沸石（也叫束沸石）（图2-3-80，冰岛，1998）、片沸石（图2-3-81，冰岛，1999）、浊沸石（图2-3-82，阿塞拜疆，1994）、菱沸石等。

沸石成分中的水会随外界温度和湿度的变化而发生变化，但不会影响其晶

图 2-3-79

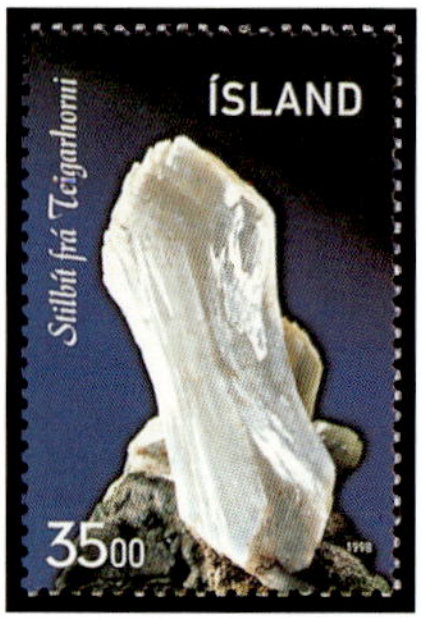

图 2-3-80

图 2-3-81

图 2-3-82

体结构。沸石具有玻璃光泽至丝绢光泽，透明、半透明至不透明，密度小，硬度适中，为 5.0 ～ 5.5。其颜色一般为无色、白色或浅色调，但由于含某些杂质，也有黄、绿或粉红等色。沸石中的钠沸石、中沸石和杆沸石在紫外线长波照射下会分别显现橙黄色、粉红色和黑白杂色的荧光。有些沸石还含有包裹体，会呈现猫眼效应。

在各种沸石中，只有少数优质的沸石晶体或块状体可用作宝石，而且主要用于收藏。钠沸石中的优质晶体往往被加工成祖母绿型宝石，中沸石中的纤维状佳品可琢磨成猫眼石，透明的方沸石晶体可制作刻面型宝石，丝光沸石则可加工成弧面形猫眼石，而具有红色或粉红色与白色相间的条带、状似玛瑙的杆沸石既可加工成弧面形宝石，又是雕刻制作工艺品的好原料。此外，由于不同品种的沸石其晶格中存在着大小不一的空腔，对其他物质的分子可以进行过滤筛选，因此沸石可作为分子筛在工业、农业、环保以及尖端技术中有着重要的作用。

沸石主要形成于低温热液阶段，常见于火成岩和火山岩气孔中，多为次生矿物，也见于热液矿床中。主要产地有美国、加拿大、印度、俄罗斯、德国、法国、挪威以及澳大利亚等。宝石级钠沸石、方沸石、丝光沸石多产自美国、加拿大和印度，而中沸石主要产自澳大利亚。

在少见宝石中，还有许多品种已荣登方寸，如方柱石（图 2-3-83，刚果民主共和国，2006）、臭葱石（图 2-3-84，乍得，1998）、斑铜矿（图 2-3-85，刚果民主共和国，2002）、钒铅矿（图 2-3-86，马达加斯加，1998）和白钨矿等，限于篇幅，不再作详细介绍。

图 2-3-83

图 2-3-84

图 2-3-85

图 2-3-86

（四）宝石玉石

1. 翡翠

翡翠是玉石中最为珍贵的品种，被誉为“玉石之王”、“东方瑰宝”，其英文名称为 Jadeite，来自西班牙语 Pridra de Yjade，意思是佩戴在腰间的宝石。在东方，翡翠一词源自一种生活在南方叫翡翠鸟的鸟名，这种鸟非常漂亮，雄性长有红色羽毛，称为“翡”；雌性长有绿色羽毛，称为“翠”，因此在汉语中有“翡红翠绿”之说，并在清康熙三年以美玉代之。在中国翡翠盛行于清代，早年多被皇室所占有，故又称“帝王玉”。

翡翠是商业名称，实际上它是一种以硬玉为主由多种矿物组成的岩石。硬玉的化学分子式为 $NaAl(Si_2O_6)$，主要成分是钠铝硅酸盐，属单斜晶系，单晶体极为少见，通常为粒状或纤维状微晶致密集合体，具有玻璃光泽至油脂光泽，透明至不透明，硬度为 6.5 ～ 7.0。它具有独特的毛毡状结构，韧性极好，不易破碎。硬玉中因所含微量元素的种类和数量不同，尤其是铬、镍和铁元素的影响，致使它有多种多样的颜色，除绿色外，还有各种深浅不同的红、黄、白、紫、灰和黑等色。在中国珠宝界依据翡翠的绿色色调、亮度及饱和度将其分为多个品种，主要有玻璃艳绿、宝石绿、艳绿、阳俏绿、玻璃绿、黄阳绿、鹦哥绿、菠菜绿、瓜皮绿等数十种，其中最名贵的是玻璃艳绿，也叫“高绿”，其价值可与钻石等珍贵宝石相比。

翡翠原石质地细腻，碧绿苍翠，冰晶凝重（图 2-4-1，格林纳达），给人以宁静平和的感觉，是极佳的宝玉石材料。其制品更是绚丽多姿，庄重素雅，深受人们喜爱。翡翠加工主要制作手镯、戒面、耳坠、项坠等各种首饰或镶嵌饰品，如耳环（图 2-4-2，中国台湾，2007）、指甲套（图 2-4-3，中国台湾，2007）；雕花加工主要用来制作配饰（图 2-4-4，中国台湾，1969）、挂件（图 2-4-5，中国香港，2004）和摆件等各种工艺品，如玉龙（图 2-4-6，缅甸，

图 2-4-1

1978）、翠玉白菜（图 2-4-7，中国台湾，1968）。翡翠饰物和工艺品历史悠久，种类繁多，丰富多彩，迄今为止，能在邮票上看到的只是凤毛麟角。

图 2-4-2

图 2-4-3

翡翠的经济价值主要取决于颜色、透明度、结构、净度、切工和裂纹六个方面，国内外市场将翡翠分为三个等级：浓艳翠绿、纯正匀净、质地细腻润泽、透明度高的为特级；绿色、微透明或夹含半透明祖母绿色细脉的为商品级；绿色和淡灰色不透明的为普通级。由于优质天然翡翠十分稀少且价格非常昂贵，所以市场上出售的翡翠有大量是经过人工优化处理的，商家出售时会标明 A 货、B 货、C 货和 B+C 货。A 货指除用机械方法加工外，未经任何人为处理的纯天然翡翠；B 货指一些带有颜色，但质地差、不透明、又富含杂质而经过漂白和强酸溶解后填充注胶处理的翡翠；C 货指

图 2-4-4

图 2-4-6

图 2-4-5

图 2-4-7

经人工染色的翡翠；B+C 货指既经强酸溶解、填充注胶，又经人工染色的翡翠。经过人工处理的翡翠，玉质依然是真的，外观质量能得到提升，但结构遭到破坏，颜色也不稳定，与天然翡翠是有区别的。另外有两种情况应该注意：一是有大量翡翠赝品存在，即用脱玻化玻璃翡翠、玻璃、染色石英等冒充翡翠；二是用与翡翠相似的绿色宝石，如绿玛瑙、澳洲玉、软玉、东陵石，冒充翡翠。由于在各类宝石鉴定中，翡翠的鉴定相对而言比较困难，所以建议欲购翡翠首饰或制品者，一要选择信誉度高的正规商店，二要请专家指导帮助挑选。

翡翠的原生矿产于橄榄岩蚀变的蛇纹岩中，而次生矿则来自河谷里被风化后的翡翠砾石。因此在宝石界根据产状将翡翠分为山料，即原生矿，一般呈块状，表面光滑，无风化形成的皮壳，棱角清楚，但质地较差；仔料，即砂矿，一般为圆形卵石，有因长期风化而形成的皮壳，质量较好；介于上述两者之间的称为山流水。翡翠的主要产地是缅甸，其产量约占世界总产量的 95%，是世界上最著名的翡翠供应国。在危地马拉、俄罗斯、美国、日本和新西兰等国都已发现有翡翠矿床存在，但均不具备商业开采价值。

2. 软玉

软玉，英文名称为 Nephrite，也有时称 Jade，中文中名称为“玉”或“和田玉”。软玉在世界上分布广泛，产地较多，但由于中国新疆和田地区出产的软玉质量最佳，且应用历史最悠久，因此苏联地质学家基尔斯曼称软玉为中国玉。

软玉是以透闪石（Tremolite）—阳起石（Actinolite）为主多种矿物组成的岩石，其中透闪石的化学分子式为 $Ca_2Mg_5(Si_4O_{11})_2$，是一种含水的钙镁硅酸盐，属单斜晶系，晶体呈长柱状或纤维状。而软玉为纤维状致密集合体，具有玻璃光泽至油脂光泽，透明至不透明，硬度为 6.0 ～ 6.5。其颜色有白、灰白、青、黄、黄绿、灰绿、墨绿和黑等色，并按颜色分为多个品种。主要品种有：

白玉，颜色洁白无瑕，质地细腻，光泽滋润，是软玉中的高档玉石品种，其中玉质宛如羊脂者称为羊脂玉，被视为白玉中的极品，中国新疆和田地区产的羊脂玉最负盛名。

青玉，颜色从淡青到深青绿色，颜色均一，质量细腻，具有油脂至蜡状光泽，属中档玉料。

青白玉，介于青玉与白玉之间，颜色似白非白，似青非青，除白色中显有灰绿色调外，与白玉没有明显区别。

黄玉，颜色由淡黄到深黄色，有的质量极佳，黄正如娇，润如脂，系玉中珍品，古人以“黄如蒸梨”者为最好，价值不亚于羊脂玉，极为难得。

碧玉，颜色为绿、深绿和暗绿等，也有称菠菜绿，具有油脂至蜡状光泽，颜色和结构不均一，且常有杂色（质）嵌入，质量不如其他品种，属中档玉料。

墨玉，颜色由淡黑到黑色，质地细腻，具有蜡状光泽，其色深浅分布不均匀，也有整块为全墨色，“黑如纯漆”，是玉中上品，十分罕见。

花玉，指在同一块软玉上有多种颜色，且分布得当，自然构成具有一定形态“花纹”的玉石，如虎皮玉、花斑玉等。

软玉种类虽然很多，但以原石出现在邮票上的较少，且多为碧玉（图 2-4-8，新西兰，1982；图 2-4-9，印度尼西亚，1997；图 2-4-10，中非共和国，1998；图 2-4-11，马达加斯加，1999；图 2-4-12，塞浦路斯，1998）。与软玉相似的宝玉石有翡翠、蛇纹石玉、石英质玉、葡萄

图 2-4-8

图 2-4-9

图 2-4-10

图 2-4-11

图 2-4-12

石、白色大理石等，由于软玉同这些相似宝玉石的物理性质存在一定差异，通过测定硬度、比重、光泽和结构等可以鉴别。

软玉最突出的特征是质地细腻，光泽滋润，柔和纯朴，颜色均一，洁净如脂，韧性好，不易碎，是深受人们喜爱的玉石品种，可用于琢制各种首饰、器物和工艺品。这在中国体现得尤为充分。中国是世界上开采利用软玉最早的国家，其历史可追溯到数千年前的新石器时代，在著名的河姆渡、良渚、红山、崧泽等多处古文化遗址，都有大量用软玉制成的饰品和器物被发掘出土，如玉龙（图 2-4-13，中国，2000）、玉琮和玉璧（图 2-4-14、图 2-14-15，中国，2011）等。无数精美绝伦的玉雕制品如玉龙、玉犬、玉马、玉杯、玉瓶、玉佩已成为传世佳作珍藏于博物馆中。又如“故宫玉器”（图 2-4-16，格林纳达和格林纳丁斯，1994）、“唐代玉器”（图 2-4-17，多米尼加，1994）。中国古人以高超的技艺利用不同的玉料及其颜色形态特征，制作各种器皿和工艺品，令人叫绝，如“清・白玉锦荔枝”（图 2-4-18，中国台湾，1970）、“清・青玉莲藕”（图 2-4-19，中国台湾，1979）、“宋・黄玉琱云龙笔筒”（图 2-4-20，中国台湾，1979）、“明・碧玉瓜瓞洗”（图 2-4-21，中国台湾，1979）、“汉・墨玉牧羝”（图 2-4-22，中国台湾，1970）等，举不胜举。新中国成立后，中国玉雕艺人又创作了大量美轮美奂的玉雕工艺品，博得国内外各界人士的赞誉，如“大禹治水巨型玉雕”、“旭日东升”（图 2-4-23，中国，1978）等。特别值得一提的是，2008 年中国北京举办奥运会，使用的奖牌就是以中国独具特色的传统技艺——“金镶玉”精制而成，即在金、银、铜三种材质的奖牌上分别镶嵌了产自中国青海省的著名软玉昆仑玉中的白玉（图 2-4-24，中国，2008）、青白玉和青玉，这一创意既弘扬了中国的玉石文化，也为国际奥林匹克运动留下了一

图 2-4-13

图 2-4-14

图 2-4-15

图 2-4-16

图 2-4-17

图 2-4-18

图 2-4-19

图 2-4-20

图 2-4-21

图 2-4-22

图 2-4-23

笔珍贵遗产。尽管以上这些仅是中国玉雕制品的很少一部分，但也充分展现了中国玉石文化的悠久历史、精湛技术和辉煌成就。如今中国已成为世界上的“玉器大国”。现代玉雕仍然是中国对外出口创汇的高档商品之一。当然人们也能看到一些产玉或不产玉的国家以软玉为原材料制作的饰品，如各种形态的碧玉坠（图 2-4-25、26，新西兰，2001、2009）、头像（图 2-4-27，伯利兹，2009）等。

图 2-4-24

软玉主要形成于超基性岩受变质作用的蛇纹岩中，根据其产出环境可分为山料、山流水、仔料和戈壁料四类。其产地当首推中国新疆和田地区，当地盛产优质软玉石料，即和田玉，享誉国内外。同时产自青海的软玉，即昆仑玉也很有名。此外，美国、加

图 2-4-25

图 2-4-27

图 2-4-26

拿大、墨西哥、新西兰、澳大利亚和俄罗斯也产软玉。

3. 青金石

青金石，这也是它的宝石商业名称，因其体为艳蓝色常伴有黄铁矿点点金星而得名。英文名称为 Lapis Lazuli，源自拉丁语（一说源自古波斯语），意思是“蓝色的宝石”。青金石是一种古老而神圣的宝玉石，被开采利用已有数千年历史。它以鲜艳的蓝色赢得东方各国特别是阿拉伯人民的喜爱。在中国、伊朗、埃及和印度等古代文明中，它与绿松石、珊瑚同被视为珍贵的宝石品种。在中国古代对青金石还有金星石、琉璃、金碧和点黛等多种称谓。

青金石的化学分子式为 $(Na, Ca)_8(AlSiO_4)_6(SO_4, Cl, S)_2$，在矿物学中为方钠石族矿物的一种，属等轴晶系，单晶晶体为菱形十二面体，但实质上它不是单质矿物，而是以青金石为主含有少量方解石、黄铁矿、方钠石和透辉石等矿物组成的致密块状集合体（图 2-4-28，坦吉克斯坦，1998；图 2-4-29，莫桑比克，1999），具有玻璃光泽至蜡状光泽，微透明至不透明，硬度为 5.0 ～ 6.0。其颜色以蓝色调为主，呈暗蓝、深蓝和紫蓝等色，如含较多方解石会出现白色斑点或条纹（图 2-4-30，荷属安的列斯，1998；图 2-4-31，冈比亚，2003），含黄铁矿则会产生闪烁金色的星光，也有的呈绿蓝色（图 2-4-32，乍得，1998）。青金石以颜色艳蓝、质地细腻、不含杂质、无裂纹者为最佳，色杂为次。作

图 2-4-28

图 2-4-29

图 2-4-30

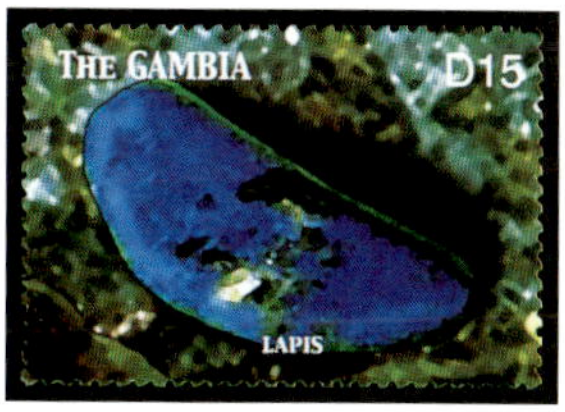

图 2-4-31

图 2-4-32

为玉石，青金石皆为块状。青金石主要品种有：

青金，具有深蓝、翠蓝或藏青蓝色，质地纯正致密，不含方解石和黄铁矿，是青金石中的佳品。

金格浪，呈深蓝色，因含较多黄铁矿，经抛光后表面会显现类似金龟子外壳一样的闪光，是一种十分美丽的青金石。

催生石，呈浅蓝色，一般不含黄铁矿而含较多白色方解石，这种以含白色方解石为主的青金石被称为“雪花催生石”，呈淡蓝色者称之为“智利石”。据说古人认为这种青金石具有催生作用，故得此名。

在古代青金石属高档玉石品种之一，因颜色端庄，“色相如天”，称为“帝青色”或“宝青色”，且硬度适中，易于雕刻，所以主要用来制作玉雕制品，作为祭神或随葬之物，有的用作宫殿或教堂建筑内的装饰品。由于青金石多不透明或微透明，如今通常被琢磨加工成腰圆形戒面和串珠，用来镶嵌各种首饰（图 2-4-33，阿富汗，1983；图 2-4-34，智利，1996）。有的被磨成平板形后再进行雕刻制成装饰品，或作钟壳、表盘、烟盒等的饰面物品。在中国还常用青金石雕制成小塑像、鼻烟壶、项串或其他小物件，也很受欢迎。此外，青金石还可以磨成粉末制成矿物颜料，古希腊、古罗马时代到文艺复兴时期，许多世界闻名的油画作品上都使用过以青金石制成的群青颜料。中国甘肃莫高窟千佛洞中的彩绘也是用矿物作颜料绘制而成的（图 2-4-35，中国，1990），其中就有以青金石制成的颜料。在医药学中，青金石粉末还可以用作补药和治疗便秘。

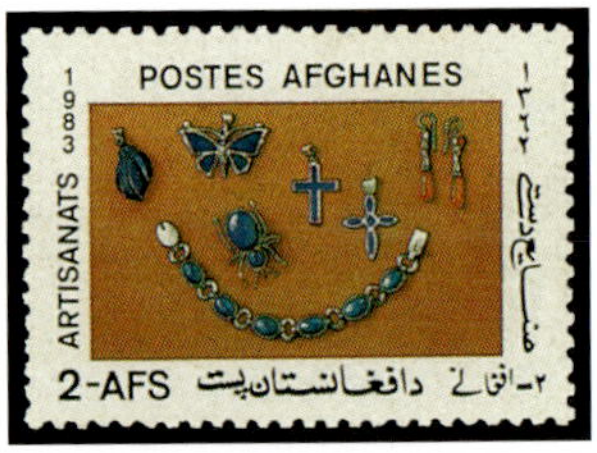

图 2-4-33

图 2-4-34

图 2-4-35

青金石的粒状结构使其具有可溶性，遇酸会缓慢溶解，在高温或过热环境下会改变甚至失去颜色，因此在使用、佩戴和存放时均需注意呵护。与青金石相似的天然宝石有方钠石、蓝方石、蓝铜矿等；人造或经人工处理的青金石品种有合成青金石、染色青金石和染色大理石等，但它们彼此间的物理和光学特性都存在差异，通过检测硬度、比重和折光率等可以区分。

青金石主要产自接触交代矽卡岩矿床中。世界上最著名的青金石产地在阿富汗。该国的巴达赫尚以盛产优质青金石著称，因此，早在阿富汗王朝时期，青金石就被视为国石。此外，智利、美国、加拿大和俄罗斯等国也有产出。

4. 绿松石

绿松石，英文名称为 Turquoise，源自法语 Pierreturqoise，意为“土耳其石”。波斯语为 Ferozah 或 Firozah，是“胜利”的意思。土耳其本不产绿松石，相传古代欧洲人所用的绿松石原产于波斯（现伊朗），由于是通过土耳其运到欧洲的，所以有土耳其石之称。中国古时称绿松石为“靛子”或“甸子”，在矿物学中称绿松石，商业上称松石。据《石雅》一书记载：“此或形似松球，色近松绿，故以为名。”

绿松石的化学分子式为 $CuAl_6(PO_4)_4(OH)_8 \cdot 5H_2O$，它是一种含水的铜铝磷酸盐矿物，属三斜晶系，晶体细微呈短小柱状，很罕见，通常为隐晶质－非晶质致密块状（图 2-4-36，柬埔寨，1998）、皮壳状、结核状（图 2-4-37，几内亚比绍，2009）、肾状或细脉状集合体，具有蜡状光泽，不透明，硬度按不同品种分为三级，瓷松 5.3 ～ 6.0，硬绿松石 4.5 ～ 5.3，风化的面松 4 以下。其颜色多为天蓝、淡蓝、蓝绿和绿等色（图 2-4-38，多哥，1999；图 2-4-39，贝宁，

图 2-4-36

图 2-4-37

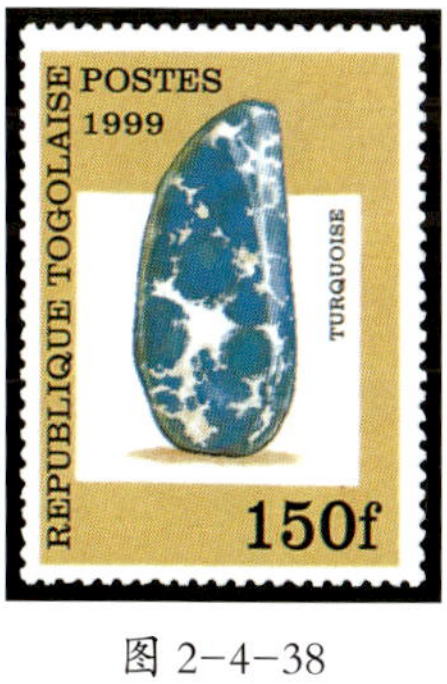

图 2-4-38

图 2-4-39

1998）。在颜色均一的块体上常有分布不均的白色斑点、条纹或称为铁线的黑色斑点、条纹。绿松石的颜色与所含铜离子和铁离子的数量及比例有关，也受含水量多寡的影响。根据颜色、质地和产地分以下一些品种：

晶体绿松石，是一种极为罕见的绿松石晶体，因颗粒细小，难以制作宝石成品，产于美国。

瓷松，呈天蓝色，质地细腻，光亮如瓷，是品质极佳的绿松石品种，主要产自中国湖北省。

铁线绿松石，是一种具有铁黑网状或不规则状花纹的绿松石，若铁线构成奇异蛛网纹带呈现美丽图案的，称蓝缟松石或花边松石。

此外，还有呈致密块体称块状绿松石；呈分布在脉石中的斑点状称斑点松石等。

绿松石同软玉一样，远在数千年前的新石器时代就已被开采利用，是深受古今中外人士喜爱的传统玉石，尤其在中国和一些东方文明古国及阿拉伯世界，从皇室贵族的摆设玩物到各种串珠首饰，从大量出土文物中，都可以看到绿松石的倩影，它曾被视为珍宝或神奇之物，如埃及人和古墨西哥人把绿松石制品作为护身符或随葬物；美国西南部的印第安人相信绿松石有莫大的神力，它能给士兵带来丰富的战利品，给猎人带来更多猎物，给佩戴者带来幸福和好运等。在中国藏、蒙少数民族地区，绿松石制品历来是最流行的神圣饰物。如今绿松石仍然是国际市场上畅销的中档宝石和高档玉石原料。宝石级绿松石多被切磨加工成圆形、椭圆形、方形、矩形、多面形等各种形状的戒面、串珠，配以贵金属和其他宝石，制作各种首饰，如项链或项坠（图 2-4-40，美国，2004；图 2-4-41，索马里，1998）、皇冠或桂冠（图 2-4-42，葡萄牙，2011；图 2-4-43，直布罗陀，2011）；有的做成镶嵌器物，如鎏金镶嵌铜砚盒（图 2-4-44，中国，极限片，1973）。大的块体可雕琢成各种工艺品，如鼻烟壶、花瓶、小雕像，在北京的中国地质博物馆中收藏着一件用产自中国的浅蓝色绿松石雕制而成的九龙瓶，重达 3000 克，非常珍贵。

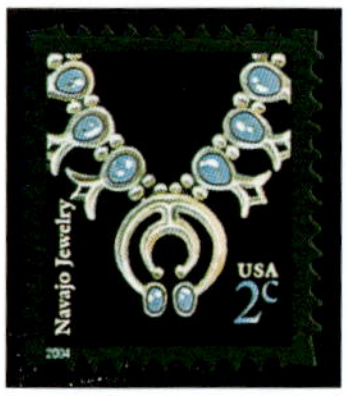

图 2-4-40

由于绿松石是一种含水矿物，硬度偏低，孔隙度较大，不耐酸，在盐酸中会溶解，在高温条件下会失水褪色或发生破裂，接触有色物质易被污染。因此佩戴绿松石饰品需注意呵护，避免长时间曝晒受热，力戒与硬物碰撞或接触酸液和有色物质，以防受损。另外，在宝玉石市场上，除天然绿松石外，还有一些相似宝石，如硅孔雀石、绿玉髓等，通过测定比重、硬度和折光率可以相互区分。但同时还有形形色色经优化处理或合成仿制的绿松石，极易与天然绿松石混淆，需注意鉴别。

图 2-4-41

图 2-4-42

绿松石是一种次生矿物，主要以外生淋滤型产出为主，与含磷和含铜的硫化物矿化的岩石风化有关。主要产地有伊朗、埃及、美国和中国等。中国的绿松石矿主要分布在湖北郧阳、陕西白河一带以及青海、西藏等省。另外，智利、墨西哥、巴西、乌兹别克斯坦等国也有产出。

图 2-4-43

图 2-4-44

5. 芙蓉石

芙蓉石，英文名称为 Rose Quartz，是一种具有水晶一样的内部结构和物理化学特性，但没有水晶那样结晶外形的块状石英，矿物学名称为蔷薇石英，透明度呈粉红色者称为红水晶。

芙蓉石的化学分子式为SiO_2，是简单氧化物类矿物，属三方晶系，单晶少见，且晶形不佳无规则，常为致密块状（图 2-4-45，阿鲁巴，2001），具有玻璃光泽或油脂光泽，半透明至透明，硬度为7.0。其颜色有粉红（图 2-4-46，马达加斯加，1989）、深粉红、玫瑰红和深紫红（图 2-4-47，瑞士，2003）等色。芙蓉石迷人的色彩与所含微量锰和钛色素离子有关，无明显杂质，以色调单一绚丽著称。当芙蓉石内有较多尘埃状、片状、棉絮状的气液包裹体时，其晶体会呈半透明的雾状，同时常有象“筋”一样的白色石英线状细脉穿插其中，这是自然界其他宝玉石所少有的。芙蓉石如含有纤维状金红石包裹体时，琢磨成弧面石后可显现星光效应，若出现六道清晰的放射状星光，称之为“星光芙蓉石”或“星光蔷薇水晶”，若具有猫眼效应则称之为“芙蓉石猫眼石”，它们都是较为珍贵的芙蓉石品种。

图 2-4-45

图 2-4-46

芙蓉石属于高中档玉石材料，以颜色粉红纯正、质地均匀，内部无石英细脉穿插、少裂纹和棉状包裹体、透明度高者为上品。一般芙蓉石块体大的可重达数公斤，主要用于雕琢各种中小型工艺品摆件，富有很轻快的风韵和生气，可与软玉或翡翠玉器相媲美。颜色深粉红透明、质量好的芙蓉石则可用来制作各种首饰的镶嵌品，如手镯（图 2-4-48，印度尼西亚，2001）。芙蓉石的弱点是颜色不稳定，长时间曝晒或受热往往会发生褪色现象，加热到500℃以上其粉红色可能会消失，因此收藏、陈列或佩戴芙蓉石制品需注意呵护。与芙蓉石相似的宝石不多，主要有浅紫红色萤石和粉红色乳白状玻璃，由于芙蓉石内部有独特的棉状包裹体，而浅紫红色萤石没有这种包裹体，且硬度低；粉红色乳白状玻璃内部有圆形气泡和流动的漩涡纹，所以彼此不难区分。

图 2-4-47

图 2-4-48

芙蓉石主要以块状或脉状产于花岗伟晶岩中，优质的芙蓉石产地有巴西、马达加斯加、斯里兰卡和缅甸等国，中国的新疆、云南、内蒙古和河北等省也有产出。

6. 蛇纹石玉

蛇纹石玉，其主要成分是蛇纹石，英文名称为 Serpentine，因其多呈绿色并具有白色斑杂状或纹理状的表象与某些蛇皮相似（图 2–4–49，博茨瓦纳，1974），故得此名。

图 2–4–49

蛇纹石是一族矿物，包括纤蛇纹石、利蛇纹石和叶蛇纹石，化学分子式为 $Mg_6(OH)_8(SiO_4O_{10})$，它是一种含水的镁硅酸盐矿物，常含铁，也有时含锰、铝、镍、钴等微量金属杂质元素，属单斜晶系，晶形呈叶片状或纤维状，但作为一种玉石，蛇纹石玉多为致密状集合体或具凝胶体特征的肉冻状块体（图 2–4–50，土库曼斯坦，1999），成分中蛇纹石占 90% 以上，还有少量的透闪石、透辉石、菱镁矿、水镁石和白云石等多种矿物，因所含矿物及其数量不同，其物理特征，如硬度、比重和折光率均会发生较大变化。具有油脂光泽或蜡状光泽，半透明至微透明，硬度为 2.5 ～ 5.5。其颜色有黄绿、浅绿、黄、白、褐黄和墨绿等色（图 2–4–51，朝鲜，2008），颜色参差不齐，常有白色斑点、团块、条带或云朵分布其间，也时有黑色斑点和团块。由于蛇纹石玉具有网斑状结构，所以韧性较好，但遇盐酸或硫酸会分解，在中国它是一种价格稍低的主要玉石材料。

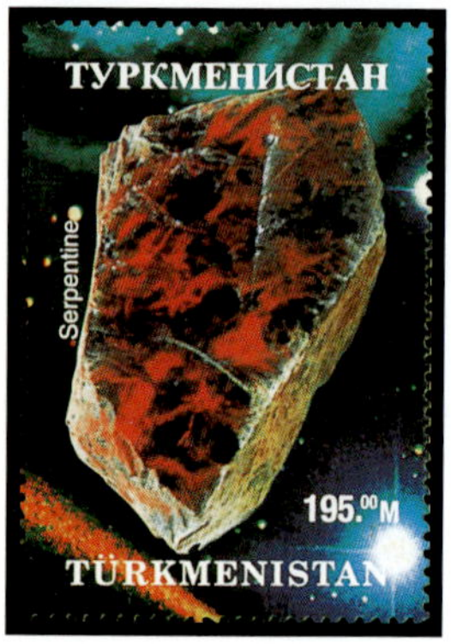

图 2–4–50

图 2–4–51

评价蛇纹石玉质量的主要依据是颜色、透明度、质地和块度。优质的蛇纹石玉颜色为碧绿色或黄绿色，鲜艳均一，质地洁净润滑细腻，无裂纹，块体重量在50千克以上。蛇纹石玉主要用来雕琢制作各种工艺品或饰物（图2-4-52，中国，2000），少量质地极佳的蛇纹石玉，如产自美国宾夕法尼亚州的绿色透明的纤蛇纹石，是一种很好的宝石材料，可用来制作首饰。与蛇纹石玉相似的玉石有翡翠、软玉、玉髓等，由于蛇纹石玉的明显特点是硬度偏低，光泽较弱，比重也存在差异，且遇酸容易分解，所以彼此不难区分，只是需要通过测定物理常数等技术手段来鉴别。

图 2-4-52

蛇纹石玉是中国应用最早的传统玉雕原料，产地较多且多以产地命名，如岫岩玉，因产于中国辽宁省岫岩县而得名，是一种以淡绿色为主，也有深绿和其他色调的微透明至半透明、质地细腻、块体大、质量极佳的玉料。其他如南方玉（也称信宜玉）、酒泉玉（也称祁连玉）、台湾玉、陆川玉、会理玉、云南玉、莒南玉、京黄玉和都蓝玉等，也都是很著名的以产地命名的蛇纹石玉，在中国商业界统称为岫玉。在中国出土的新石器时期的文物中，有许多玉器都是用蛇纹石玉雕刻而成的。国外著名的蛇纹石玉有朝鲜的高丽玉，新西兰的鲍文玉，美国的威廉玉和墨西哥的雷科玉等，这些蛇纹石玉也多是以产地命名的。

蛇纹石玉产于基性和超基性岩中，经过热液蚀变而成，也产于蛇纹石化大理岩中或其接触带中，主要产地有中国、朝鲜、新西兰、美国、俄罗斯等。世界上优质蛇纹石产地当首推中国和朝鲜。

7. 玛瑙

玛瑙，英文名称为Agate，源自拉丁文Rive Achates，是意大利西西里岛上阿盖特河的名称，因在该地区首次发现玛瑙，故以此命名。玛瑙一词在中国应用较早，在魏文帝《玛瑙勒赋》一书中有这样的描述："玛瑙玉属也，出西域，文理交错，有似马脑，故其方人，因以名之。"短短几句阐明了玛瑙的产地及性质特征，由于"马脑"属于玉石，所以被转称为玛瑙（图2-4-53，莫

图 2-4-53

图 2-4-54

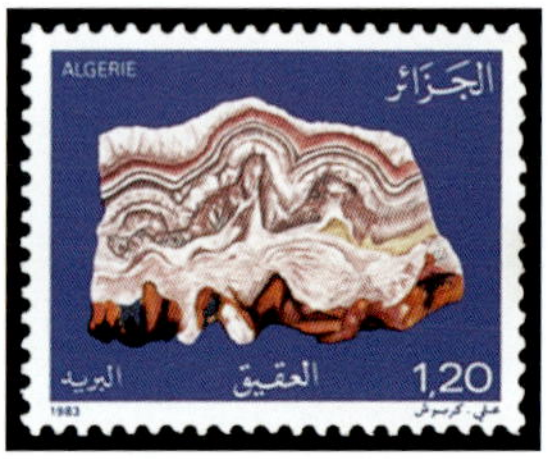

图 2-4-55

图 2-4-56

桑比克，1987）。

玛瑙的化学分子式为 SiO_2，它是一种由硅酸盐胶液凝聚而成、具有多种色彩和明显条带状构造的隐晶质石英（图 2-4-54，捷克斯洛伐克，1968；图 2-4-55，阿尔及利亚，1983），主要成分是二氧化硅，有时含少量蛋白石或微粒石英，同时常含铁、镍、钙、镁、铝等微量杂质元素，以块状、结核状或脉状等形式产出（图 2-4-56，博茨瓦纳，1974；图 2-4-57，塔吉克斯坦，1998；图 2-4-58，摩洛哥，1975），具有玻璃光泽，半透明，硬度为 7.0。其颜色有红、白、蓝、紫、黄、绿、褐、黑等色，与所含不同微量元素有关，同时具有同心状、层状、波纹状和斑驳状等多种形态，由于玛瑙颜色各异，纹理不一，所以品种繁多，在中国有“千样玛瑙万种玉”之说，其分类方法也有几种：

按颜色特征分为红玛瑙（图 2-4-59，瑞士，1959；图 2-4-60，澳大利

图 2-4-57

图 2-4-58

亚，1973）、蓝玛瑙（图 2-4-61，肯尼亚，1977）、绿玛瑙（图 2-4-62，法属南极领地，2005）、紫玛瑙、黑玛瑙、白玛瑙（图 2-4-63，保加利亚，1995）和杂色玛瑙（图 2-4-64，马拉维，1980）等多种。其中

图 2-4-59

图 2-4-60

红色玛瑙呈红色、橘红色或褐红色，条带十分清晰，是玛瑙中的上品，中国古代称其为“赤玉”或“琼玉”，在《广雅》一书中有“玉赤首琼”之说，即红色的玉石以红玛瑙为最佳。在《格古要论》一书中有“玛瑙无红一世穷”的论述，可见红玛瑙的价值非同一般。蓝玛瑙呈蓝色或蓝、白相间，也十分美丽。其他颜色的玛瑙品种在自然界均较为少见，市场上能见到的多为人工染色而成，需注意鉴别。

图 2-4-61

图 2-4-62

图 2-4-63

图 2-4-64

按纹带构造分为缟玛瑙，一种红白、蓝白或黑白色相间的层状玛瑙（图 2-4-65，摩洛哥，1981）；苔藓玛瑙，一种因含有氧化锰或绿泥石而构成形状很像树枝和苔藓的玛瑙，也叫“风景玛瑙”或“图画玛瑙”（图 2-4-66，哈萨克斯坦，1997）；带状玛瑙，一种不同色带呈平行排列具有带状构造的玛瑙（图 2-4-67，印度尼西亚，1997）；雾状玛瑙，一种条纹模糊状如云雾的玛瑙（图 2-4-68，亚美尼亚，

图 2-4-65

图 2-4-66

图 2-4-67

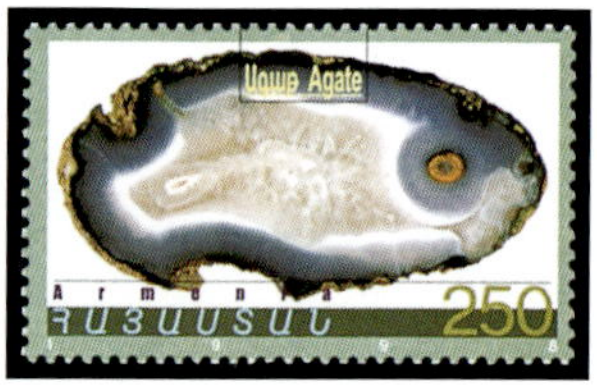

图 2-4-68

1998）；缠丝玛瑙，一种红色白色相间纹带细如蚕丝且彼此缠绵交织、状似绵绵柔情的玛瑙（图 2-4-69，格林纳达，2001），有“幸福之石”的美称，象征恩爱和幸福；晶洞玛瑙，即中心呈空洞而附着有水晶等矿物晶体的玛瑙（图 2-4-70，民主德国，1974；图 2-4-71，格鲁吉亚，2000）；水胆玛瑙，一种有水包裹（封闭）在空洞中心、摇动时可见水在其中流动的玛瑙，古称“琼浆石”，这种玛瑙在自然界极为罕见，十分珍贵。此外，深受人们喜爱并广为收藏的雨花石，也是一种玛瑙砾石。

图 2-4-69

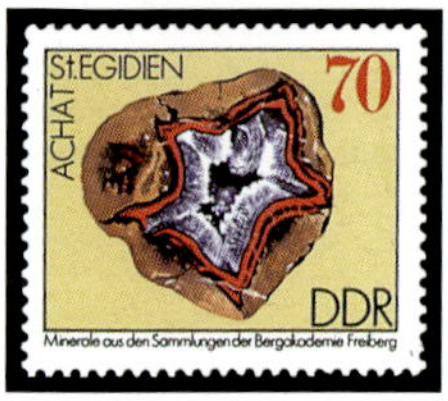

图 2-4-70

玛瑙虽属于中档玉料，但因其色泽艳丽柔和、纹理清晰奇特、质地细腻坚实而赢得世人的珍爱，从古至今被广泛应用，或琢磨成宝石戒面、串珠（图 2-4-72，乌拉圭，1971；图 2-4-73，津巴布韦，2002），用来制作戒指、项链、手镯、手链、吊坠等各种饰物；或雕刻制作印章、器皿和各种工艺品（图 2-4-74、图 2-4-75、图 2-4-76，中

图 2-4-71

图 2-4-72

图 2-4-73

图 2-4-74

图 2-4-75

图 2-4-76

国台湾，1968～1970）。许多艺人利用同一块玛瑙上色泽的自然差异制作俏色玛瑙工艺品，令人拍案叫绝。此外，玛瑙还可以入药治病，也被用于制作研钵、仪表轴承和磨料。

玛瑙广布于火山喷出岩中，它的生成与热液作用最后阶段富含挥发性组分的浓硅质胶体的渗入有关。世界上玛瑙的产地很多，主要产出国有美国、巴西、乌拉圭、澳大利亚、俄罗斯、印度等。德国的伊达尔—奥伯斯坦因自16世纪50年代以来一直出产玛瑙，是非常著名的玛瑙产地。中国的黑龙江、辽宁、内蒙古、新疆等地产玛瑙，加工业也十分发达，如今玛瑙制品已成为中国宝玉石行业出口的主要商品之一。

8. 玉髓

玉髓，英文名称为Chalcedony，是一种与玛瑙特性相同，但没有玛瑙那样的纹带构造的玉石品种。

玉髓的化学分子式为SiO_2，为隐晶质石英，它是一种以玉髓矿物为主，含少量蛋白石和微粒石英晶体组成的矿物集合体，呈纤维状、钟乳状、葡萄状或致密块状（图2-4-77，塞浦路斯，1998；图2-4-78，哈萨克斯坦，1997），粗糙面为蜡状光泽，抛光面呈油质至玻璃光泽，半透明到不透明，硬度为6.5～7.0。

图 2-4-77

图 2-4-78

玉髓成分中因含铁、镍等微量杂质元素而呈现红、绿等五彩缤纷的颜色，条痕为白色，有多个变种，具有宝石价值的主要有以下几个品种：

绿玉髓（Chrysoprase），又称澳洲玉，因产于澳大利亚而得名，中国也称之为英卡石。由于含0.5%～1%的氧化镍而呈苹果绿或蓝绿色（图2–4–79，澳大利亚，1973；图2–4–80，科特迪瓦，2009），是一种颜色鲜艳均一、质地极为细腻的玉料。绿玉髓很像翡翠，但较为鲜艳，且由于玉质细腻肉眼看不到任何结构，犹如半透明的瓷器。而翡翠光泽油亮，肉眼可见丝絮状纤维结构，所以两者不难区别。

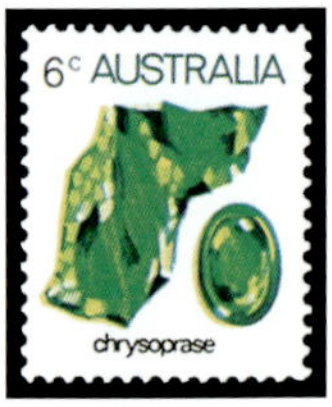

图2–4–79

图2–4–80

图2–4–81

红玉髓（Carnelina 或 Sard），又称光玉髓或肉红玉髓，因含氧化铁而呈淡红至褐红色（图2–4–81，新西兰，1982；图2–4–82，马达加斯加，1970）。红玉髓与红玛瑙很相似，只是红玉髓更趋向于红色，且颜色强度较弱，而红玛瑙颜色明亮。但两者没有明显的区分界线，容易混淆。

图2–4–82

血玉髓（Blood Stone），一种因含铁而呈血红色的玉髓，但不是整体均呈红色，而只呈现为血滴状或斑点状分布，故又称为“血滴石”或“血星石”，也有人称其为“鸡血石”，但它不是真正意义上的鸡血石，仅仅是同名异物而已。

碧石（Jasper），玉雕界称之为“矸石”，成分不纯，常含有黏土矿物，不透明但质地细腻，呈多种颜色，有浅灰、天蓝、黄、红、褐（图2–4–83，印度尼西亚，2000）、黑等色或几种颜色的掺和体，如斑状碧石（图2–4–84，苏联，1963），有的还能构成自然图

图2–4–83

图2–4–84

案，多用来做观赏石。

此外还有蓝玉髓、白玉髓等。

玉髓属于中低档玉石品种，虽一般不具有纹带，但有美丽的颜色，且易于加工，质优色美的玉髓可琢磨成各种款式的宝石（图 2–4–85，印度尼西亚，1999），用来制作价格较为低廉的戒面（图 2–4–86，乌拉圭，1972）、耳坠（图 2–4–87，哈萨克斯坦，2009）、手镯、别针等首饰，也可用于制作印章、笔架、碗、瓶、杯、球等工艺品、器皿或装饰物，很受世人喜爱。玉髓具有多孔隙渗透性强的特点，可通过人工染色提高外观质量，应注意鉴别。同时有些玉髓的变种，其外观与很多透明到不透明的宝石，如软玉、硬玉、青金石、月光石、天河石、绿松石十分相似，也需注意区分。

图 2–4–85

图 2–4–86

图 2–4–87

玉髓普遍产于冲击矿床中，也有原生矿，其产地遍布世界各地，而且不同的变种产自不同的国家，著名的产地有澳大利亚、斯里兰卡、马达加斯加、巴西、美国、乌拉圭、俄罗斯、中国和印度等。

9. 木变石和虎睛石

木变石和虎睛石的英文名称分别是 Wood Alexandrite and Tier Eye，属于中档玉石。在矿物学中它们同属“硅化石棉”，是由组成青石棉的钠闪石（Crocidolite），（图 2–4–88，莫桑比克，1999）在发生热液作用时，被热液中的二氧化硅强烈交代并胶结而成的纤维状集合体。确切地说，作为宝玉石，它们是保留了石棉纤维构造的石英集合体，是变质作用的产物，根据颜色和纤维排列状态分为木变石和虎睛石。其化学分子式为 SiO_2，主要化学成分是

图 2–4–88

二氧化硅，具有强烈的丝绢光泽，不透明，硬度为 6.5 ～ 7.0，有较好的韧性。

木变石颜色为黄褐色、褐色、蓝色或蓝灰色，与石棉中析出的铁等物质有关，常呈纤维状块体，具有细微纤维状构造，因颜色和纹理很像木质，故被称为木变石，但它不是木化石，只是外观与木化石相似而已。木变石主要有以下几个品种：

图 2-4-89

图 2-4-90

虎睛石（图 2-4-89，多哥，1997；图 2-4-90，乌克兰，2009），颜色为棕黄、黄褐色，在结构上除了黄褐色纤维外，还有较多的蓝色和红色纤维，而这些纤维比木变石纤维短，且排列不整齐，在平行于纤维方向加工成弧面形宝石后会产生猫眼效应，呈现出一个平行移动的“猫眼”，因酷似虎的眼睛，故称之为虎睛石。

鹰眼石（Hawk’s eye），是一种呈蓝色、蓝绿色或暗灰蓝色的木变石，加工成弧面形宝石后所产生的猫眼效应颇似“鹰眼”，故称之为鹰眼石。

斑马虎睛石（Zebra tiger eye），是一种颜色呈褐色与蓝色相间的条带状、外观像斑马身纹的木变石，故称斑马虎睛石。

此外，不同颜色的木变石还在其名称前面冠以颜色，如紫色木变石。而具有猫眼效应的木变石，其猫眼也不及金绿宝石猫眼那样鲜活明亮，价值较低。

木变石和虎睛石以颜色淡雅、质地细腻、具有猫眼效应或块体大者为上品，除可加工成戒面之外，主要用来制作串珠项链、手链等饰品，在中国还被用于刻制图章。块体较大的，在具有蓝色、红蓝色和质地细腻的相同条件下分为三个品级，一级为无空洞无杂质、块重 10 千克以上；二级为稍有空洞和杂质、块重 5 千克以上；三级为稍有空洞和杂质、块重 2 千克以上。这种大块的木变石多作为玉雕材料，制作各种玉器。木变石所具有的特殊的黄褐、蓝褐等颜色、明显而细微的纤维结构和明亮的丝绢光泽，是自然界其他任何玉石所没有的，因此木变石与相似玉石很容易区分。

木变石和虎睛石产在5亿多年前极细粒含铁砂岩中，即被变质作用硅化的石棉矿床中，世界最大、最著名的产地是南非，此外还有巴西、印度、斯里兰卡等国家，中国河南省淅川县也有产出。

10. 孔雀石

孔雀石，英文名称为Malachite，来自希腊语，意为“锦葵”，是因为这种矿物颜色类似于一种名为锦葵的植物的叶子，又因其颜色和花纹与孔雀的羽毛十分相似（图2-4-91，柬埔寨，1998），故被命名为孔雀石。中国古代称孔雀石为“石绿”。明代李时珍在《本草纲目》一书中记载：“石绿生铜坑内，乃铜之祖先也，铜得紫阳之气而绿，绿久则成石，谓之石绿。”道出了这种矿物的成因和颜色特征。

图 2-4-91

孔雀石的化学分子式为 $CuCO \cdot Cu(OH)_2$，它是一种含铜的碳酸盐矿物，有的含微量氧化钙、氧化铁和二氧化硅等混入物。属单斜晶系，晶体呈针状、柱状或纤维状，但极为少见，通常为肾状、葡萄状、皮壳状或致密块状集合体（图2-4-92，哈萨克斯坦，1997；图2-4-93，莫桑比克，2007；图2-4-94，几内亚比绍，2008；图2-4-95，土库曼斯坦，1999），具有同心层状（图2-4-96，乌干达，1988）或纤维放射状（图2-4-97，民主德国，1972）

图 2-4-92

图 2-4-93

图 2-4-94

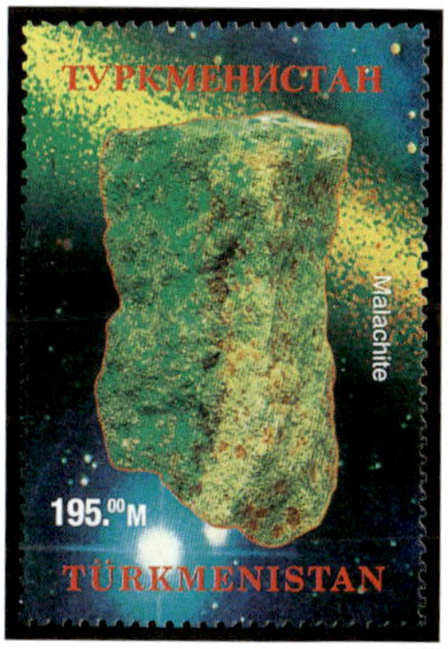

图 2-4-95

图 2-4-96

图 2-4-97

图 2-4-98

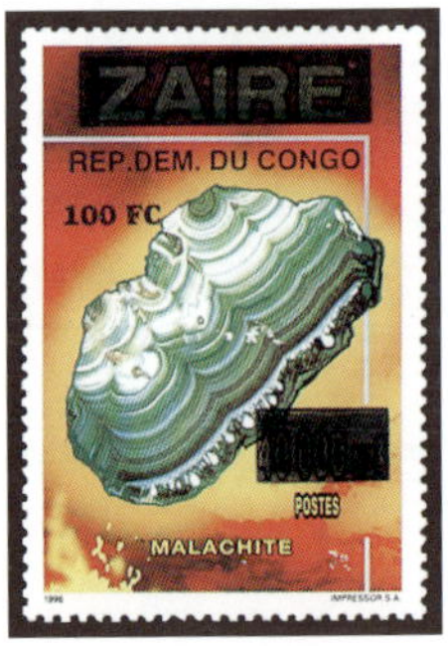

图 2-4-99

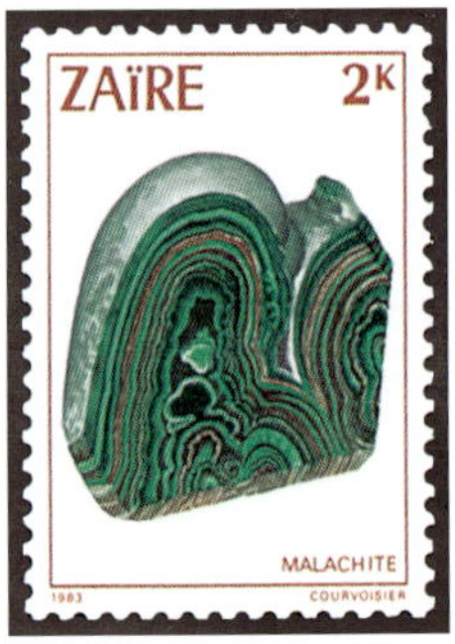

图 2-4-100

构造，其较大块体标本的磨光面会显现清晰的深浅不一的绿色同心状或条带状花纹（图 2-4-98，几内亚比绍，2001；图 2-4-99，刚果，1996）。孔雀石具有玻璃光泽或丝绢光泽，半透明至不透明，硬度为 3.5～4.0。其颜色有绿色（图 2-4-100，扎伊尔，1983）、孔雀绿色（图 2-4-101，贝宁，1998）、暗绿色（图 2-4-102，苏联，1963）、蓝绿色（图 2-4-103，阿富汗，1999）和黄绿色（图 2-4-104，多哥，1999）等，与所含铜离子密切相关。

图 2-4-101

孔雀石是一种非常吸引人且应用历史十分悠久的装饰石料之一，早在公元前 4000 年

图 2-4-102

图 2-4-103

图 2-4-104

古埃及人就已开采使用孔雀石，认为它是对儿童特别有益的护身符。公元前13世纪，中国殷代也已出现用孔雀石雕制的工艺品。俄罗斯人则用孔雀石做殿堂内部的装饰材料，在圣彼得堡圣·伊萨克大教堂的大圆柱上，就镶嵌了孔雀石。如今孔雀石仍得到广泛应用。孔雀石以颜色鲜艳、色带或花纹清晰、致密无孔隙、块体大者为最佳，除了可以作为高档装饰材料之外，还广泛用来雕刻制作人物、花瓶、鸟兽等各种摆件工艺品，在中国孔雀石制品已成为玉石工艺品中一大特色。而质优较小的块体则可以研磨成串珠、吊坠，制作项链、手链、胸针等饰品（图 2–4–105，西南非，1979；图 2–4–106，印度尼西亚，2001）。孔雀石因具有特殊的绿色和典型的条带，永远不会与其他宝玉石材料相混淆，但孔雀石硬度低、韧性差、且遇酸易溶解，因此使用时需注意呵护。

图 2–4–105

图 2–4–106

孔雀石是铜的蚀变产物，产于铜矿床的氧化带，常与蓝铜矿、赤铜矿等共生。世界上孔雀石的著名产地有俄罗斯、法国、赞比亚、刚果、纳米比亚、美国和中国。中国的著名产地有广东省阳春县铜矿区和湖北省大冶市绿山铜矿区等。另外，在20世纪80年代，苏联还成功试验出人工合成孔雀石。

11. 蔷薇辉石

蔷薇辉石，英文名称为 Rhodonite，源自希腊语，意为“蔷薇”，即表明了该矿物的颜色呈蔷薇红色。又因其有的颜色为桃红色，故也称“桃花石”。

蔷薇辉石的化学分子式为 $(Mn, Fe, Ca)SiO_3$，它是一种锰硅酸盐矿物，化学成分中所含的钙、铁、锌为类质同象替代物。蔷薇辉石属三斜晶系，晶体呈板状，少数为柱状，但非常少见，通常呈致密块状或密集粒状集合体（图 2–4–107，中非共和

图 2–4–107

图 2-4-108

图 2-4-109

国，1999），具有玻璃光泽至珍珠光泽，半透明至不透明，硬度为 5.5 ～ 6.5。其颜色有玫瑰红色、粉红色和桃红色（图 2–4–108，土库曼斯坦，1999；图 2–4–109，圣多美和普林西比，2007），有的块体上往往有玫瑰色和白色交错或相间的纹理，有的会显现因有氢氧化锰而导致的黑色条纹和斑点（图 2–4–110，苏联，1963），而透明的晶体具有黄红、淡红和淡黄红的多色性。

图 2-4-110

蔷薇辉石是一种常见的玉石，颜色和质地相差很大，以颜色粉红而无黑、灰、黄等杂色、无裂纹、质细块体大者为上品，可以用来琢磨弧面形宝石串珠、吊坠和首饰镶嵌物（图 2–4–111，澳大利亚，1973），更多的则用于制作工艺品和装饰材料，如俄罗斯首都莫斯科地铁的“马雅可夫斯基”车站建筑就是用蔷薇辉石装饰的。蔷薇辉石所具有的颜色和花纹等特征，使之很少与其他宝玉石相混淆，只有菱锰矿的外观和有机宝石中的珊瑚与之相似，但通过肉眼观察和测定硬度、比重和折光率等特性，与这些相似宝玉石不难区分。蔷薇辉石的弱点是容易氧化而形成黑色的氢氧化锰，会影响其品质，而且解理较发育，韧性也较差，遇盐酸会慢慢溶解，因此不论是新开采的石料，还是已制成的饰物、工艺品或作为观赏石，均需注意保护。

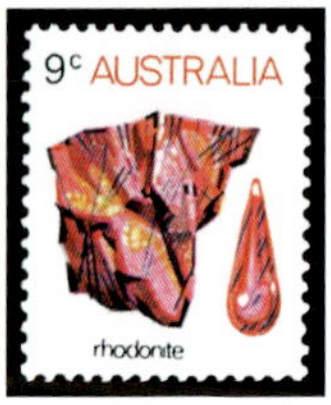

图 2-4-111

蔷薇辉石大部分为沉积的含锰岩石经区域变质和接触交代而形成的矿物，与菱锰矿以及其他含锰的矿物伴生。世界上蔷薇辉石的主要出产国有德国、罗马尼亚、俄罗斯、瑞典、巴西、澳大利亚、美国和中国等。中国的主要产地在北京的昌平区，该地区出产的蔷薇辉石质地和颜色均属上承，恰似翡翠，其工艺名有“京粉翠”之称。此外湖南也有蔷薇辉石产出，被称为“桃花石”。

（五）宝石观赏石

1. 辰砂

辰砂，英文名称为 Cinnabar，源自希腊语 Kinnabaris。据有关资料介绍，该词可能是阿拉伯语 Zinjafr 或波斯语 Zinjifrab，意为“龙之血”。在中国辰砂的命名与产地有关，据宋朝苏颂在《图经本草》中记载：“丹砂……今出辰州（今湖南沅陵）、宜州、阶州，而辰州者最胜，谓之辰砂。”

辰砂又名丹砂或朱砂，化学分子式为 HgS，它是一种硫化物类矿物，属三方晶系，晶体呈细小菱面体、厚板状、柱状，常见贯穿双晶（图 2–5–1，斯洛文尼亚，1999），多为密粒状、致密块状或皮壳状集合体（图 2–5–2，土库曼斯坦，1999；图 2–5–3，索马里，1997），具有金刚光泽，透明至不透明，硬度为 2 ～ 2.5。其颜色为暗红色、鲜红色或猩红色（图 2–5–4，吉尔吉斯斯坦,1994；图 2–5–5，西班牙，1994），有的表面有铅灰的锖色，条纹为朱红色。辰砂的折光率较高，具有明显的多色性。中国晋代葛洪在《抱朴子 · 金丹篇》中写道：“丹砂烧之成水银，积变又还成丹砂。”说明辰砂被加热后可以分解成二氧化硫和水银，同时又具有极易与硫黄化合的特性。

图 2–5–1

图 2–5–2

辰砂因硬度低，性脆，又容易被分解，所以除了颗粒较大而完整的晶体之外，很少用于制作宝石饰物，但它作为鸡血石的主要成分却具有巨大的宝石学价值。辰砂中精美的晶簇被视为珍品，多作为观赏石收藏。辰砂的用途十分广泛，它既是一种贵重的药材，具有镇心安神之功效，又是一种重要的染料，中国长沙马王堆一号汉墓出土的朱红菱纹罗

图 2–5–3

图 2–5–4

图 2–5–5

锦袍（图 2–5–6，中国，1989）上的红色染料经检测就是用辰砂制成的。同时辰砂还是炼汞（水银）的主要原料，汞在化学医药、农业、电气和仪器、精密铸造以及原子能反应堆等领域也得到广泛应用。

辰砂是分布最广的汞矿物，形成于低温热液碳酸盐岩层中，与石英、方解石、辉锑矿、雄黄、黄铁矿等矿物共生（图 2–5–7，几内亚比绍，2001）。世界上辰砂的主要出产国有西班牙、美国、意大利、墨西哥和中国等。中国辰砂资源十分丰富，著名产地有贵州、湖南、广西、四川等省。其中贵州是宝石级辰砂的主要产地，世界上闻名精美的辰砂晶体多

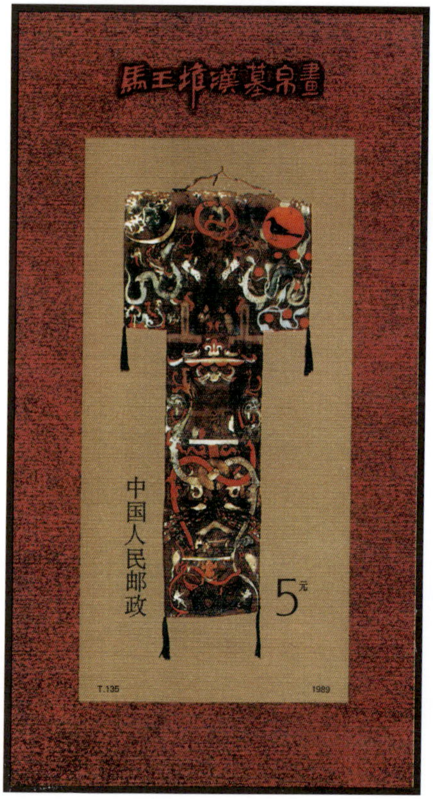

图 2–5–6

图 2–5–7

图 2-5-8

产自该省。1980 年在贵州万山汞矿场发现一颗长 64.2mm、宽 35mm、高 37mm、净重 237 克的巨大辰砂晶体，被誉为“辰砂王”（图 2-5-8，中国，1982），堪称世界级珍品，现收藏在北京中国地质博物馆。

2. 透视石

透视石，又名绿铜矿，英文名称为 Dioptase，源自希腊语，Dia 意为“透明”，Optasia 意为“看到”，说明这种矿物可以透过晶体看到其解理面，故称为透视石。

透视石的化学分子式为 CuSiO · H_2O，它是一种含水的铜硅酸盐矿物（图 2-5-9 左侧边饰，几内亚，2007），属三方晶系，晶体呈短柱状菱形（图 2-5-10，扎伊尔，1983），通常为粒状集合体（图 2-5-11，几内亚，2007；图 2-5-12，科特迪瓦，2009），具有玻璃光泽，透明至半透明，硬度为 5.0。透视石以浓郁的绿色著称，有祖母绿色（图 2-5-13，安哥拉，1970；图 2-5-14，纳米比亚，1991）、蓝绿色（图 2-5-15，刚果，1970；图 2-5-16，莫桑比克，2007）等。其艳丽的颜色与所含铜离子有关，祖母绿般的翠绿色是

图 2-5-9

图 2-5-10

图 2-5-11

图 2-5-12

图 2-5-13

图 2-5-14

其他绿色矿物、宝石都不能与之相媲美的。

优质的透视石晶体或集合体价值很高，只是由于其硬度偏低，质地松脆易碎，可被酸腐蚀，平行菱面体有完全解理，因此从耐久性考虑，很难用作宝石，只有质优透明无解理的晶体才可能琢磨成刻面型宝石，但很难得，因此弥足珍贵。由于透视石晶形完整，形态精美，色彩绚丽，所以一般多作为观赏石或矿物标本收藏，很受收藏者珍爱。透视石与祖母绿较为相似，它们的区别在于透视石的绿色显得娇艳，而祖母绿的绿色则显得柔和，同时二者的硬度、比重和折光率等特性也都不相同，因此彼此不难区分。

图 2-5-15

图 2-5-16

图 2-5-17

透视石是一种比较稀少的矿物，只在某些铜矿床中出现。它形成于铜矿脉的氧化带及其围岩的裂隙和空洞中，与硅孔雀石、褐铁矿、白铅矿和钼铅矿等矿物伴生（图 2-5-17，圣多美和普林西比，2009），同时由于它的化学稳定性较好，在漂砂中也可找到。世界上透视石的主要出产国有刚果（布）、刚果（金）、纳米比亚、俄罗斯、罗马尼亚和智利等。目前世界上最精美的翠绿色透视石晶体多产自纳米比亚的特萨姆铜矿区。

3. 白铅矿

白铅矿，英文名称为 Cerussite，源自拉丁语 Cerussa，意为“白铅”。

白铅矿的化学分子式为 $PbCO_3$，它是一种碳酸盐矿物，成分中常含有硫化铅和硫化银等微粒混合物。属斜方晶系，晶体呈板状、针状或假六方双锥状，常见贯穿双晶或三连晶（图 2-5-18，澳大利亚，邮资封，1983；图 2-5-19，保加利亚，邮资封，1995），集合体为块状、粒状、致密状和钟乳状（图 2-5-20，

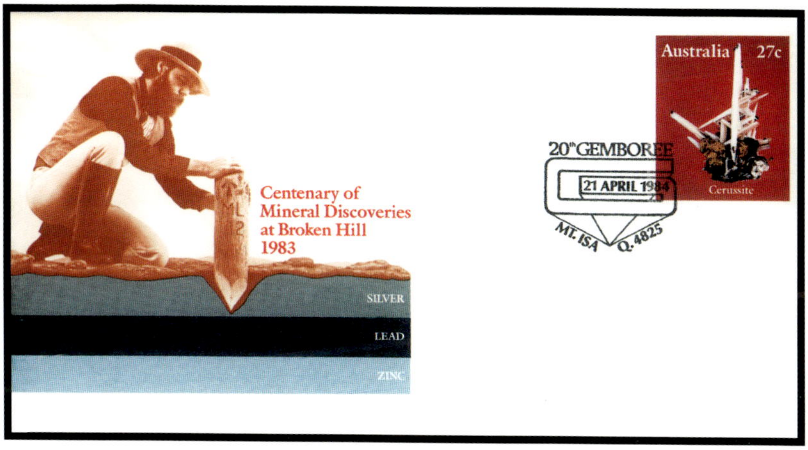

图 2-5-18

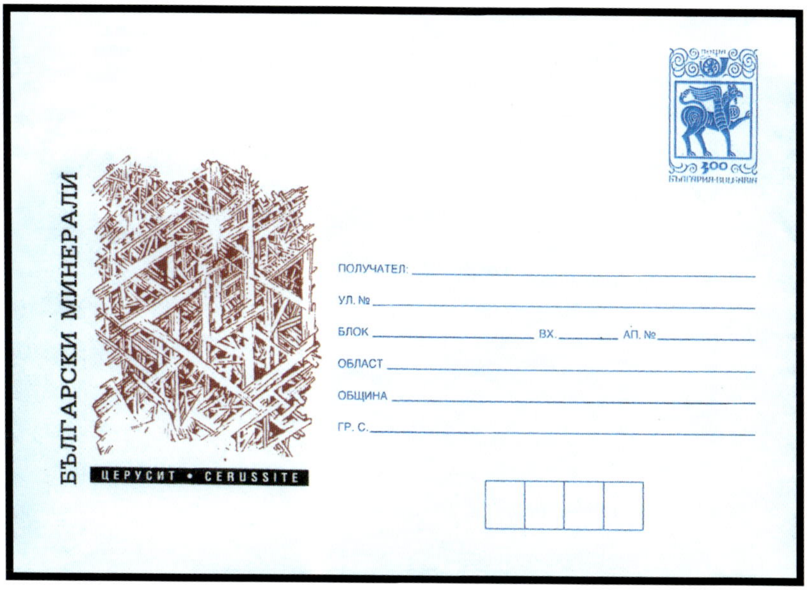

图 2-5-19

图 2-5-20

图 2-5-21

图 2-5-22

圣多美和普林西比，2007），具有金刚光泽至油脂光泽，透明至半透明，硬度为 3 ～ 3.5。颜色为无色，也有白色、灰色、绿色或黑色（图 2-5-21 右下角，安哥拉，2000；图 2-5-22，圣多美和普林西比，2004）。在紫外光照下有时会显现荧光，如在紫外线长波照射下有淡粉红色或黄色调荧光，而在紫外线短波照射下又有淡蓝色或绿色调荧光。白铅矿硬度较低，一组解理发育，性脆，溶于酸，尤其溶于稀硝酸并生气泡。

白铅矿虽硬度小、性脆，但它具有高色散、高密度和金刚般光泽等显著特征，无色透明的晶体常被加工琢磨成标准圆钻型宝石，能像钻石一样“出火”，同时有的白铅矿还具有猫眼效应，经加工可成为珍贵的白铅矿猫眼宝石。完好的晶体或晶簇还可作为观赏石。白铅矿有时会与无色宝石相混淆，但通过测定比重、密度等特性可以区分。

白铅矿是铅锌硫化物矿床氧化带中的次生矿物，由方铅矿氧化成铅矾 ($PbSO_4$)，再受碳酸水溶液作用而形成，因此常与方铅矿、铅矾等矿物共生。世界上最优级大块无色或淡黄色完全透明的白铅矿宝石晶体多产自纳米比亚，如美国华盛顿斯密逊博物馆收藏的一颗浅黄色、重 4.7 克拉的白铅矿，加拿大卡尔加里狄沃团体珍藏的一颗重 126 克拉的白铅矿晶体，均产自纳米比亚的楚梅布。而白铅矿猫眼石主要产自美国的亚利桑那州。此外，奥地利、苏格兰、捷克、意大利、澳大利亚和赞比亚等国也是宝石级白铅矿的主要产地。

4. 蓝铜矿

蓝铜矿，英文名称为 Azurite，来自 Azure 一词，是“蓝色”的意思。在中国又称蓝铜矿为石青，是一种蓝色颜料的名称。

蓝铜矿的化学分子式为 $Cu_3(CO_3)_2(OH)_2$，它是一种含水的铜碳酸盐矿物，属单斜晶系，晶体呈短柱状、柱状或厚板状（图 2–5–23，乍得，1999；图 2–5–24，几内亚，1999），多为皮壳状（图 2–5–25，津巴布韦，1993；图 2–5–26，智利，1996）、放射状（图 2–5–27，瑞士，1960；图 2–5–28，美国，1992）和晶簇状（图 2–5–29，摩洛哥，1987；图 2–5–30，安哥拉，2000）集合体，具有玻璃光泽或无光泽，透明至不透明，硬度为 3.4 ～ 4.0。其颜色为浅蓝至深蓝色（图 2–5–31，几内亚比绍，2001；图 2–5–32，纳米比亚，1991），条痕呈淡蓝色（图 2–5–33，哈萨克斯坦，1997），从以上所列图中可清晰地看出蓝铜矿的颜色特征。

图 2–5–23

图 2–5–24

图 2–5–25

图 2–5–26

图 2–5–27

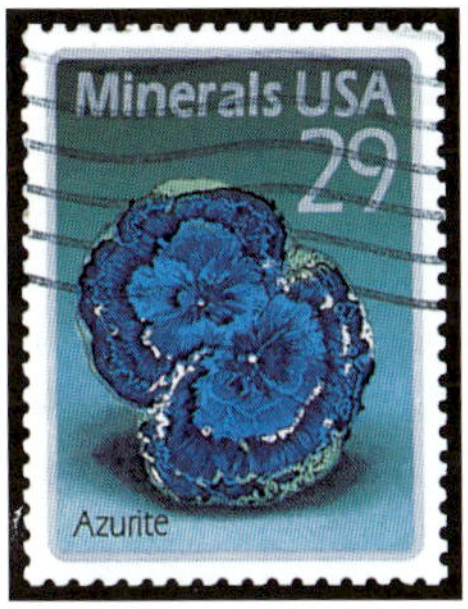

图 2–5–28

图 2–5–29

图 2–5–30

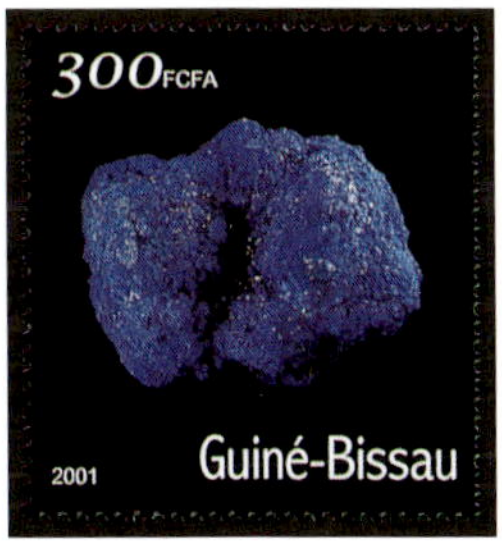

图 2–5–31

图 2–5–32

图 2–5–33

蓝铜矿是一种普通常见矿物，它虽然硬度较低，韧性差，能被酸侵蚀且易熔，但由于它具有美丽的颜色而被人们视为宝石，透明的晶体如同蓝宝石，常被加工琢磨成刻面型宝石；不透明的晶体则可琢磨成弧面形宝石。一般主要用作装饰材料或雕刻工艺品，造型完好的晶簇是理想的观赏石。蓝铜矿与青金石颇为相似，两者的区别在于，蓝铜矿具有高双折射率，硬度较低，而青金石比重较小，故彼此不难区分。

蓝铜矿是原生含铜矿物被氧化后所形成的次生矿物，产于含铜硫化物矿床氧化带中，常与孔雀石共生。世界上蓝铜矿重要产地有法国的切西，该地产出的蓝铜矿被称为“切西石”（Chessylite）。美国的亚利桑那州和新墨西哥州出产宝石级蓝铜矿晶体，但由于连年开采已枯竭，而亚利桑那州出产的蓝铜矿与孔雀石紧密共生，被称为“蓝孔雀石”（Azurmalachite）。俄罗斯、意大利、希腊和纳米比亚出产优质蓝铜矿晶体。中国广东省阳春石碌铜矿以出产精美的蓝铜矿晶体晶簇观赏石闻名于世界。此外，墨西哥、智利、澳大利亚、英国和刚果等国家也出产蓝铜矿。

5. 鱼眼石

鱼眼石，英文名称为 Apophyllite，源自希腊语 Apos 和 Phyllazein，是“落叶”的意思，因为这种矿物在吹管火焰中加热会出现叶片状剥落现象，故有此意。

鱼眼石的化学分子式为 $KCa_4(H_2O)_8[Si_4O_{10}](F \cdot OH)$，为沸石族矿物，它是一种与氟和羟基化合并含有结晶水的钾钙硅酸盐矿物，属四方晶系，晶体呈

图 2-5-34

短柱状、双锥状（图 2-5-34，科索沃，2000），有时呈板状、粒状或块状。具有玻璃光泽至珍珠光泽，透明至不透明，硬度为 4.5 ～ 5.0。其颜色有无色、白色（图 2-5-35，马里，1998）至黄、绿、蓝、紫和粉红色（图 2-5-36 边饰，圣多美和普林西比，2009），宝石级晶体通常为紫色或粉红色并呈半透明状，透明晶体极为罕见。鱼眼石晶体在短波紫外线照射下会出现淡黄

图 2-5-35

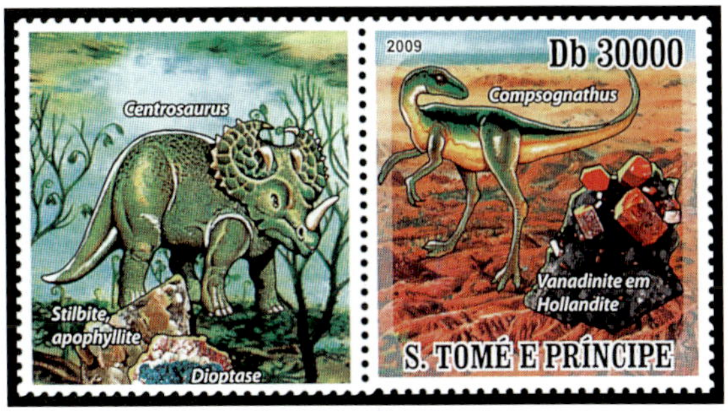

图 2-5-36

色的荧光，有时会显现异常光柱。

鱼眼石因硬度低，性脆易破损，故很少对其进行琢磨加工，通常多作为收藏品，只有无色和绿色、紫色或粉红色等有色透明的较大晶体才可用于加工刻面型宝石，但很少见。珍品也很难得，美国华盛顿斯密逊博物馆藏有一颗无色的阶梯形鱼眼石宝石，重 15.40 克拉；加拿大卡尔加里狄沃团体也收藏一颗产自印度的无色鱼眼石宝石，重 7.5 克拉，这些都极为珍罕。印度产的鱼眼石晶簇是非常漂亮的观赏石。鱼眼石可根据其较低的硬度和折光率以及具有典型的珍珠光泽等特征与玉髓、石英、长石等无色或绿色透明的类似宝石区别。

鱼眼石是低温热液矿物，产于基性火山岩和玄武岩、花岗岩、片麻岩的孔洞中，与沸石、葡萄石、方解石等矿物共生（图 2-5-37，乍得，2001）。世界上鱼眼石的主要产地有墨西哥、巴西、美国、加拿大、瑞典、英国和冰岛等。优质无色和绿色鱼眼石产自印度浦那。

图 2-5-37

6. 菱锌矿

菱锌矿，英文名称为 Smithsonite，源自人名 James Smithson。菱锌矿的化学分子式为 $ZnCO_3$，是一种锌的碳酸盐矿物，化学成分中常含铁、锰、钙，有时含钴、镉、铟等杂质元素。菱锌矿属三方晶系，晶体呈菱面体、复三方三

图 2-5-38

角面体，但极为少见，通常为致密状、钟乳状、肾状、块状集合体（图 2-5-38，墨西哥，2005；图 2-5-39，莫桑比克，1999）。菱锌矿具有强油脂光泽至珍珠光泽，半透明，硬度为 4.5 ～ 5.0。其颜色常见绿色调，有微灰淡绿色、微绿蓝色、绿色（图 2-5-40，索马里，1995；图 2-5-41，圣多美和普林西比，2004），也有蓝、褐、白、黄和粉红等色，条痕为白或灰白色，呈绿或蓝色者与含铜有关，含锰或钴会产生粉红色。

图 2-5-39

菱锌矿韧性差，易碎，且遇盐酸会起泡，因此很少被用于宝石，只有色正完美无瑕疵的晶体可用来琢磨成刻面型宝石，而色美无裂痕的优质块体则可用来加工弧面形宝石，但主要用于收藏。中国云南出产的菱锌矿呈黄色多层状，可作为观赏石。此外，菱锌矿作为石材其抛光面还可用作装饰材料。浅蓝色、浅绿色的菱锌矿易与绿松石、蛋白石和绿玉髓相混淆，但由于菱锌矿具有很高的双折射率、密度大、半透明以及强油脂光泽等特征，所以不难与这些类似的宝玉石相区别。

图 2-5-40

图 2-5-41

菱锌矿产于铅锌矿床氧化带和石灰岩交代矿床中，是一种次生矿物，常与闪锌矿、白铅矿、异极矿、方铅矿和褐铁矿等矿物共生。世界上菱锌矿的重要产地有澳大利亚、希腊、奥地利、法国、意大利、纳米比亚、美国和中国等。希腊出产优质绿色和蓝色菱锌矿晶体，美国新墨西哥州出产蓝绿色菱锌矿块体，纳米比亚出产淡黄色、粉红色和绿色菱锌矿晶体，中国辽宁省铁岭出产淡黄色和浅绿色半透明的菱锌矿块体。

7. 闪锌矿

闪锌矿，英文名称为 Sphalerite，源自希腊语，意思是“奸诈”；另一个英文名称为 Blende，意思是“骗子”。因为这种矿物易被人们误认为是经常与之共生的硫化物矿物——方铅矿，故有此意。

图 2-5-42

闪锌矿的化学分子式为 ZnS，也有的写成 (Zn, Fe)S。它是一种锌的简单硫化物矿物，其成分中的锌可被铁替代，铁含量达 10% 以上者称为铁闪锌矿。闪锌矿属等轴晶系，晶形呈四方体或菱形十二面体（图 2-5-42，希腊，1980；图 2-5-43，保加利亚，1995），一般为块状、粒状、结核状集合体（图 2-5-44 附票，几内亚比绍，2006；图 2-5-45，罗马尼亚，2006；图 2-5-46，阿富汗，1999），具有金刚光泽至树脂光泽，透明至半透明，硬度为 3.5 ～ 4.0。其颜色为深褐至黑色（图 2-5-47，南斯拉夫，1980；

图 2-5-43

图 2-5-44

图 2-5-45

图 2-5-46

图 2-5-47

图 2–5–48

图 2–5–48，朝鲜，2008），偶尔可见金黄、黄棕、浅黄和红橙等色（图 2–5–49，秘鲁，2001；图 2–5–50，西班牙，1994），颜色的变化随含铁量的增加由浅至深，同时会影响它的比重。闪锌矿加入稀盐酸会产生硫化氢气味。

图 2–5–49

图 2–5–50

闪锌矿硬度低，又有完全解理，易破裂，不宜用来制作宝石饰品。但由于它有极高的色散和折光率，色散值是钻石的三倍，折光率和原子结构也很接近于钻石，具有类似钻石一样的光泽，外观非常悦目，因此其晶体也时常被切磨成宝石戒面，尤其是浅色透明的晶体经琢磨加工成刻面型宝石后，能产生像钻石一样的“出火”，是十分难得的珍品，但主要用作收藏。宝石级闪锌矿很少见，在美国华盛顿斯密逊博物馆收藏着几颗闪锌矿晶体珍品，一颗为黄褐色，重 73.3 克拉，产自美国犹他州；一颗为黄绿色，重 59.5 克拉，产自美国新泽西州；还有一颗为黄色，重 48 克拉，产自墨西哥。此外，闪锌矿是炼锌的主要矿物原料，同时可从中提取铟、镓、镉等分散元素。闪锌矿以其独特的强光泽、高折光率和密度等特征与类似的榍石、锆石等宝石相区别。

闪锌矿多产于各种热液成因矿床中，并与方铅矿、黄铁矿、萤石、方解石等矿物共生。世界上优质的闪锌矿产地不是很多，主要有墨西哥出产黄色和绿色闪锌矿晶体，美国出产红色和淡绿色闪锌矿晶体，巴西和西班牙出产红橙色闪锌矿晶体。此外，瑞士等国也有产出。

8. 锐钛矿和板钛矿

锐钛矿，英文名称为 Anatase，因其晶体具有近似八面体的四方双锥形态，故又有“八面石”之称，系旧时工艺名称。板钛矿的英文名称为 Brookite，是以英国矿物学家和宝石学家布鲁克（J.H.Brooke）的名字命名的，同时也与其晶体形态呈板状有关。又因著名的宝石级板钛矿产自美国阿肯色州，故又被称为“阿肯色石”（Arkansite）。

锐钛矿和板钛矿的化学成分相同，化学分子式同为 TiO_2，都属于钛的氧化物矿物，是金红石矿物的两个同质多象变体。锐钛矿是一种非常稀少的矿物，成分中常含三氧化二铁和钽、铌、锡、锰等杂质，属四方晶系，晶体呈双锥状（图 2-5-51，法国宣传邮戳，1996；图 2-5-52，摩纳哥，1990），少数为板状或柱状，具有金刚光泽，透明至不透明，硬度为 5.5～6.0。其颜色有黑、红褐、褐、深靛蓝、绿和蓝色（图 2-5-53，科摩罗，1998）。多色性强，为褐、黄褐和绿蓝色，且有强色散。板钛矿成分中也常含三氧化二铁，属斜方晶系，晶体呈板状（图 2-5-54，奥地利纪念邮戳，1998；图 2-5-55，摩纳哥，1990），也有柱状，晶体纵向有条纹，具有金刚光泽至半金属光泽，透明至不透明，硬度也是 5.5～6.0。其颜色有褐、黄褐、红褐至黑色（图 2-5-56，尼日尔，1996），也有蓝色，但不多见。多色性也很明显，为

图 2-5-51

图 2-5-52

图 2-5-53

图 2-5-54

图 2-5-55

图 2-5-56

黄褐、红褐和橙至金褐色。板钛矿又以颜色分为多个品种。

锐钛矿的色散值高于钻石，褐色透明晶体可琢磨加工成刻面型宝石，其色彩艳丽程度甚至能超过钻石，但颗粒小且一般很少见。锐钛矿与钻石的区别在于它密度大而硬度小，另外又以折光率低和比重小等特征可与相似的金红石区别开来。板钛矿以颜色纯正的红色透明晶体最为珍贵，宝石级透明晶体可琢磨成刻面型宝石，因色散高，其黄色透明晶体可作为黄色钻石的代用品，但极为少见，且主要供收藏。板钛矿依据其密度和折光率可与钻石相区分，又以其特有的板状晶体形态和密度小于金红石、大于锐钛矿等特征，与这些宝石相区别。

锐钛矿和板钛矿均作为副矿物产于岩浆岩和变质岩中，也产于热液矿脉和砂矿之中。世界上锐钛矿和板钛矿的主要产地有美国、巴西、英国、法国、瑞士和俄罗斯等国家。中国台湾也有宝石级锐钛矿产出。

9. 雄黄与雌黄

雄黄，又称鸡冠石，英文名称为 Realgar；雌黄，英文名称为 Orpiment 或 Auripigment，是经常共生的两种矿物（图 2-5-57，格鲁吉亚，2003），俗称“鸳鸯矿物”。

图 2-5-57

雄黄的化学分子式为 AsS，而雌黄的化学分子式为 As_2S_3，同属砷的硫化物矿物，且同为单斜晶系。雄黄的晶体常呈短柱状（图 2-5-58，赤道几内亚，2003），楔形尖头，横截面为菱形，也常见致密块状、粒状集合体，具有金刚光泽至油脂光泽，透明至半透明，硬度为 1.5 ～ 2.0。其颜色为鲜红至橙红（图 2-5-59，圣多美和普林西比，2004；图 2-5-60，古巴，2004），条痕为橙黄色。色散强，多色性也明显，呈无色至淡黄色，没有荧光，受阳光照射会氧化褪色，甚至破裂变成

图 2-5-58

图 2-5-59

图 2-5-60

图 2-5-61

橙黄色粉末。雌黄的晶体呈短柱状，厚楔形晶头（图 2-5-61，秘鲁，2002；图 2-5-62，格鲁吉亚，2003），也有板状、片状、土状集合体，有一组极完全解理，颇似云母，但解理面多呈弯曲状。具有金刚光泽至油脂光泽，透明至半透明，硬度为 1.0 ～ 2.0。其颜色为柠檬黄色（图 2-5-63，吉尔吉斯斯坦，1994；图 2-5-64，撒哈拉，1998），有时带有褐色，条痕为鲜黄色。雌黄熔点低，暴露在空气中颜色很容易变暗。雄黄和雌黄用槌击打均会产生刺鼻的蒜臭。

图 2-5-62

图 2-5-63

雄黄和雌黄虽硬度低，解理发育，又不耐热，容易受损，但由于它们具有极其美丽的颜色和光泽，深受人们喜爱。红色透明的晶体可雕琢成艺术品，晶体发育完整的晶簇非常漂亮，可作为观赏宝石（图 2-5-65，中国，1982）。这些品种因稀少难得，故十分珍贵，售价不菲，只是因为易损而主要用于收藏，不能当作饰品佩戴，且需精心呵护。此外，雄黄和雌黄还是提取砷的重要矿石，用途较为广泛，如可作中药，可制造杀虫剂、防腐剂和颜料等，砷铜合金可制造汽车、雷达配件，铅砷合金可制造子弹头等。

图 2-5-64

图 2-5-65

雄黄和雌黄形成于低温热液矿脉和温泉周围，与辰砂、辉锑矿、方解石、石英等矿物共生（图 2-5-66，几内亚比绍，2009）。主要产地有美国、罗马尼亚、意大利、德国和瑞士等国家。中国湖南、贵州等省也有非常精美的雄黄晶体产出，它们是中国出产的优势矿物品种之一。在美国的华盛顿州也曾发现长达 5 厘米的完美雄黄晶体。

图 2-5-66

10. 重晶石

重晶石，英文名称为 Barite，源自希腊语 Barys，是“沉重”的意思，表明这种矿物因密度大而沉重。它的另一个英文名称是 Heavyspar，指类似于大理岩的白色块体。

重晶石的化学分子式为 $BaSO_4$，它是一种钡的硫酸盐矿物，化学成分中常含锶、钙和铅，因此有锶重晶石、铅重晶石等类质同象变种。重晶石属斜方晶系，晶体呈厚板状（图 2-5-67，斯洛文尼亚，2003；图 2-5-68，吉尔吉斯斯坦，1994）、柱状（图 2-5-69，几内亚比绍，2005），常见粒状、块状、结核状、纤维状集合体（图 2-5-70，希腊，1980；图 2-5-71，比利时，2003；图 2-5-72，莫桑比克，2007），有的还呈晶簇状（图 2-5-73，乍得，1998；图 2-5-74，墨西哥，2005）。重晶石具有玻璃光泽至松脂光泽，透明至半透明，硬度为 3.0～3.5。其颜色有白、淡灰（图 2-5-75，安哥拉，2000）、淡黄、黄褐（图 2-5-76，安哥拉，1970；图 2-5-77，

图 2-5-67

图 2-5-68

图 2-5-69

图 2-5-70

图 2-5-71

图 2-5-72

图 2-5-73

图 2-5-74

图 2-5-75

图 2-5-76

图 2-5-77

图 2-5-78

刚果，2006）、蓝、绿和浅红（图 2-5-78，马里，1998）等色，条痕为白色。纯净者无色，有色的重晶石晶体具有弱二色性。重晶石很难熔，在火焰上烧焯会出现黄绿色火光，不溶于酸。

重晶石中，颜色纯正而透明的晶体可加工琢磨成刻面型宝石，尤其是有色品种可琢磨成漂亮的宝石。只是由于重晶石硬度低，解理发育，作饰品容易磨损，所以常用作珍藏宝石。形态完整的重晶石晶簇是很好的观赏石（图 2-5-79，索马里，1997）。还有一种褐色的重晶石变种，其横断面有同心状构造，经抛光也可作为观赏石。重晶石以硬度低、比重大、折光率较高等特征可与天青石、长石等类似宝石相区别。此外，重晶石是主要含钡矿物，它是提炼钡的重要矿物原料，磨成细粉可作钻探泥浆的加重剂。它还可以用来制造化学药剂和白色颜料等。

图 2-5-79

重晶石产于低温热液矿床，与方解石、石英、萤石、方铅矿、黄铁矿等矿物共生（图 2-5-80，圣多美和普林西比，2007），也见于沉积矿床，少数

图 2-5-80

还产于火成岩晶洞中。世界上重晶石的主要产地有美国、加拿大、英国、法国、德国、西班牙等国。优质褐色重晶石晶体产自美国南达科他州和加拿大不列颠哥伦比亚省，优质蓝色重晶石晶体产自美国科罗拉多州。作为宝石，重晶石珍品不多见。据有关资料介绍，英国曾产出一颗宝石级重晶石，重量超过 50 克拉；法国也曾产出一颗黄褐色宝石级重晶石，经加工后重 65 克拉。

11. 方解石

方解石，英文名称为 Calcite，源自拉丁语 Calx，意思是“石灰”。无色透明的方解石称为冰洲石（Zeelnad Spar）。

方解石的化学分子式为 $CaCO_3$，是一种极为常见的钙碳酸盐矿物，属三方晶系，其晶形和习性千变万化，单形有数十种，而聚形有数百种之多，是任何其他矿物不能相比的。晶体常呈复三方偏三角面体、菱面体（图 2-5-81，民主德国，1969；图 2-5-82，马里，1998）和六方柱状（图 2-5-83，比利时，2003；图 2-5-84，马达加斯加，1971），集合体多为片状、粒状（图 2-5-85，墨西哥，2005）、块状（图 2-5-86，赞比亚，1982；图 2-5-87，阿尔及利亚）、钟乳状和结核状（图 2-5-88，吉尔吉斯斯坦，1994；图 2-5-89，摩洛哥，1992），具有玻璃光泽，透明至半透明，硬度为 3.0。其颜

图 2-5-81

图 2-5-82

图 2-5-83

图 2-5-84

图 2-5-85

图 2-5-86

图 2-5-87

色为无色或白色（图 2-5-90，冰岛，1999； 图 2-5-91，保加利亚，1995），但因其含铁、锰、铜、钴、碳等各种杂质组分而被染成多种色调，有灰（图 2-5-92，朝鲜，2002）、黄（图 2-5-93，匈牙利，1969）、褐（图 2-5-94，列支敦士登，1989）、绿（图 2-5-95，几内亚比绍，2005）、蓝、粉红（图 2-5-96，墨西哥，2005）、浅紫和黑等色。除冰洲石外，所有方解石集合体均可作染色处理。方解石菱面体解理完全，锤击其晶体可得到沿解理面裂开、外形与原晶体相似的小块。方解石不易熔融，加冷稀盐酸会剧烈产生气泡。由于方解石成分中的钙可被其所含的各种杂质交代，故有许多不同变种，如冰洲石、锰方

图 2-5-88

图 2-5-89

图 2-5-90

图 2-5-91

图 2-5-92

图 2-5-93

图 2-5-94

图 2-5-95

图 2-5-96

解石、钴方解石。

方解石硬度偏低，具有三组极完全解理，加工较困难，只有优质透明的晶体可加工成阶梯形或祖母绿形宝石，但不宜用作镶嵌首饰；由于易于染色，可用来充当其他玉石。方解石是构成石灰岩和大理岩的主要组分，大理石具有美丽的色彩和纹理，是制作饰物、艺术品和覆面石材的理想材料。方解石千姿百态的晶簇和钟乳石都有很好的观赏价值，如内含自然铜等矿物包裹体的晶体，或与自然银、铜等矿物共生，或与孔雀石、萤石、水晶等矿物组成的晶簇状集合体，都是很受收藏者青睐的观赏石（图 2-5-97，几内亚，1998；图 2-5-98，几内亚比绍，2004）。冰洲石无色透明，具有典型的双折射率，通过这种晶体观察物体可看到双影像，它在光学和某些新技术领域得到广泛应用。

方解石分布极为广泛，形成于各种岩石中，晶体多见于热液矿脉和火山岩晶洞中。优质的方解石晶体产于冰岛、英国、德国、墨西哥和美国等国家。方解石晶体珍品少见，美国华盛顿斯密逊博物馆藏有两颗产自墨西哥的金黄褐色方解石晶体，分别重 75.8 克拉和 45.8 克拉。加拿大卡尔加里狄沃团体藏有一颗钴方解石晶体，重 7.5 克拉，产自西班牙。

图 2-5-97

图 2-5-98

12. 文石

文石，又称霰石，英文名称为 Aragonite，源自该矿物的早期产地西班牙的阿拉贡（Aragon）地区。

图 2–5–99

图 2–5–100

文石的化学分子式为 $CaCO_3$，它同方解石一样，也是一种钙碳酸盐矿物，与方解石为同质二象体，化学成分中常含锶、镁、铁等微量元素。属斜方晶系，晶体呈柱状（图 2–5–99，西班牙，1995）、尖锥状（图 2–5–100，特立斯坦达库尼亚，1978），集合体常呈纤维状（图 2–5–101，奥地利，1984）、放射状（图 2–5–102，法属南极领地，1990）、晶簇状（图 2–5–103，斯洛文尼亚，2007）、钟乳状（图 2–5–104，中国台湾，1997）和豆状等，具有玻璃光泽或丝绢光泽，透明至半透明，硬度为 3.5 ～ 4.0。其颜色为无色、灰色或白色，但受所含微量元素影响，含铁往往呈黄褐色或红色（图 2–5–105，贝宁，1998；图 2–5–106，摩洛哥，1975），呈蓝色和绿色者则与含铜离子有关。条痕为白色（图 2–5–107，马达加斯加，1976）。文石晶体内常有棉纱状包裹体，性脆，遇稀盐酸会剧烈产生气泡。在自然界文石是一种不稳定的变体，易转化为方解石，产出远不及方解石。

图 2–5–101

文石中以具有蓝绿、绿和金黄等美丽颜色和清澈透明

图 2–5–102

图 2–5–103

图 2–5–104

图 2-5-105

图 2-5-106

图 2-5-107

的晶体较为珍贵，可琢磨加工成刻面型宝石，但很罕见，且主要用于收藏。块状晶质集合体可制成工艺品。石灰岩溶洞中含文石的钟乳石和石笋是很好的观赏石，也可作染色处理雕刻成艺术品。文石与方解石相似，两者的区别在于晶形不同，文石没有菱面体解理，其比重和硬度也略大于方解石。同时文石还以其硬度、比重和折光率等特征与其他类似透明宝石相区别。

文石主要在低温热液和外生作用下形成，也可形成于内生作用，产于火山岩的裂隙和气孔中，常与石膏、铁矿伴生。它作为生物化学作用的产物，也常见于某些贝壳内，其实珍珠的主要构成物就是文石。世界上文石的著名产地有西班牙、奥地利、英国、意大利、希腊、智利、墨西哥和美国等。中国也有产出。

13. 石膏

石膏，英文名称为 Gypsum，源自希腊语 Ghalk，意思是“自重”。

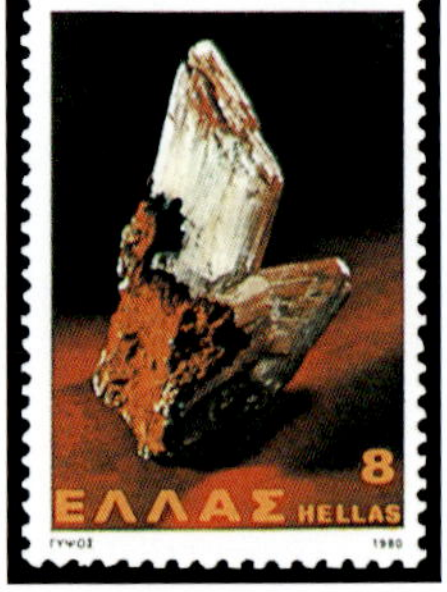

图 2-5-108

石膏的化学分子式为 $Ca(SO_4)\cdot 2H_2O$，它是一种含水的钙硫酸盐矿物，并根据所含结晶水的多寡分为二水石膏、半水石膏和无水硬石膏，本文所介绍的也是通常所说的石膏指的是二水石膏。石膏属单斜晶系，晶体常呈板状（图 2-5-108，希腊，1980）、菱柱状或柱状（图 2-5-109，索马里，2003），也常见双晶，因酷似燕尾，故称燕尾双晶（图 2-5-110，索马里，2002），集合体为粒状（图 2-5-111，波兰，2010）或纤维状（图 2-5-112，摩洛哥，1980）。石膏具有玻璃光泽，但解理面为珍珠光泽，纤维状集合体呈丝绢光泽，透明至半透明，硬度为2.0。其颜色为无色、白色或浅调的黄色（图2–5–113，新喀里多尼亚，1983）、棕色（图2–5–114，塞浦路斯，1998；图2–5–115，圣多美和普林西比，2007）、蓝色和红色，条痕为白色，一组解理发育。无色和白色的石膏经人工处理可染成各种颜色。石膏按其变种和性状又分为无色透明的石膏晶体，称为透石膏（图2–5–116，民主德国，1972）；纤维状、叶片状的石膏称纤维石膏；致密粒状的石膏称为雪花石膏（图2–5–117，埃塞俄比亚，2007）；呈玫瑰块状的

图 2–5–109

图 2–5–110

图 2–5–111

图 2–5–112

图 2–5–113

图 2–5–114

图 2–5–115

图 2–5–116

图 2–5–117

图 2-5-118

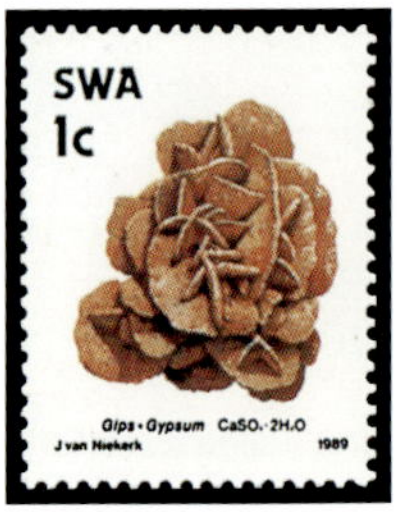

图 2-5-119

石膏称沙漠玫瑰（图 2-5-118，毛里塔尼亚，1982；图 2-5-119，西南非，1989）。石膏硬度低，用手指甲即可刻画，解理发育，韧性差，溶于酸但不会像方解石那样起泡。

石膏性软而脆，能用于作宝石者很少，唯具有平行纤维构造的纤维石膏可加工雕磨成弧面形宝石，其中具有猫眼效应的称为石膏猫眼石，会显现出游彩，也常被作成串珠或腰圆形廉价宝石，它还可作玉雕原料。雪花石膏也是很好的玉雕原料，可用来制作粉盒、首饰盒和各种工艺品。石膏的燕尾双晶晶体和晶簇是很好的观赏石，中国新疆沙漠里产出的石膏花，是非常诱人的观赏石。此外，石膏在建筑、化工、造纸、食品、医疗、农业等各行各业得到广泛应用。

图 2-5-120

石膏是分布广泛的矿物，主要是盐湖化学沉积作用的产物，常与页岩、灰岩和黏土岩等沉积岩伴生，共生矿物有石盐、硬石膏、天青石和方解石（图 2-5-120，赤道几内亚，2003）等。在地表条件下，硬石膏可被水化而变成石膏。世界上石膏的主要产出国有中国、美国、智利、墨西哥、英国、意大利和俄罗斯等。中国的主产地在湖北、青海和山西等省，但能达到宝石级的很少。

（六）有机宝石

1. 珍珠

珍珠，又称真珠，英文名称为 Pearl，由拉丁语 Pernula 演化而来，意思是“海之骄子”。它是一种古老而名贵的宝石品种，与珊瑚、琥珀、象牙等同属有机宝石。

珍珠的化学分子式为$CaCO_3$，其主要成分是碳酸钙，并含少量有机质和水分，还常含有钾、钠、锰、镁、锌、铜、镍、钴和磷等多种微量元素。珍珠属于斜方晶系，它是由大量微小的文石晶体和方解石晶体的聚合体和非晶质有机物胶结而成、具有同心层结构的凝固体，属于隐晶质体，外形多为圆粒状，也有椭圆形或不规则形状（图 2–6–1，缅甸，1968；图 2–6–2，马恩岛，1981），具有珍珠光泽，半透明至不透明，硬度为 2.5 ～ 4.5。珍珠的颜色与其生长环境和所含金属元素有关，并有体色和伴色之分，体色也叫质地颜色或背景色，由自身所含致色元素决定。珍珠以洁白为主（图 2–6–3，坦桑尼亚，1986；图 2–6–4，卡塔尔，1998），同时有金黄（图 2–6–5，泰国，2001）、淡黄（图 2–6–6，澳大利亚，1996）、粉红（图 2–6–7，汤加，1992）、灰和罕见的黑色（图 2–6–8、图 2–6–9，法属玻利尼西亚，1992，1995）等。伴色指外界加在体色之上的颜色，是由珍珠表面明亮的层状结构对光的衍射和干涉等作用而形成的虹彩光泽，也叫“珠光”，多为粉红、

图 2–6–1

图 2–6–2

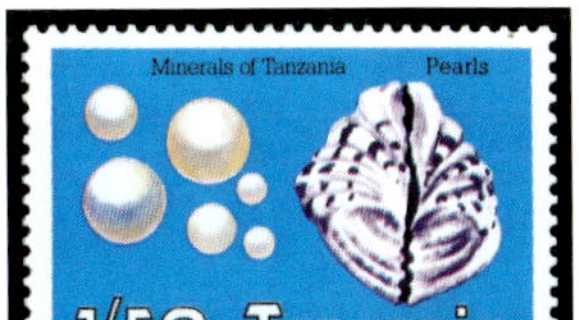

图 2–6–3

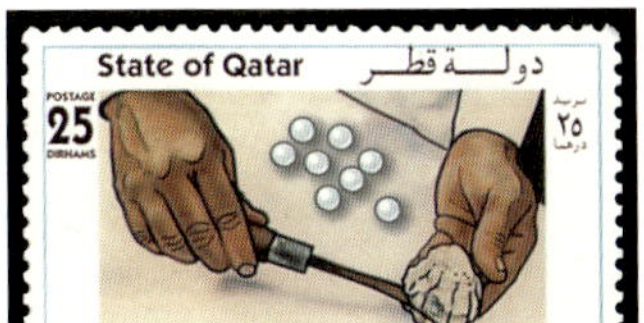

图 2–6–4

图 2–6–5

图 2–6–6

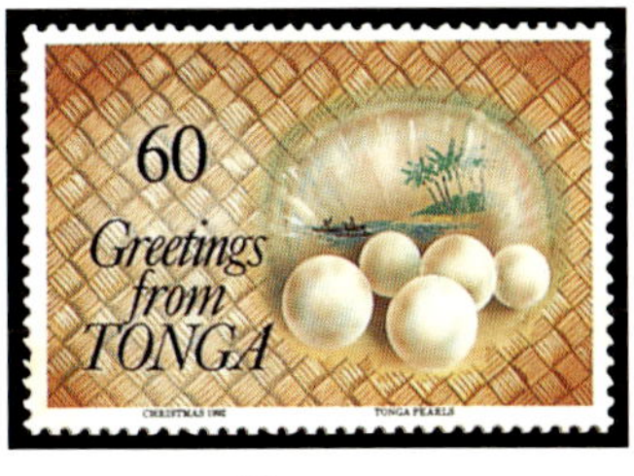

图 2–6–7

图 2–6–8

图 2-6-9

图 2-6-10

图 2-6-11

蓝、绿（图 2-6-10 ~ 图 2-6-12，汤加，2002）等色。

国际上按材质原料把珍珠分为天然珍珠、养殖珍珠（包括海水养殖和淡水养殖）、组合珍珠和仿制珍珠四个大类，前两类远胜过后两类。具体品种又有很多分类方法，如按产出分，有海珠、淡水珠、湖珠和养珠；按体色分，有白色珠（或浅色珠）、黑色珠和杂色珠（或有色珍）；按光泽分，有老光珠（指年久由白变黄或光泽变暗的珍珠）、新光珠（指颜色纯白、光泽明亮的珍珠）；按产地分，有东珠、澳洲珠、南海珠、波斯珠、委内瑞拉珠、墨西哥珠、巴拿马珠等。在中国还有按形状分类，有精圆珠、水庄珠、扁圆珠、馒头珠、坠形珠、随形珠等；按重量分，有大珠（重 15 克拉以上）、厘珠（重 1.5 ～ 15 克拉）、毛头（重 0.3 ～ 1.5 克拉）和扣珠（重 0.3 克拉以下）。

图 2-6-12

珍珠具有较强的韧性和弹性，不易破碎，比较耐久，其质量是按重量（大小）、形状、光泽及质地等因素衡量，颗粒大、精圆、色白略带粉红、表面光润细腻、具有强珍珠光泽的珍珠为上品。世界上已发现许多著名的珍珠，排在世界天然海水珍珠前三位的是产自菲律宾重达 6350 克的“老子珠”，也叫“真主之珠”；产自波斯湾，椭圆形，重121克的“亚洲之珠”；重117.70克的“希望之珠”。此外，还有重100克的“西边的星”、重90克的“霍普珍珠”和“金冠珍珠”、重59.97克的“海的奇迹之珠”和重48克的“黑珍珠”等。这些名珠流传久远，每一颗都有一段故事或传说，限于篇幅不赘述。

珍珠被人类利用已有几千年的历史，它以形态、色彩、光泽和饰品组合之美及其高雅的气质和优柔之美备受青睐，不论在中国还是古埃及、古罗马等文明古国，自古以来人们就把珍珠视为宝石中一颗璀璨的明珠，它曾是佛教的七宝之一，在宝石界有“宝石皇后”的美称。珍珠与其他宝石的明显区别在于一般不需人为琢磨，既可独立制作成饰物，最常见的是项链（图2-6-13，皮特凯恩岛；图2-6-14，捷克斯洛伐克，1956），并成为世界各国历代王宫贵族成员和社会名流佩戴饰物的首选（图2-6-15，英国；图2-6-16，泰国，2003），又可与其他宝石或贵金属匹配，制成各种各样的饰物，如项链（图2-6-17，

图2-6-13

图2-6-14

图2-6-15

图2-6-16

图2-6-17

图 2-6-18

图 2-6-19

缅甸，1979）、垂饰（图 2-6-18，保加利亚，1986；图 2-6-19，澳大利亚，2002）、胸饰、耳坠（图 2-6-20、图 2-6-21，百慕大，1992）、头饰或王冠（图 2-6-22，意大利，2002；图 2-6-23，葡萄牙，1991）和器物（图 2-6-24，中国，2006）等。这类饰物世代相传，同时又有许多新品不断问世，广为人们享用，尽显高贵典雅，成为装点美化生活不可多得的珍宝佳品。值得一提的是，随着邮票印制技术的发展，有的国家甚至把珍珠作为装饰物直接镶嵌（粘贴）在以珍珠养殖为题材的邮票上（图 2-6-25，阿联酋,2005）或作为印制邮票的颜料（图 2-6-26，意大利，2001），使之成为特殊材质邮票的新成员。此外珍珠还可入药或制造护肤品，也很受欢迎。珍珠作为饰物，由于其硬度偏低，化学性质不够稳定，易被酸碱腐蚀溶解，且抗潮湿和干燥的性能较差，易脱水变黄，失去光泽，故不论佩戴或珍藏，均需注意呵护保养。

图 2-6-20

珍珠在生活于江河湖海等水域中的蚌类和贝母类软体动物体内，历经 3～5 年长成（图 2-6-27，卡塔尔，1998；图 2-6-28，孟加拉，1997）。人

图 2-6-21

图 2-6-22

图 2-6-23

图 2-6-24

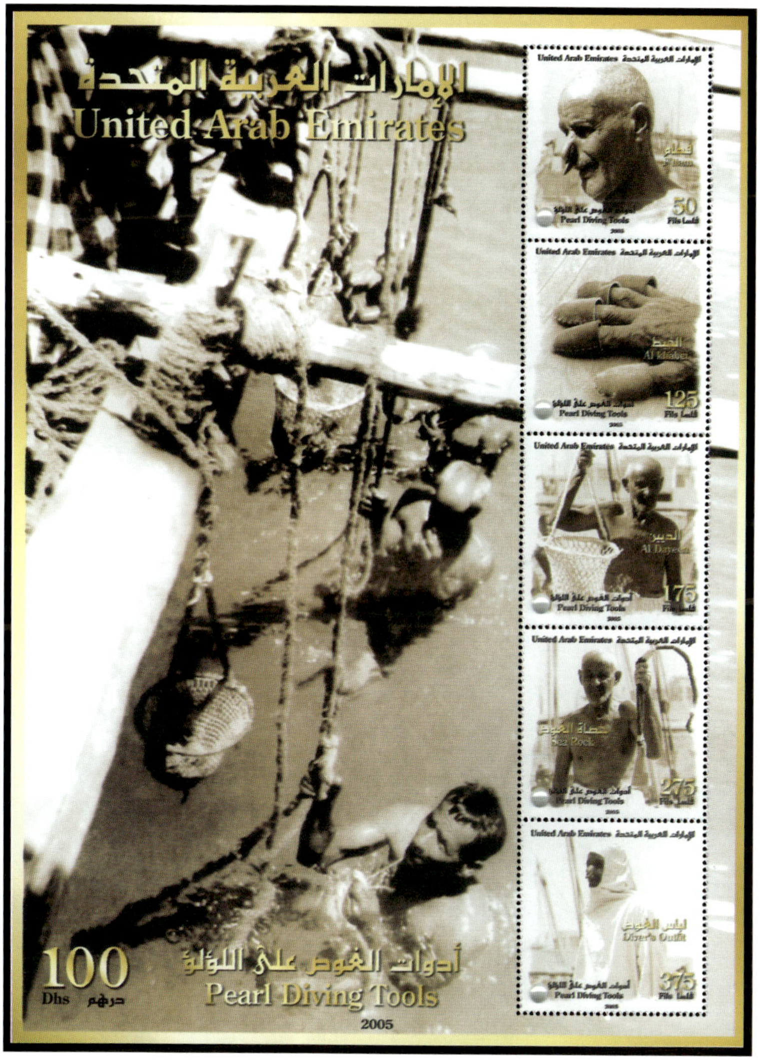

图 2-6-25

图 2-6-26

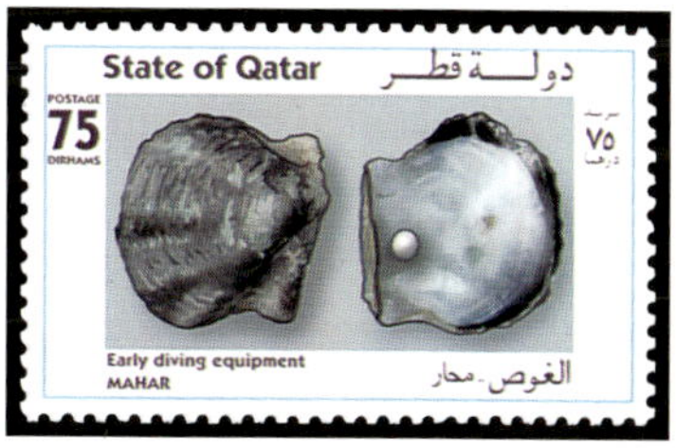

图 2-6-27

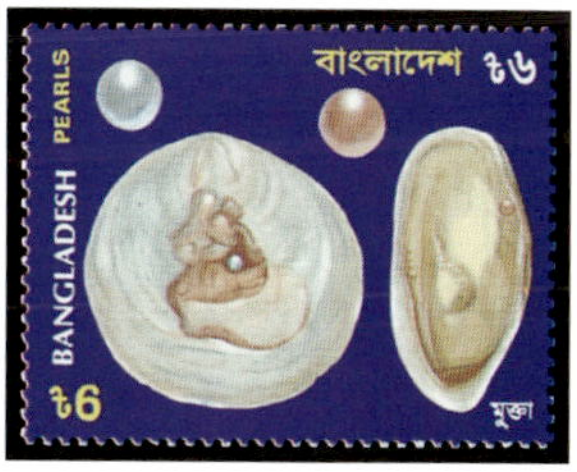

图 2-6-28

图 2-6-29

们使用一些很简单的工具，如养殖笼（图 2-6-29，菲律宾，1971）、采集篮和黄铜秤（图 2-6-30、图 2-6-31，卡塔尔，1998）等进行养殖采集等各项作业。珍珠的产地按产出环境分，天然海水珍珠主要在地中海海域、波斯湾诸国、马纳尔湾（印度与斯里兰卡之间）、太平洋西、中和南部一些群岛海滨地区（最著名的大溪地）、委内瑞拉、墨西哥、美国、日本和中国等。中国南海之滨的广西合浦是世界闻名的海水珠产地。淡水珍珠主要产地有苏格兰、英格兰、爱尔兰、法国、德国、奥地利、孟加拉和密西西比河与亚马逊河流域，以及中国南方各省。养殖珍珠（包括海水和淡水养殖）的主要产地在中国和日本。中国淡水养殖珍珠的产量已居世界第一位，广西合浦海水养殖珍珠已有千年以上的历史。世界上许多国家都在发展养殖珍珠，其养殖方法多源自中国。

图 2-6-30

图 2-6-31

2. 琥珀

琥珀，英文名称为 Amber，源自拉丁语 Ambrum，意为“精髓”；另一说法来自阿拉伯文 Anbar，意为“精液”。在中国古代，琥珀还有“兽魂”“光珠”“江珠”等称谓。《本草纲目》中还记载：“虎死，精魂入地化为石。”故琥珀又有“虎魂”之意，在民间被视为吉祥之物。它是有机宝石中的一个主要成员。

琥珀的化学分子式为 $C_{10}H_{16}O$。它不是矿物，而是一种被石化的有机质混合物，主要成分是碳氢化合物，有时含少量硫化氢和铝、镁、钙、硅等微量元素。琥珀属于非晶质体，多为饼状、肾状、瘤状和拉长的水滴状等不规则的块体（图 2-6-32，波兰，1993）；颜色有黄色（图 2-6-33，西班牙，1996）、淡黄棕色（图 2-6-34，波兰，1993），也有橘黄、红（图 2-6-35，圣多美和普林西比，2009）、绿、蓝（图 2-6-36，波兰，1993）、黑和深紫等色；具有油脂光泽，透明至半透明或近于不透明，硬度为 2.0 ～ 3.0。琥珀性脆，用锋利的刀切割或受外力冲击容易崩裂；加热时会产生树脂芳香味，加热到 150℃时软化，250 ～ 300℃时熔融；溶于酒精和硫酸、热硝酸；本身是良好的绝缘体，但摩擦后会产生静电，能吸附碎纸屑。有些琥珀还具有发光性，在长波紫外线照射下会发出蓝白色荧光，而在短波紫外线照射下又会发出暗黄绿色荧光。琥珀根据其颜色和所具备的特征分为血珀、金珀、灵珀、蜡珀、虫珀、香珀和石珀等许多品种。就宝石意义而言，血珀、金珀、虫珀、灵珀等是其中的上品和名贵品种。

图 2-6-32

图 2-6-33

图 2-6-34

图 2-6-35

琥珀是一种传统玉料，被用作宝石已有 6000 多年的历史，中国早在秦汉时代就用琥珀雕刻各种工艺品，欧洲在 14~16 世纪文艺复兴时期，琥珀玉雕也有了较快发展，产生了许多令人惊叹的琥珀工艺品。如今琥珀作为一种有机宝石，其制品在制作工艺和造型风格上都达到很高水平。质优色正、块大透明、纯净无瑕的琥珀，尤其是含有完整昆虫（图 2-6-37，波兰，1993；图 2-6-38，黎巴嫩，2003；图 2-6-39，奥地利，纪念邮戳，1999）

图 2-6-36

图 2-6-37

图 2-6-38

图 2-6-39

图 2-6-40

和植物树叶的虫珀，都是高档名贵的首饰和玉雕原料，可用来制作镶嵌戒指、耳环或串珠（图 2-6-40，波兰，1993）等各种饰物和花瓶、高脚杯、香烟盒等工艺品、装饰品或玩物。即便是不透明的琥珀块体，也可作为中低档玉料。俄罗斯拥有一座用琥珀镶嵌装饰而成、有世界“第八奇观”之称的稀世珍宝——“琥珀屋”（图 2-6-41 ～图 2-6-44，俄罗斯，2004），极富传奇色彩。据说这座琥珀屋最初由普鲁士王朝于 1709 年建造，面积 55 平方米，由 12 块护壁镶板和 12 个柱角构成，全部用琥珀饰以银箔制成，可随意拼合成

图 2-6-41

图 2-6-42

图 2-6-43

图 2-6-44

各种形态，堪称世界一绝。这座琥珀屋于 1716 年送给俄国，“二战”爆发后被德国掠走并神秘失踪。1979 年，苏联斥巨资重建，共用了重达 6 吨的琥珀和宝石，历时 25 年完工，在圣彼得堡建城 300 周年盛典时重现人间，并被搬上了方寸，小型张展现了琥珀屋的全景，3 枚邮票展示了屋内三件用琥珀制成的珍宝。立陶宛建有帕兰加琥珀博物馆，馆中藏有一块名为“太阳石”、重达 3524 克世界最大的琥珀。其馆物已同时荣登方寸，在全张（含 10 套 20 枚）邮票的过桥和边纸（附票）上可看到多种颜色、外形各异的琥珀块体及其饰物，并附有文字说明（图 2-6-45，立陶宛，2009），不仅印制精美，而且信息含量十分丰富，充分显示了琥珀的自然之美及其饰物的艺术魅力，堪称琥珀题材邮票的经典之作。需要说明的是，琥珀硬度低，易碎，怕热或曝晒，过于干燥会产生裂纹，且遇有机溶剂易溶解，故不论佩戴、陈列，还是作装饰物或把玩，均需细心呵护；与琥珀相似的物质和仿制品较多，如硬树脂、松香、塑料、有机玻璃，容易被冒充，一般较难区分，因此购买时应注意鉴别。

琥珀除了可做首饰、工艺品及装饰材料之外，它还是一种中药，其性平味

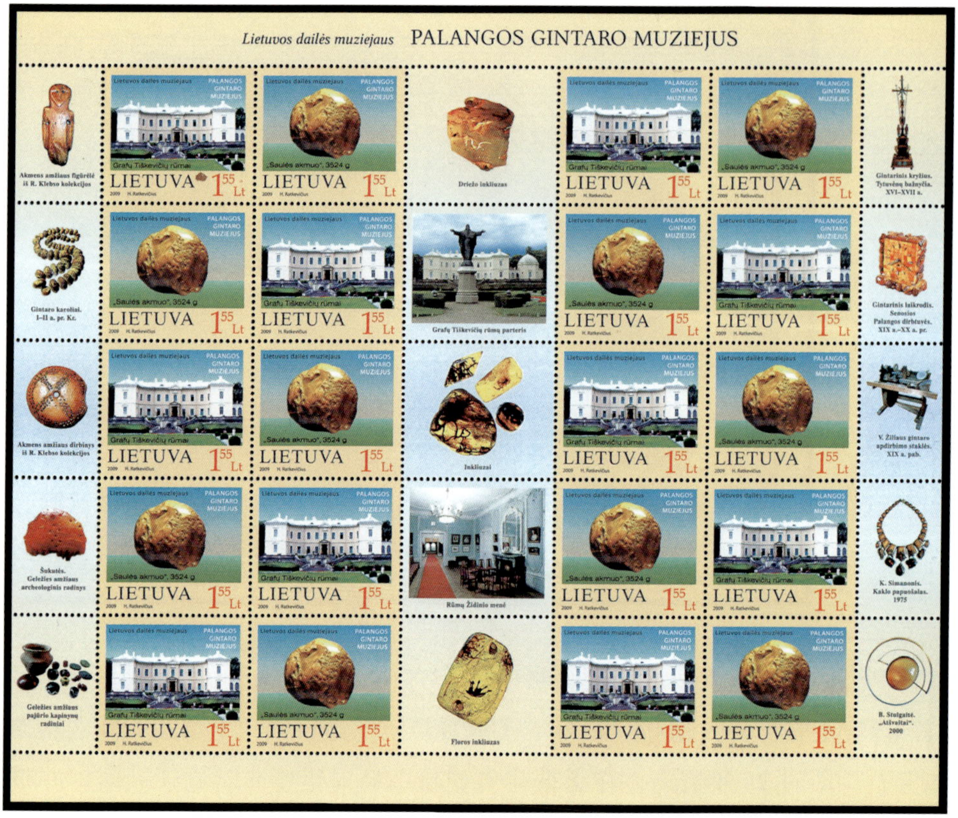

图 2-6-45

甘，具有安神镇惊、活血化瘀和利尿通淋之功效。它也是一种化工原材料。此外，琥珀，尤其是内含昆虫或植物包裹体的虫珀，在地质古生物研究中也具有重要科研价值。

琥珀是地球第三纪（距今约 3000 万年前），一种松柏科针叶树木分泌的松脂被掩埋于地下，经漫长时期地质作用被石化而成的有机质混合物，产于沉积地层或煤系地层之中及滨海砂矿之中，分布较为广泛，以欧洲波罗的海沿岸最负盛名。主要产地有波兰、俄罗斯、德国、挪威、丹麦、意大利、罗马尼亚等国。此外，美国、加拿大、墨西哥、智利、缅甸、新西兰、黎巴嫩等国也有产出。中国琥珀的主要产地在辽宁的抚顺和河南南阳等。以琥珀为醇材的邮票和邮政用品（图 2-6-46、图 2-6-47，苏联，1956，1991）也多出自这些盛产优

ПОЧТА СССР 4 КОП. 1966
Куда
Кому
ЯНТАРЬ—СОКРОВИЩЕ ПРИБАЛТИКИ
BALTIJAS DĀRGUMS—DZINTARS
Индекс предприятия связи и адрес отправителя
Индекс предприятия связи места назначения

图 2-6-46

ПОЧТА СССР
1991
СТРАХОВАНИЕ ПРОИЗВЕДЕНИЙ ИСКУССТВА
СОЮЗГОССТРАХ МОЖЕТ ПРЕВРАТИТЬ ВАШИ УБЫТКИ В ПРИБЫЛЬ
Куда
Кому
Индекс предприятия связи
и адрес отправителя
Пишите индекс предприятия связи места назначения

图 2-6-47

图 2-6-48

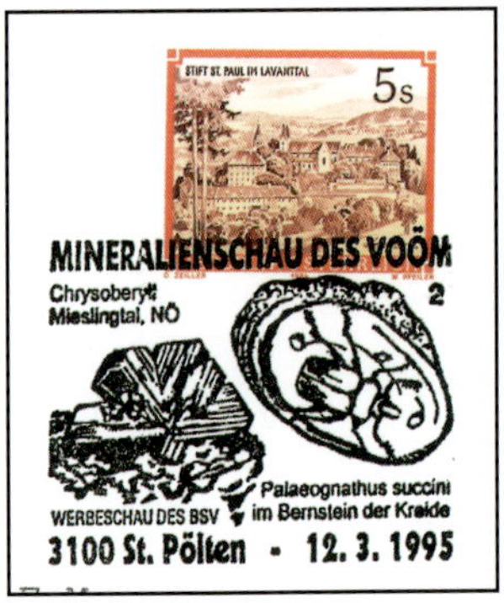

图 2-6-49

图 2-6-50

质琥珀的国家。有趣的是，琥珀中名贵的虫珀还多次出现在纪念邮戳的图案之中（图 2-6-48 ～图 2-6-50，奥地利，2004 ～ 2007）。

3. 珊瑚

珊瑚，英文名称为 Coral，源自拉丁语 Corrallium，因外形似树枝，故又称“石花”。在中国，汉代称珊瑚为“烽火树”，到明代称为“琅玕”。

珊瑚是生活在海洋中的一种无脊椎动物珊瑚虫分泌的石灰质骨骼，是动物的遗骨，而不是植物。珊瑚的分子式为 $CaCO_3$，主要成分是碳酸钙，并含少量碳酸镁和锶、铅、硅、锰等微量元素。其外形千姿百态，多呈树枝状（图 2-6-51，阿尔巴尼亚，1975）、蜂窝状（图 2-6-52，阿尔巴尼亚，1975）等。具有玻璃光泽或蜡状光泽，半透明至不透明，硬度 3.5 ～ 4.0。由于所含色素物质及其数量不同，故有多种颜色，根据其化学组成及颜色特征，大体可分为两个大类五个品种：一类主要由碳酸钙组成，含少量碳酸镁和有机质等，包括红珊瑚，也称贵珊瑚，呈浅红至暗红色调的红至橙红或肉红色（图 2-6-53，泰国，1992；图 2-6-54，

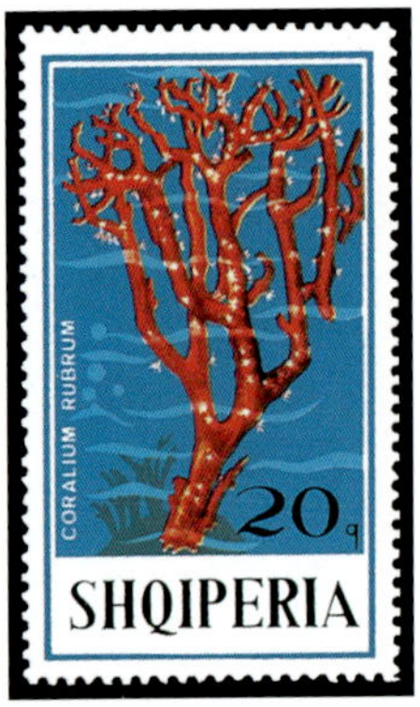

图 2-6-51

图 2-6-52

马来西亚，1992）；白珊瑚，呈白、灰白或乳白色（图2-6-55，马来西亚，1992；图2-6-56，巴布亚新几内亚，1997）；蓝珊瑚，呈浅蓝至蓝色（图2-6-57，安的列斯，2005）。第二类主要由有机角质组成，包括黑珊瑚，呈灰黑至黑色（图2-6-58，阿尔巴尼亚，1975）；金珊瑚，呈金黄或黄褐色（图2-6-59，巴布亚新几内亚，1997）。

图 2-6-53

图 2-6-54

图 2-6-55

图 2-6-56

珊瑚质地细腻，柔韧均一，颜色艳丽，是有机宝石中的重要品种，一般稍加修饰即可成为高雅的装饰品。作为宝石品种，主要指红色调的珊瑚，尤其以致密坚韧、块大纯净，且红颜如火的赤红或鲜红者为最佳，有“红色黄金”之美誉，是古今中外深受人们喜爱的高档宝石品种之一。在宝石业界，对红珊瑚根据其红艳程度，又有多种有趣的名称，如深红色者称“辣椒红”，暗红色者称“蜡烛红”，浓红色者称“关公脸”，粉红色者叫“孩儿面”。而在国外，又将暗红色珊瑚叫“牛血”（Oxblood），把粉红色珊瑚称为“天使皮肤”（Angelskin）。红珊瑚除质地颜色诱人之外，还因其多生活在水温低于20℃、深100米以下的海底，产量稀少，采捞困难，故十分昂贵。珊瑚种类中的黑珊瑚和蓝珊瑚也非常罕见。宝石级珊瑚主要用来制作（或

图 2-6-57

图 2-6-58

图 2-6-59

图 2-6-60

镶制）饰物和雕刻各种工艺品或摆件，已在邮票中见到的有镶嵌红珊瑚的珊瑚如意（图 2-6-60，中国台湾省，1987），镶有红珊瑚的项坠、戒指（图 2-6-61，日本，邮资明信片）和耳环（图 2-6-62，蒙古，2009 蒙古与韩国、哈萨克斯坦三国联合发行），用红珊瑚制成的项链（图 2-6-63，摩纳哥，1991）、饰品（图 2-6-64，印度尼西亚，1999）和工艺品（图 2-6-65，意大利，2010）。还有许多珊瑚可作成盆景观赏石（图 2-6-66，帕劳、图 2-6-67，美国，1980；图 2-6-68，中国香港，1994）。此外，在中国蒙、藏等少数民族地区和印度等国，人们还把珊瑚作为祭佛的吉祥物，用来做佛珠或装饰寺庙中的神像，也是极受珍视的宝石品种。需要指出的是，由于珊瑚质软性脆，化学性质不稳定，对热敏感，且易被酸碱腐蚀，故对珊瑚饰品不论佩戴还是陈列收藏，均需倍加小心。

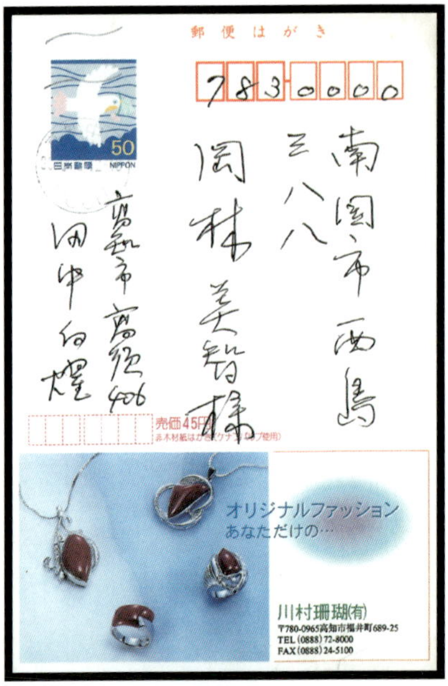

图 2-6-61

图 2-6-62

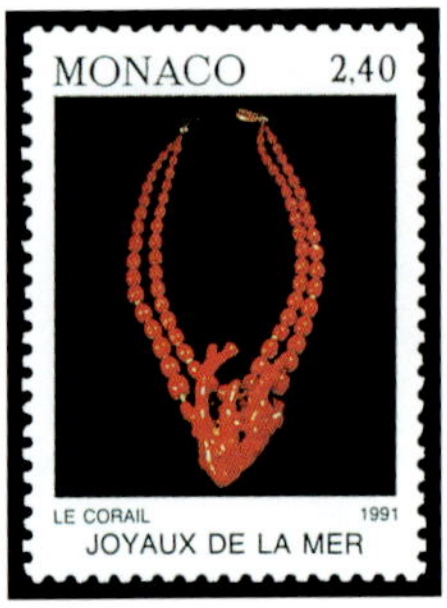

图 2-6-63

图 2-6-64

图 2-6-65

珊瑚产于温热的水域中，由海洋中的低级动物珊瑚虫在生长中分泌的钙质堆积而成。主要产地有太平洋西海岸的日本，中国西沙、南沙诸岛和台湾的澎湖，澳大利亚，地中海周边的意大利、阿尔及利亚、突尼斯、法国、西班牙，美国的夏威夷海域等。

图 2-6-66

图 2-6-67

图 2-6-68

4. 象牙

象牙，英文名称为 Ivory，源自拉丁语 Eboreus，又由古老的法语单词 Yvoire 演化而来。它是一种历史悠久、享誉全球的珍贵的有机宝石品种。

象牙的化学成分包括无机物和有机物两部分，即由碳酸钙（$CaCo_3$）和蛋白质等有机物组成，并含有锶、铁、锰、镁、锌、钛等微量金属元素。象牙属于非晶质，是具有颗粒状结构的致密块体，外形一般呈弧形弯曲的牛角状（图 2-6-69，扎伊尔，1993）；颜色主要呈白色、奶白色、瓷白色和淡玫瑰白色，久放陈旧后有的会变黄；具有油脂光泽或蜡状光泽，半透明至不透明，硬度 2.50 ～ 2.75。象牙的截面上有细微的纹理，具有很好的弹性、光泽和发光性，在紫外线照射下会产生白色至蓝色的荧光。它还具有细微的孔隙和强吸收性，可根据需要染色或进行漂白等优化处理。此外，象牙遇热会收缩，且不耐酸，遇酸易溶解或变软，这本是它的弱点，但软化后的象牙极易在上面绘画或雕刻，很适于下刀施艺，又成为其优点。

图 2-6-69

象牙的品种有狭义和广义之分。狭义的象牙专指大象的长牙，分为非洲象牙（图 2-6-70，塞拉利昂；图 2-6-71，比属刚果，1923，加字打孔样票）和亚洲象牙(图 2-6-72，中国,1995,与泰国联合发行；图 2-6-73，泰国，2007）。亚洲象牙比非洲象牙更稀少。广义的象牙指包括大象

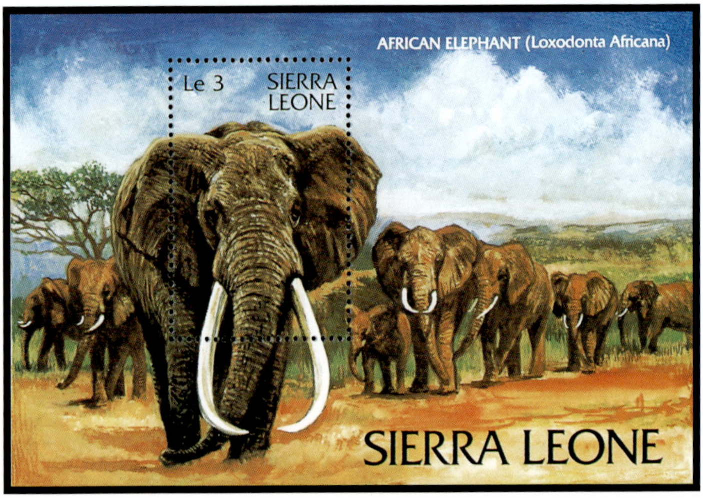

图 2-6-70

图 2-6-71

图 2-6-72

在内的河马（图 2-6-74，卢旺达，1972）、海象（图 2-6-75，保加利亚，1991）、抹香鲸、一角鲸、猛犸（图 2-6-76，美国,1996）、疣猪、海狮共 8 种哺乳动物的长牙或牙齿。成年大象的一颗长牙平均牙长 1.5 ～ 2.0 米，重约 6 千克，个别的可达数十千克。据说在 19 世纪末，埃塞俄比亚皇帝献给俄国沙皇尼古拉二世一对象牙，其中一个象牙长 3.3 米，重达 113 千克，堪称无价之宝。

图 2-6-73

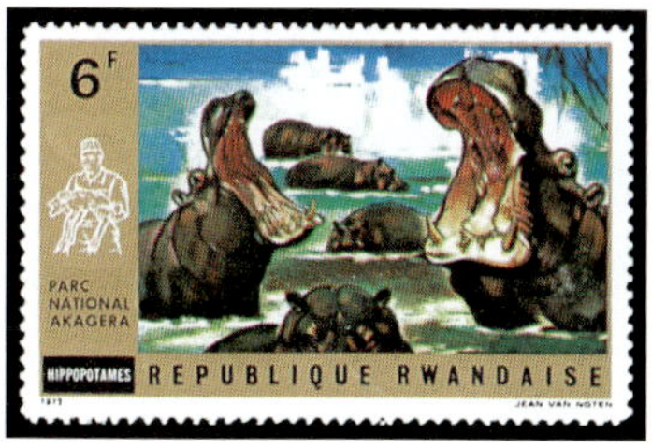

图 2-6-74

象牙具有质地细腻坚实、洁白纯净、温润柔和的特质和美感，这是其他任何宝石所不能比拟的，故自古以来象牙就被用来雕刻各种工艺品。法国曾发现一个用猛犸的长牙雕刻的物件，据估计是距今 3 万多年的作品。中国的象牙雕刻更以历史悠久、风格独特、技艺精湛闻名于世。象牙制品种类繁多，高雅精细，千姿百态，令人称绝，有珠宝类工艺品，如项链、手镯、戒指、别针、挂件各种首饰或服饰；有实用类工艺品，如筷子、扇子、烟嘴、笔筒、笔架、花瓶、伞柄、台灯、印章等；有陈列类工艺品，如多层象牙球，最多可雕刻到 50 层以上，

图 2-6-75

图 2-6-76

层层可以转动，并根据造型图案冠之以“嫦娥奔月”、“举杯邀月”、“龙的传人”等名称，也有人物或动物雕像、花篮和各种精美的摆件。在中国和世界许多国家，很多优秀的象牙制品已成为稀世珍宝，传世佳作。令人遗憾的是，在世界各国发行的邮票中，作为动物题材的大象随处可见，而象牙制品却是凤毛麟角，极少露面，只能零星地看到一些，如雕刻象牙制品的情景（图 2–6–77，几内亚，1965；图 2–6–78，科特迪瓦，1965），用象牙雕的名为“奔向人间”的美术工艺品（图 2–6–79，中国，1978），这是中国现代牙雕的一件代表作，还有用整颗象牙雕刻的工艺品摆件（图 2–6–80，朝鲜，1993）。当然有些长在大象口中的长牙，无需取下加工，自身就堪称大自然赐予人类的美妙艺术品（图 2–6–81，泰国，2007）。此外，象牙还是一种名贵中药，

图 2–6–77

图 2–6–78

图 2–6–79

图 2–6–80

具有镇惊安神、收敛消炎和止血等功效。

象牙在大象身上长成，非洲象雄、雌都长有长牙，主要产地有坦桑尼亚、塞内加尔、加逢、埃塞俄比亚等国。亚洲象仅有雄象长有发达的长牙，主要产于斯里兰卡、泰国、缅甸、印度、越南和中国云南等地。长期以来，人类为获

图 2-6-81

取象牙，大量捕杀大象（图 2-6-82，比属刚果，邮资明信片，1912），致使大象数量骤减，并濒临灭绝。如今国际上已把大象列为被重点保护的野生动物之一，严禁捕猎，并限制象牙交易，这已成为世界公认的准则。因此，作为有机宝石的一个重要品种，仍把象牙编入本书之中，主要目的是让人们掌握一些相关的知识，对历代流传甚多的象牙制品进行鉴赏和研究。在现实生活中已不宜再提倡或无节制地制作、追逐象牙制品。

图 2-6-82

三

灿烂辉煌的宝石文化

（一）珠宝首饰

如果说天然宝石是大自然对人类的一种恩赐，那么佩戴珠宝首饰当是人类美化自身的一大发明。从远古的石器时代人们把兽骨或砾石当作饰物（图 3-1-1，斐济，1978；图 3-1-2，厄瓜多尔，2006），发展到现在制作和佩戴各种精美华丽的珠宝首饰（图 3-1-3，塞尔维亚，2006；图 3-1-4，利比亚，1993），历时上万年，人类用自己的智慧和双手创造了历史悠久、灿烂辉煌的宝石文化，已成为现代人类文明和社会文化宝库中的重要组成部分，它的核心和主体就是珠宝首饰及其被赋予的浓重情感和无限遐想。

图 3-1-1

图 3-1-2

一提起宝石，人们自然会联想到首饰，那么什么是首饰呢？首饰就是用宝石制作的一种装饰用工

图 3-1-3

图 3-1-4

艺品，因为最初人们多把这种装饰用工艺品戴在头上，所以被称为“首饰”，这是简单狭义的解释。随着历史发展和时代进步，首饰的含义不断发生变化，如今广义的解释是，凡作为装饰用工艺品佩戴在人体各个部位的珠宝饰物，包括某些用于陈列和观赏的工艺品（称摆件首饰），统称为首饰。当今世界，随着人民生活水平的不断提高，佩戴珠宝首饰已十分普遍，随处可见，俨然成为一种社会时尚。那么佩戴珠宝首饰又有哪些好处呢？归纳起来有三点：其一，最基本最主要的是，它能装点、美化个人形象和社会生活，彰显人的个性气质和体现人与自然的和谐，具有鲜明的装饰美化作用，给人带来美的享受。正如古罗马一位哲人普林尼（Pliny）所说：“在宝石微小的空间，它包含了整个大自然，仅一颗宝石，就可以表现天地万物之优美。”其二，它被赋予各种象征意义、纪念意义和深刻寓意，具有精神慰藉作用，给人带来美妙的精神寄托和遐想。其三，它还兼有一定的实用价值和医疗保健作用，如发簪、领带夹的实用性和磁疗、保健首饰的防病治病功能，给人带来健康。

图 3-1-5

图 3-1-6

首饰的种类很多，分类方法也有多种，有按材质分类的，如贵金属首饰（图 3-1-5，马其顿，2008），珠宝首饰（图 3-1-6，希腊，1966）；有按用途分类的，如供佩戴的挂件首饰（图 3-1-7，阿尔及利亚，1978），供观赏的摆件首饰（图 3-1-8，民主德国，1971）；还有按使用对象分类的，如男士首饰，女士首饰，中老年人首饰和青年首饰。每一种分类的首饰中，又都有许多品种和款式。在此仅就现实生活中人们佩戴在身体不同部位的珠宝首饰作一简要介绍。

图 3-1-7

图 3-1-8

头饰，也叫发饰，即戴在头上的首饰。据说人佩戴头饰最初是受自然界鸟的启示，因为鸟有非常美丽的羽毛，尤其是头部的羽毛形态颜色更为优美娇艳，因而诱使人类去模仿，为装扮美化自己而佩戴各种头饰。从简单的发卡、发簪（图 3-1-9，摩洛哥，1971），到复杂的帽子（图 3-1-10，意大利，2002；图 3-1-11，泰国），乃至王冠（图 3-1-12，瑞典；图 3-1-13，斯里兰卡）等。

图 3-1-9

图 3-1-10

耳环、耳钉和耳坠，是佩戴在人耳朵上的饰物，属于头饰的一种。人们佩戴耳环的起源尚难考证，在中国有两种说法，其一是从北方民族用于御寒防风的耳套演变而来，此说比较牵强；其二是源于保健医疗目的，因为人的耳垂中心有与眼睛相关的穴位，佩戴耳环会经常刺激这个穴位，起到保护视力、防治眼疾的作用，此种说法尚有一定道理。但最初恐怕还是源自人们的某种模仿和装饰美容。耳环有用金、银等贵金属制作的，也有许多是配以各种宝石镶嵌而成的（图 3-1-14，卡塔尔；

图 3-1-11

图 3-1-12

图 3-1-13

图 3-1-14

图 3-1-15

图 3-1-15，土耳其，1993）。

项链，是一种戴在脖颈上的首饰，因多呈链形，故称项链。对项链的由来也有多种说法，在中国比较可信的说法是，源自原始社会人类从母系氏族向父系氏族转变时期出现的“抢婚”风俗，即男士把不同部落的妇女抢来为妻，为防止其逃走便使用一根类似于今天项链的金属链条或绳索套在妇女脖子上。在父系氏族确立妻从夫居的婚姻制度形成后，这种风俗被保留下来，并变成了一种礼仪，套在妇女脖颈上的链条或绳索也渐渐演变成一种装饰用的项链，沿用至今。项链的材质、品种、款式非常之多，除使用金、银等制作之外，常见的有采用珍珠等有机宝石串联而成（图 3-1-16，英国），也有许多是用各种宝石配以贵金属镶嵌而成（图 3-1-17，印度，2002；图 3-1-18，阿尔及利亚）等。

图 3-1-16

图 3-1-17

图 3-1-18

戒指，又称指环，是一种戴在手指上的首饰，也叫手饰。据说戒指的出现在中国已有 3000 多年的历史，它是从古代宫廷中用以避忌君王“御幸”的标志物演变而来的，如今已成为一种既十分重要又很普通常见的首饰。戒指有用金、银等贵金属制作的，更多的是在贵金属上镶嵌各种宝石戒面精制而成，如钻戒（图 3-1-19，澳大利亚，2010）、红宝石戒指（图 3-1-20，芬兰，2010）、蓝宝石戒指（图 3-1-21，泽西，2003）、珍珠戒指（图 3-1-22，

图 3-1-19

图 3-1-20

图 3-1-21

图 3-1-22

中国台湾，2007）、翡翠戒指等。此外，首饰中还有手镯（图 3-1-23，南斯拉夫、图 3-1-24，卡塔尔）、手链（图 3-1-25，摩洛哥）和扳指等。

图 3-1-23

胸饰，是一种佩戴在人体胸前的首饰。据说胸饰最早可能是以一种宗教象征之物及护身符而出现的。在中国古代，朝廷官员佩戴胸饰就是作为一种护身符，同时也象征其权力和地位。发展演变至今，胸饰已成为一种主要用以彰显华贵、美化仪表的饰物。胸饰多以金、银等贵金属或以这些贵金属镶嵌各种宝石精制而成，品种款式很多，常见的有胸花（图 3-1-26，匈牙利，1973；图 3-1-27，巴拉圭，2000）、胸针、别针和领带夹等。

珠宝首饰的种类还有许多，如佩戴在腰间的有玉带、玉佩等腰饰；佩戴在脚上的有脚镯、脚链等脚饰，但现在已少见，故不再一一介绍。需要说明的

图 3-1-24

图 3-1-25

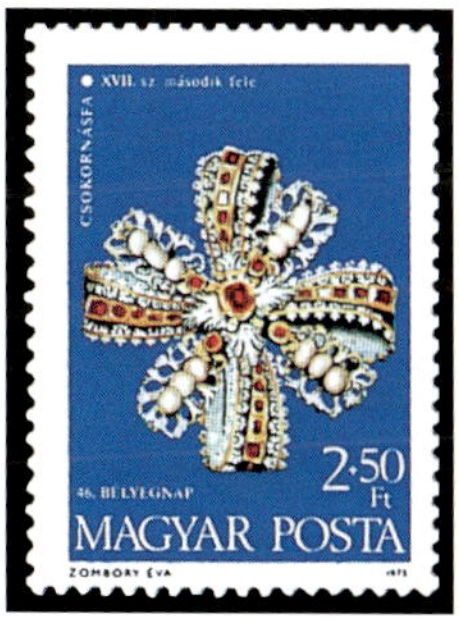

图 3-1-26

图 3-1-27

是，一般对珠宝首饰的评价有三条标准：一是材质的好坏；二是加工的精细程度；三是社会的需求。对此一般人难以把握，因此选购珠宝首饰，一方面应到正规首饰店购买，另一方面也要学习掌握一些相关知识，可能的话在购买时最好请专家给予帮助指导。

（二）宝石与国旗国徽

介绍宝石知识怎么会涉及国家的国旗国徽呢？在这里要告诉大家，国旗国徽与矿产资源及宝石有着很密切的关联。人们都知道，国旗国徽是一个国家的神圣旗帜和重要标志，体现一个国家的国情和尊严，具有巨大的凝聚力和向心力，让国人敬仰、崇拜。每个国家的国旗国徽都是紧密围绕本国国情，经过认真研究、精心构思和缜密审议而确定的，都有严格的形状和规格，由不同的颜色、图案或图形组成，每一种颜色、每一个图案或图形都具有特定的含义和丰富的内涵，向世人展示着种种信息，折射出这个国家的民族精神和政治、经济、地理、历史、文化、风情等诸多方面的国情特征，矿产资源和宝石是其中的一个重要方面。

世界上有 200 多个主权国家，几乎都发行过以本国国旗国徽为图案的邮票，从中可以看到，有数十个国家的国旗国徽上含有矿产资源或宝石方面的信息，尽管这些国家的国旗国徽色彩和图案或图形各异，组合方式不同，繁简程度不一，也难以形象地看到某些实体形态，但不知是巧合还是相互借鉴，一个共同特点是，内中的黄色部分具有相同或相近的寓意，多为泛指矿产资源。如非洲的坦桑尼亚（图 3–2–1，1977）、莫桑比克（图 3–2–2，1984）、津巴布韦（图 3–2–3，1984）、斯威士林（图 3–2–4，1970）、马里（图 3–2–5，2001）、厄立特里亚（图 3–2–6，2000）、多哥（图 3–2–7，1960）。南美洲的圭亚那（图 3–2–8，1966）、玻利维亚（图 3–2–9，1951）和巴西（图 3–2–10，1968）等，这些国家国旗中的黄色部分均象征本国有丰富的矿产资源。乍得国徽上盾形图案中的黄色横波纹和加蓬国徽（图 3–2–11）中盾形图案上方的三个黄色圆点，也有同样的含义。有的寓意更明确具体，专指某种矿产资源，如几内亚和南非两国国旗（图 3–2–12、图 3–2–13，2000）中的黄色分别象征和

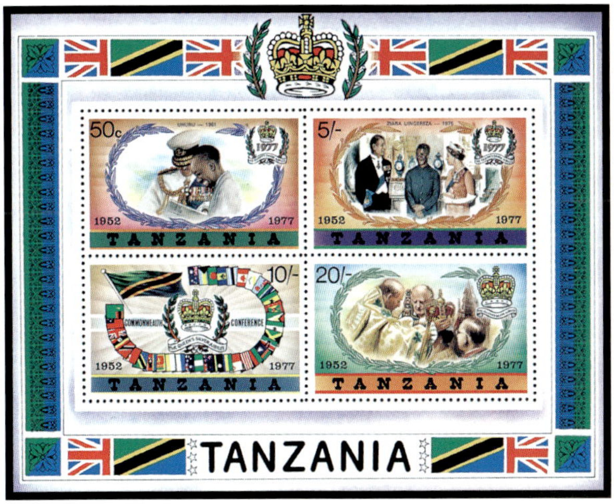

图 3-2-1

图 3-2-2

图 3-2-3

图 3-2-4

图 3-2-5

图 3-2-6

图 3-2-7

图 3-2-8

图 3-2-10

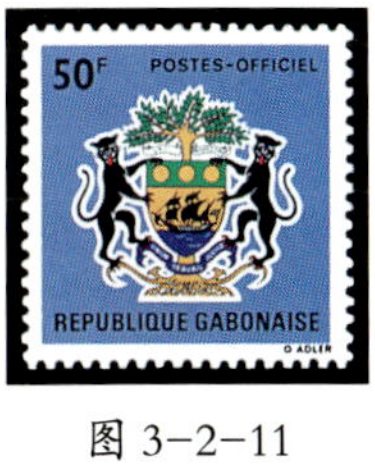

图 3-2-11

图 3-2-9

图 3-2-12

图 3-2-13

图 3-2-14

图 3-2-15

代表本国富有金矿和蕴藏着金矿；塞浦路斯国旗（图 3-2-14，1980）白色旗面中央是一幅黄色的国家领土轮廓图形，黄色象征本国的铜矿资源，塞浦路斯国名本身在希腊语中就是“铜”的意思；喀麦隆国旗（图 3-2-15）上的黄色代表本国北方有石油和矿产；加纳国旗（图 3-2-16，1983）中的黄色既表示本国有丰富的矿产和资源，也表示该国盛产黄金并因此曾定国家名称为“黄金海岸”。也有个例，如爱沙尼亚国旗（图 3-2-17，2009）中以黑色象征国家肥沃的土地和丰富的矿产资源。在一些国家的国徽上以略显形象的图案或图形象征本国的矿产资源，如在赞比亚和加纳两国的国徽中的盾形图案画面上各绘有一个矿井（图 3-2-18，加纳，1959），在洪都拉斯国徽中央椭圆图形下方的一幅风景画中绘有一座矿山，在新西兰国徽的盾形图案中有一处绘有两把交叉的铁锤（图 3-2-19，1983），在瑙鲁国徽上的盾形图案中间有一个十字连着的三角形（图 3-2-20）等，这些图案或图形以不同形态表达了同一个含义——本国有丰富的矿产资源。

图 3-2-16

图 3-2-17

图 3-2-18

图 3-2-19

如果说上述各国的国旗国徽上象征矿产资源的颜色、图案或图形比较抽象的话，那么在有些国家的国旗国徽上可以比较直观地看到种种寓意宝石或珠宝的图形，既表示本国拥有宝石矿物资源，又象征国家的财富和权力。如不丹的国旗（图 3-2-21，1971），旗帜上是一条白色的飞龙，飞龙四爪各抓着一颗白色珠宝，龙象征国家权力，白色的珠宝表示圣洁，也代表国家财富。该国的国徽呈圆形，蓝色徽面中间是一个镶嵌着珠宝的十字形雷电霹雳，象征和睦、永恒和宗教力量，而霹雳的上方是一颗周围燃烧着火焰的宝石，象征国家郡主的权力（图 3-2-22，2010）。蒙古国的国徽为圆形（图 3-2-23，1998），外围是一个由褐色和金黄色花纹装饰的圆环，圆环的顶部为三颗宝石。美洲岛国圣文森特和格林纳丁斯的长方形国旗（图 3-2-24）

图 3-2-20

图 3-2-21

图 3-2-22

图 3-2-23

图 3-2-24

中间黄色部分有三个绿色菱形图案象征宝石，因此被称为“宝石旗”。此图旗上的宝石“宝石”指“安的列斯群岛的宝石”，代表圣文森特和格林纳丁斯群岛。又如非洲纳米比亚的国徽（图 3-2-25，1995）中间是一个以该国国徽为图案的盾形，盾面上方有一只展翅的鱼鹰，鹰爪下横向排列着六个黄色圆点，表示六颗钻石。中非的国徽（图 3-2-26），中心盾形图形中绘有五幅不同的图案，其中左下角黄底色上是三个星光状圆形，代表三颗钻石。圭亚那的国徽（图 3-2-27，1966）中心也是一个盾形徽，其上端是一顶王冠，王冠的两侧各镶着一颗钻石，象征权势及本国丰富的矿产资源。此外，约旦的国徽外形呈斗篷状，上端是一顶金色的王冠，下端是一个金、红、绿相间并镶嵌着钻石的复活勋章。在许多国家的国徽上都可以看到类似情况，以镶嵌各种珍贵宝石的王冠象征国家权力和财富。

图 3-2-25

图 3-2-26

图 3-2-27

还有一种情形值得介绍，人们都知道，象牙洁白无瑕，柔和纯真，温润细腻，可制成各种精美的饰物或工艺品，是一种很名贵的有机宝石。非洲象和象牙举世闻名（大象已被列为世界珍稀野生动物受到保护），许多非洲国家把大象或象牙视为国家资源和财富的象征之物，展现在国家的国徽之上。如在坦桑尼亚（图 3-2-28，1989）、博茨瓦纳（图 3-2-29，1968）、南非等国家的国徽上都绘有长长的象牙图形，以此象征国家权力，或象征智慧、力量、谦和与永恒。而在斯威士兰（图 3-2-30）、科特迪瓦（图 3-2-31）和刚果共和国等国家的

图 3-2-28

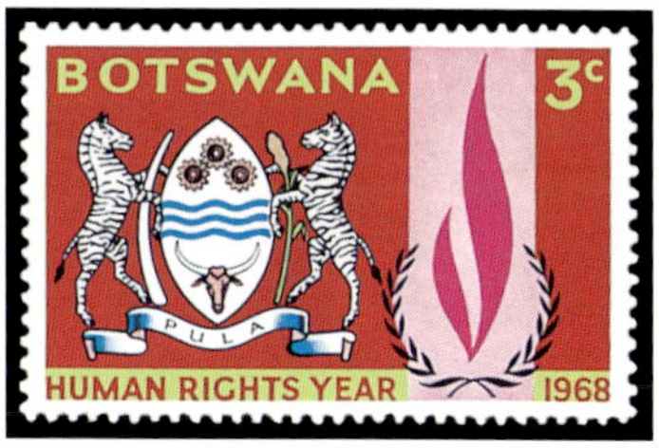

图 3-2-29

图 3-2-30

国徽上，可以看到长着长长象牙的大象形象。特别是科特迪瓦还因盛产象牙，曾一度把国名定为“象牙海岸”。

图 3-2-31

综上所述，不难看出，宝石与国家的国旗国徽有着十分密切的关系，已成为许多国家国旗国徽的重要组成部分，并被赋予一定的象征意义，这也从一个侧面反映出宝石和宝石资源在一个国家的重要地位和作用。

（三）宝石与国家之石——国石

随着社会的发展进步和人类文明程度以及生活水平的提高，世界上许多国家为宣传国情特色，弘扬民族文化，扩大自身影响，确立了自己的国花、国鸟、国石等。其中国石虽不像国花、国鸟那样广为世人所知，但它作为一种重要代表性实物，越来越引起人们的重视和关注。到目前为止，世界上已有近 40 个国家确定了本国的国石，有 17 种宝石荣登国石之榜。

以钻石（图 3-3-1，冈比亚，2003）为国石的国家有：南非、英国、荷兰、

图 3–3–1

纳米比亚。

以红宝石（图 3–3–2，缅甸首日封，1991）为国石的国家是缅甸。

以蓝宝石（图 3–3–3，斯里兰卡，2011）为国石的国家有：美国、希腊。

以祖母绿（图 3–3–4，哥伦比亚，1932）为国石的国家有：哥伦比亚、秘鲁、西班牙。

以金绿宝石和猫眼石为国石的国家有：葡萄牙和斯里兰卡。

以水晶（图 3–3–5，瑞士，2002）为国石的国家有：瑞士、瑞典、日本、乌拉圭。

以橄榄石（图 3–3–6，德国纪念邮戳，2004）为国石的国家是埃及。

以玉石（图 3–3–7，新西兰，2010）为国石的国家是新西兰。

以青金石为国石的国家有：阿富汗、智利、玻利维亚。

图 3–3–2

图 3–3–3

图 3-3-4

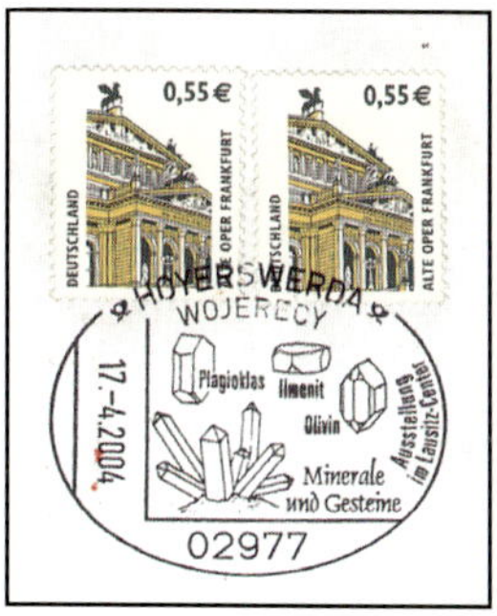

图 3-3-6

图 3-3-8

图 3-3-5

图 3-3-7

图 3-3-9

以孔雀石（图 3-3-8，菲律宾，2009）为国石的国家是马达加斯加。

以欧泊（图 3-3-9，格林纳达，2003）为国石的国家有：澳大利亚、匈牙利、捷克。

以珍珠（图 3-3-10，菲律宾，1997）为国石的国家有：印度尼西亚、菲律宾、法国和阿拉伯国家。

以珊瑚（图 3-3-11，马来西亚，1992）为国石的国家有：意大利、前南斯拉夫、阿尔及利亚、摩洛哥。

以琥珀（图 3-3-12，加拿大，2001）为国石的国家有：德国、罗马尼亚。

图 3-3-10

以绿松石为国石的国家是土耳其。

以黑曜石（图 3-3-13，印度尼西亚，2000）为国石的国家是墨西哥。

以石灰石（图 3-3-14，克罗

图 3-3-11

图 3-3-12

图 3-3-13

图 3-3-14

地亚，2010）为国石的国家是爱沙尼亚。

一个国家选定国石都有一定背景和缘由，通常是根据本国国情和民族意愿，以本国特有或具有明显优势和广泛影响，或具有重要价值和加工技艺，深受国人喜爱，作为主要前提而审慎确定的。如缅甸把红宝石定为国石，是因为缅甸是世界著名的宝石产地之一，盛产优质红宝石、蓝宝石和翡翠，尤其是该国抹谷地区产出的红宝石堪称世界质量最佳、售价最高的红宝石品种。据介绍，该地区产出的一颗重15.1克拉、名为“鸽血红”的红宝石（见插图3-3-2），在1989年被一位美国人以100万美元买走。又如哥伦比亚把祖母绿定为国石，因为该国是世界上最早发现祖母绿的国家之一，其产量占世界祖母绿总产量的55%，所产出的祖母绿以通透翠绿闻名于世。据联合国的一份报告称，哥伦比亚的祖母绿矿（图3-3-15，哥伦比亚）可开采面积约为80万公顷，而现在已开采的仅为800公顷。另外，该国的宝石加工业也十分发达，目前世界上的祖母绿饰品有一半是在哥伦比亚加工的，其首都圣菲波哥大市中心的希门尼斯大街是世界上最大的祖母绿市场。再如澳大利亚把欧泊定为国石，是因为该国是世界上最大的欧泊产出国，其产量占世界欧泊总产量的95%，不仅产量大，而且质量好，尤其是著名的黑欧泊和昆士兰欧泊，至今仍是世界上的唯一产地，全世界几乎100%的优质欧泊都产自澳大利亚。南非的国石钻石、斯里兰卡的国石猫眼石、土耳其的国石绿松石和德国的国石琥珀等，也都有相类似的情况。这些国家的这几个宝石品种有如此之大的优势和影响，被定为国石是理所当然的事。

图 3-3-15

有些国家确定国石则是出于某种特殊情况，如南非、英国、荷兰和纳米比亚同把钻石定为国石，但却有各自的情况和理由。南非是非洲大陆最早发现钻石的国度。1905年1月25日在该国比勒陀利亚城东北约33千米处的普利米尔岩洞中发现一颗质地极优的特大钻石，大小相当于一个男人的拳头，重达3106克拉，被命名为“库里南钻石”，这是迄今为止人类发现的最大的天然钻石，长居于世界名钻之首。同时南非还是金刚石母岩——“金伯利岩”被发现和命名之地，该国金刚石储量约占非洲金刚石储量的13.5%。可见南非选定钻石为国石当之无愧。英国本不产钻石，但该国拥有世界上最名贵的钻石，即分别镶嵌在英王权杖和王冠上的“库里南1号”和“库里南2号”（图3-3-16、图3-3-17，阿曼），成为国家权力和财富的象征。同时英国的戴比尔公司掌控着全球钻石产量的90%，素有“钻石帝国”之称，因此英国把钻石定为国石顺理成章。荷兰同样不产钻石，但该国钻石加工历史悠久，十分发达，首都阿姆斯特丹钻石精细加工业已有400多年历史，是世界闻名的钻石加工中心之一（图3-3-18，荷兰纪念邮戳，1966）。举世无双的“库里南钻石”就是在该国由著名宝石工匠约瑟夫·阿谢尔将其劈开切割成9颗大钻和96颗小钻，分别制作成各种首饰，是他让坚硬无比的钻石屈服于自己手下，所以荷兰把钻石定为国石也不无道理。读到这里我们不难发现，是同一块钻石，让南非、英国和荷兰“倾倒”。至于纳米比亚则是由于该国不仅盛产钻石，而且产出的优质首饰级金刚石的比例比南非还高，定钻石为国石同样在情理之中。以上这些实例表明每个国家确定国石都有一种值得自豪的特殊国情或一段感人的历史情结。限于篇幅，不再一一介绍。

图 3-3-16

图 3-3-17

图 3-3-18

中国国石尚未确定，但早在1982年就已经开始讨论，并曾确定了几个候选品种，至今仍无最终定论，不能不说是一种遗憾。中国玉石文化历史悠久，底蕴深厚，国人尤对翡翠情有独钟，但翡翠不是中国特产，所以只能在中国出产的几种著名软玉品种中选择，其中当以中国新疆出产的和田玉最负盛名，最有希望。2008 年北京奥运会选用的“金镶玉”奖牌上镶嵌的昆仑玉就是和田玉的一种，因此当是国石首选。

（四）宝石与生辰纪念石——生辰石

千百年来，宝石以其固有的特性和品质，吸引着人们的目光，也感染着人们的心灵，人们怀着各种心情把它们当作护身符，视为吉祥物佩戴、珍藏、把玩或观赏，同时在人生一些重要纪念日又把它们作为相互馈赠的礼品，表示一种美好的祝愿，希望它能带来欢乐幸福、吉祥美满、和睦安康，生辰石便应运而生。

生辰石，也称诞生石，是指为纪念人的出生年月或时辰，即通常所说的生日而相应确定的宝石品种。为了纪念或庆贺生日，选择相应的宝石饰品，不论自己佩戴，还是馈赠亲友，尽显高雅靓丽，是非常时尚得体的选择。生辰石的确定和采用，最初是以圣经中关于对自然星座和石头功能的记载演化而来的，当时人们认为有些宝石与行星有关，而占星术又认为人的命运与出生时出现的星座有关，从而把人的出生日与宝石联系在一起。随着人们对宝石的研究和认识的深入，加之珠宝商人为推销宝石饰品所作的宣传，使生辰石的确定逐渐完善并流行起来。人们真正使用生辰石是从 1562 年欧洲的德国和波兰开始的，至今已有 450 年的历史。如今生辰石已成为一种文化和时尚，逐步传播到世界各地，尤其盛行于西方。

生辰石有多种对应排列方式，一般常用的是以一个人出生的月份确定相应的宝石。由于不同国家、地区和民族的风俗习惯不同，兴趣爱好不同，对宝石的认识与理解也存在差异，所以各国确定的 12 个月生辰石不尽相同，但总体情况是基本统一，略有区别。目前世界上比较公认的生辰石排序和所赋予的象征意义是：

1 月：石榴石（图 3-4-1，肯尼亚，1977），象征忠诚、友爱、真实。

2 月：紫水晶（图 3-4-2，乌拉圭，1972），象征诚实、真诚和善良，又称“诚实之石”。

图 3-4-1

图 3-4-2

图 3-4-3

3 月：血玉髓和海蓝宝石（图 3-4-3，马里，1998），象征沉着、勇敢和聪明，又称“勇敢之石”。

4 月：钻石（图 3-4-4，直布罗陀，1985），象征纯洁无瑕、永恒和财富，是爱情永固的标志。

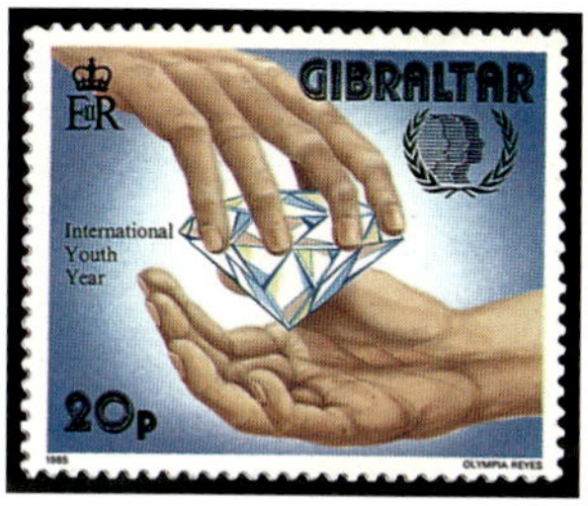

图 3-4-4

5 月：多用祖母绿（图 3-4-5，哥伦比亚，2006），个别用绿玉髓、翡翠或绿电气石，象征幸运、幸福，是忠诚的标志。

图 3-4-5

6 月：珍珠（图 3-4-6，英国，1992）或月光石，象征健康、长寿和富贵，又称“康寿之石”。

7 月：红宝石（图 3-4-7，马拉维，2008），象征热情、仁爱和尊严，又称“爱情之石”。

8 月：缠丝玛瑙、缟玛瑙（图 3-4-8，印度尼西亚，1997）和橄榄石，象征夫妻和谐恩爱，婚姻美满，又称“幸福之石”。

图 3-4-6

图 3-4-7

图 3-4-8

图 3-4-9

9 月：蓝色蓝宝石（图 3-4-9，阿曼），象征慈爱、诚谨和德高望重。

10 月：多用欧泊（图 3-4-10，吉布提，2010），个别用粉红色电气石（图 3-4-11，同图 3-4-10），象征幸运和希望、安乐与和平。

11 月：黄玉（图 3-4-12，罗得西亚，1978），象征友情、友爱、希望、洁白。

图 3-4-10

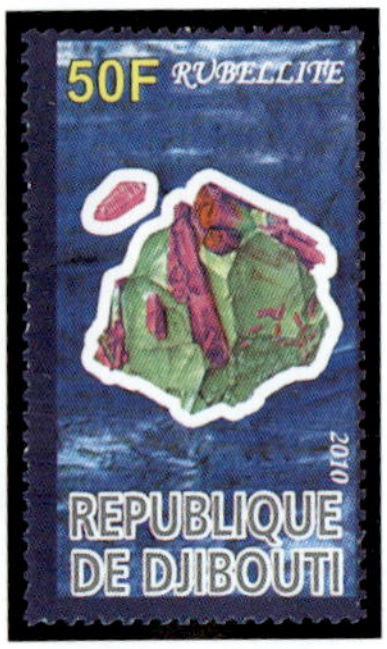

图 3-4-11

12 月：锆石和绿松石（图 3-4-13，美国，2006），象征吉祥、成功，又称“成功之石”。

以上所展示的邮票均属相关国家以宝石矿物题材发行，被列入生辰石之中，唯有北美洲的格林纳达专门发行了以生辰石为题材的邮票，相对应于 12 个月的 12 种生辰石由两枚小全张组成（图 3-4-14、图 3-4-15，格林纳达，2001），非常难得。

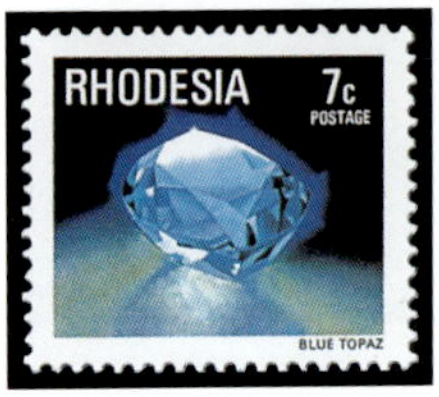

图 3-4-12

图 3-4-13

生辰石除了上述常用的以月份确定排序的方式之外，还有下列几种确定和排序方式：

1）按季度确定排序的“季生辰石”。

春季：祖母绿（图 3-4-16，中国，2002）；夏季：红宝石（图 3-4-17，越南，2001）；秋季：蓝宝石（图 3-4-18，老挝，1975）；冬季：钻石（图 3-4-19，冈比亚，1993）。

2）按 1 周 7 天确定排序的“周生辰石”。

周一：珍珠或水晶；

周二：红宝石或祖母绿；

周三：紫晶或磁石；

周四：蓝宝石或红玛瑙；

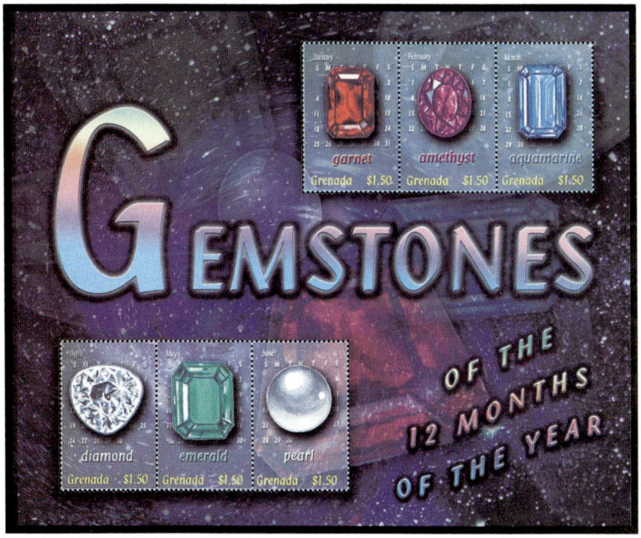

图 3-4-14

图 3-4-16

图 3-4-17

图 3-4-15

图 3-4-18

图 3-4-19

周五：祖母绿或猫眼石；

周六：松石或钻石；

周日：黄玉。

3）按一天 24 小时确定排序的“小时生辰石”。

午前	午后
1 点：烟晶	13 点：锆石
2 点：乌刚石	14 点：祖母绿
3 点：孔雀石	15 点：绿柱石
4 点：青金石	16 点：黄玉
5 点：松石	17 点：红宝石
6 点：碧玺	18 点：欧泊
7 点：贵橄榄石	19 点：缠丝玛瑙
8 点：紫晶	20 点：玉髓
9 点：紫锂辉石	21 点：玉石
10 点：蓝宝石	22 点：碧玉
11 点：石榴石	23 点：磁石
12 点：钻石	24 点：缟玛瑙

4）按一年 365 天确定排序的“日生辰石”（略）。

人们根据自己或亲友的生辰时日和各自的兴趣爱好，选择佩戴或馈赠亲友相应的宝石作为纪念当是一件十分喜庆、愉悦和有意义的事。

（五）宝石与结婚纪念石

结婚是人生之大事，结婚这一天又是很值得纪念的日子。一对情侣举办隆重的婚礼，一个重要仪式是新人互赠信物，这个信物的首选就是钻戒（图 3–5–1，爱尔兰，2007）或其他首饰，以此表示夫妻相爱、爱情永存和对未来美好生活的憧憬，这已成为一种定式。婚后随着婚姻的延续，不论是自己还是对亲友，每逢结婚纪念日这一天，选择一件具有纪念意义的物品，自己享用或馈赠亲友，以示庆贺，同样别具一番情趣，因此逐渐形成一种风俗，这就有了人们常说的结婚纪念日赠品，而且赠品种类随着结婚年限的增长不断有所

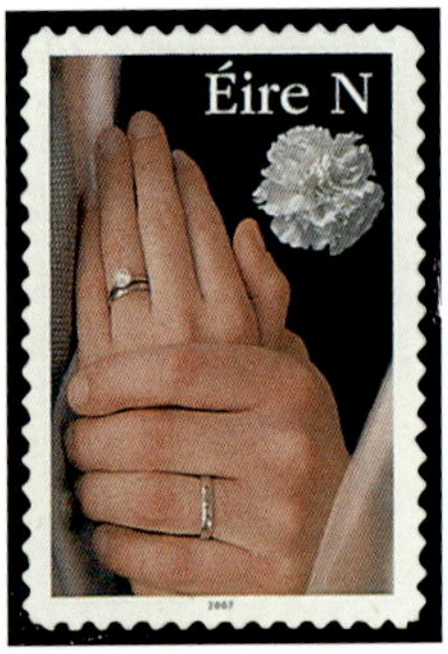

图 3–5–1

变化，其中有许多宝石品种，所以又被称为结婚赠石或结婚纪念石。这种风俗最初起源并盛行于欧美国家，后来逐渐流行开来，已影响中国，为国人所接受。

目前世界上就结婚纪念日赠品（石）较为流行的做法是，在一对夫妻婚姻存续期间，按结婚年数从1~75周年划分为35个阶段，每个阶段选定一种相应的物品作为纪念物，并冠之以婚姻的称谓。其中前9年为价值较为低廉的9种物品，它们是：1周年为纸，称为纸婚；2周年为细白布，称为布婚；3周年为亚麻制品，称为亚麻婚；4周年为丝绸，称为丝绸婚；5周年为木，称为木婚；6周年为点心糖果，称糖果婚；7周年为花卉，称为花卉婚；8周年为皮革制品，称为皮革婚；9周年为麦秆制品，称为麦秆婚。显然因年数少，相应的纪念物都是很一般的物品。从结婚10周年以后，除20周年纪念品为陶器之外，其余均被确定为金属或各种宝石，详见下表。

年　数	品　　种	年　数	品　　种
10周年	锡	30周年	珍珠
11周年	钢铁	35周年	珊瑚
12周年	玛瑙	39周年	猫眼石
13周年	月光石	40周年	红宝石
14周年	苔藓玛瑙	45周年	变石
15周年	水晶	50周年	金
16周年	托帕石	52周年	星光红宝石
17周年	紫水晶	55周年	祖母绿
18周年	石榴石	60周年	钻石（黄）
19周年	锆石	65周年	星光蓝宝石（灰）
23周年	蓝宝石	67周年	星光蓝宝石（紫）
25周年	银	75周年	钻石
26周年	星光蓝宝石		

从上述可以看出，35种结婚纪念品中，有宝石（含两种贵金属）23种，占2/3强，而且宝石品种又随结婚年限的延长从低档到高档，从一般到珍贵。其中比较典型也是人们比较熟悉的品种及婚姻称谓有：12周年为玛瑙

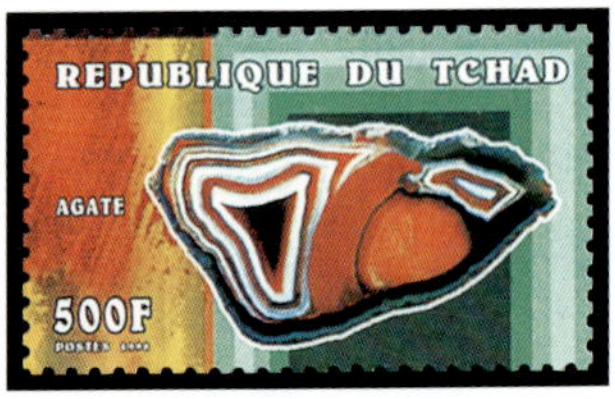

图 3-5-2

图 3-5-3

（图 3-5-2，乍得，1998），称为玛瑙婚；14 周年为苔藓玛瑙（图 3-5-3，博茨瓦纳，1976），称为苔玛瑙婚；15 周年为水晶（图 3-5-4，日本，2001），称为水晶婚；17 周年为紫水晶（图 3-5-5，几内亚比绍，2009），称为紫水晶婚；18 周年为石榴石（图 3-5-6，吉布提，2010），称为石榴石婚；23 周年为蓝宝石，称为蓝宝石婚；25 周年为银（图 3-5-7，古巴，2005），称为银婚；26 周年为星光蓝宝石（图 3-5-8，吉布提，2010），称为星光蓝宝石婚；30 周年为珍珠（图 3-5-9，冈比亚，2003），称为珍珠婚；35 周年为珊瑚（图 3-5-10，斐济），称为珊瑚婚；40 周年为红宝石（图 3-5-11，土库

图 3-5-4

图 3-5-5

图 3-5-6

图 3-5-7

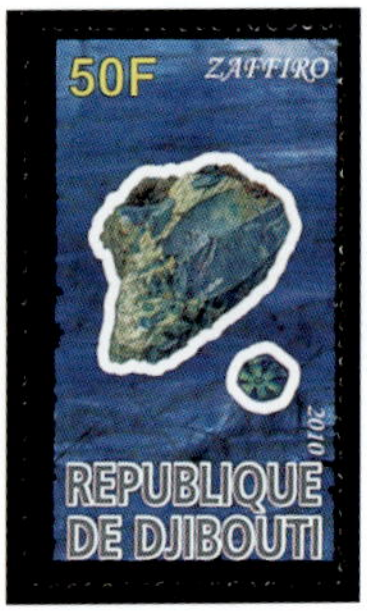

图 3-5-8

图 3-5-9

图 3-5-10

图 3-5-11

曼斯坦，1992），称为红宝石婚；50周年为金（图3-5-12，马耳他，2000），称为金婚；55周年为祖母绿（图3-5-13，中非共和国，1998），称为祖母绿婚；60周年为钻石（黄）（图3-5-14，冈比亚），称为钻石婚。

图 3-5-12

图 3-5-13

一般来说，一对夫妻婚龄能达60年即钻石婚者为数不多，超过60年以上能达到75年金刚石婚的极为罕见，所以当今人们多把结婚60周年的钻石婚视作婚龄的“顶峰”，大举庆贺、纪念，民间有，官方更如此。如英国和英联邦国家为庆贺女王伊丽莎白二世与菲利普亲王结婚60周年钻石婚，不仅举办纪念活动，还纷纷发行纪念邮票，展示许多经典照片（图3-5-15，基里巴斯，2001；图3-5-16，瑙鲁，2007，图3-5-17，图瓦鲁，2007；图3-5-18，根西岛，2007），在这些邮票上可以看到钻石图形和“钻

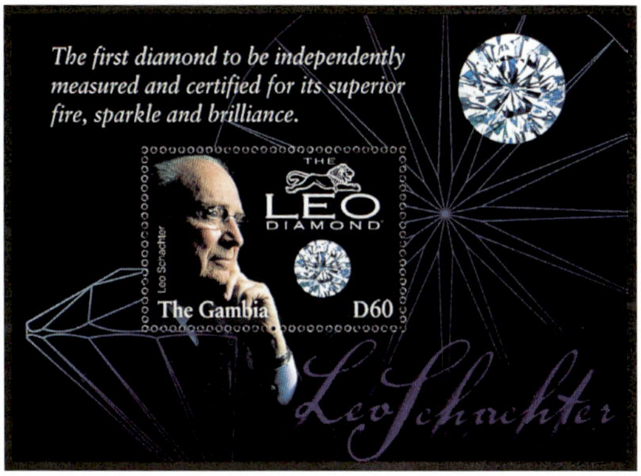

图 3-5-14

图 3-5-15

图 3-5-16

图 3-5-17

图 3-5-18

图 3-5-19

石婚”文字。2010 年泰国为庆贺国王和王后结婚 60 周年钻石婚，发行了一种以特殊材质和工艺印制的小全张，内含的两枚邮票上各镶嵌 6 枚圆钻形水晶实物（也称水钻，是钻石的代用品），非常别致精美（图 3-5-19，泰国，2010）。

在一个家庭或亲友中，逢结婚纪念日添置一件与婚龄相应的宝石饰物或宝石矿物晶体标本，不论是自己佩戴、赏玩还是赠送亲友，以示祝贺或留作纪念，当是非常不错的选择。

参考文献

[1] 北京大学地质地理系地球化学专业．矿物学各论．北京大学地质地理系，1975.

[2] 克里斯·佩伦特．岩石与矿物．中国友谊出版公司，1998.

[3] 李娅莉，薛春芳．宝石学基本教程．地质出版社，1995.

[4] 周国平．宝石学．中国地质大学出版社，1989.

[5] 廖宗廷，周祖翼，马婷婷，等．宝石学概论．同济大学出版社，2005.

[6] 李兆聪．宝石鉴定法．地质出版社，1998.

[7] 王福全．宝石通论．科学出版社，1985.

[8] 栾秉璈．宝石．冶金工业出版社，1993.

[9] 钟公佩．宝玉石．浙江大学出版社，2003.

[10] 董振信．天然宝石．地质出版社，1994.

[11] 卡利·霍尔．宝石．中国友谊出版公司，1997.

[12] 董振信，李胜胜．钻石．地震出版社，2000.

[13] 杨立信．钻石．地质出版社，1999.

[14] 李建平．红宝石和蓝宝石．地质出版社，1999.

[15] 王春生．祖母绿．地质出版社，1999.

[16] 周佩玲．珍珠．地质出版社，1999.

[17] 潘建强，吴明涵，宋永勤，等．翡翠．地质出版社，1999.

[18] 戴苏兰．玉石．地质出版社，1999.

[19] 地质词典（二）. 地质出版社，1981.
[20] 英汉地质词典. 地质出版社，1993.
[21] 周国平. 英汉宝石学词典. 地质出版社，2002.
[22]（日）近山京. 宝石手册. 地质出版社，1992.
[23] 田树谷. 宝石 800 问. 地质出版社，2001.
[24] 郭守敬. 珠宝玉石. 上海书店出版社，2001.
[25] 杨富绪. 宝石首饰. 中国气象出版社，1994.
[26] 方泽，王小明. 钻石. 百花文艺出版社，2006.
[27] 吴增福. 矿物珍宝. 万卷出版公司，2005.
[28] 林祥潮，何家铿. 珠宝首饰的识别鉴赏与佩戴. 中国世界语出版社，1998.
[29] 刘道荣，冯志萍. 五大珍贵宝石鉴赏. 天津人民出版社，1993.

后　记

《邮票图说迷人的宝石》书稿经几次修改终于写完了，还是那句话，不管能否出版，都是我数十年集邮生涯中的一个成果。这本书出版了是一部著作，不出版是一本学习研究笔记，总之是一件很值得高兴和庆幸的事。但说心里话，当初我是壮着胆应下这个任务的，首先，按原计划该书由我和我的一位集邮挚友（天津地震局唐仲兴先生）合作撰写，不料唐先生突患重度眼疾，不宜再伏案劳作，只能由我一人承担，对我一个非宝石专业人员而言，这项任务压力很大。其次，我虽已退休赋闲在家，但由于依然肩负着原工作单位集邮协会百余名会员的几乎全部事务工作，同时还要经常参加许多集邮活动，牵扯很多精力，因此很难静下心来集中精力投入写作。第三，我早已为“银发族”，随着年龄增长，渐感体力精力削弱，尤其是哮喘顽疾不时会急性发作，因此心存顾虑，怕累坏身体。总之一句话，怕完成不了。但又想到，编写一部介绍矿物宝石专题邮票的图书，是我集邮多年的三大愿望之一，且一直在为此而努力，也做了一些准备。在朋友的鼓励支持下，考虑再三，决定还是不要轻易放弃，于是怀着矛盾的心情接下任务，可以说是“壮着胆”领命。当时没有多想最后结果，更不想图什么，只抱着一个信念，一定要写完。然而一个人毕竟势单力薄，又由于受上述种种客观因素影响，所以用了近两年半时间才完成初稿。根据出版社编辑的意见，又经近 8 个月时间对第一稿进行修改、调整、清理，最终交稿。很像是一位老人参加马拉松比赛跑到终点的“用时”，值得高兴和庆幸的是跑完了“全程”。

能够完成此书的编写，除了我在前言中已提到的，一方面要感谢林轩先生，感谢科学普及出版社，感谢各方面的专家、朋（邮）友的支持帮助；另一方面还要感谢我的老伴和家人，是她们承担了所有的家务，为我创造了一个良好的环境和条件，所以此书稿的完成，也有她们的一份功劳在此一并表示感谢。还需要说明的是，该书的写作过程参考了大量有关矿物宝石等方面的专业书籍，特别是书中第二部分中介绍的各种宝石，除增加了个别品种和补充内容外，主要参考了我和唐仲兴先生合作，于2002年5月至2003年9月陆续撰写、刊登在《中国矿业报——财富珠宝周刊》上介绍矿物宝石的系列文章。全部书稿均由高博禹先生帮助审阅，并给予了具体指导。唐仲兴先生在身患眼疾的情况下，也曾帮助审阅了部分内容。所有这一切，我将永远铭记在心。

作者

2011年9月

邮票图说系列丛书

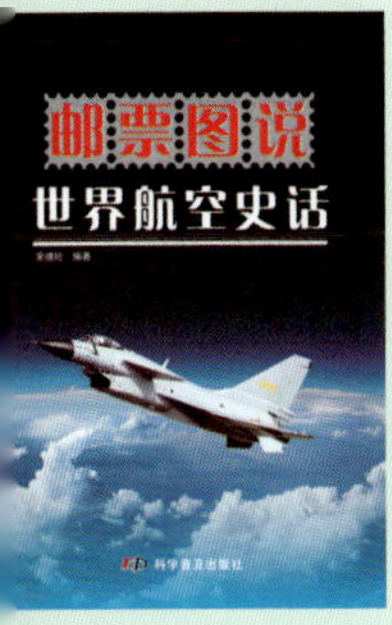

定价：56.00 元

本书以航空和邮政史实为主线，结合邮票、封、片的信息讲述世界航空发展的历史。以时间为序列，依航空发展阶段设立篇章，以航空知识和集邮知识融合的视角精选上百个国家和地区 900 余枚邮品素材。

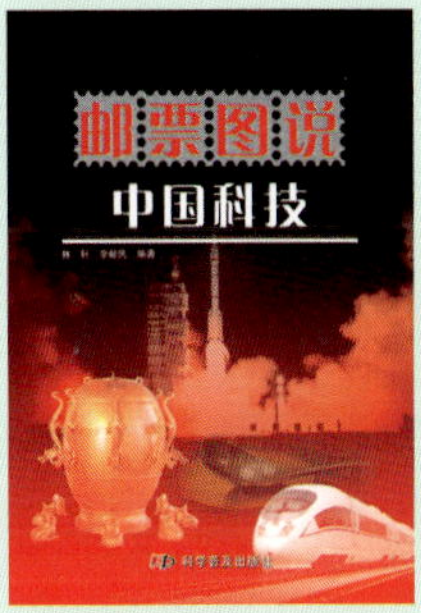

定价：50.00 元

著名英国科学家李约瑟博士认为，中国“在 3 世纪到 13 世纪之间保持一个西方所望尘莫及的科学知识水平”，现代西方世界所应用的许多发明都来自中国，中国是一个发明的国度。你想了解这些吗？就请打开本书吧！

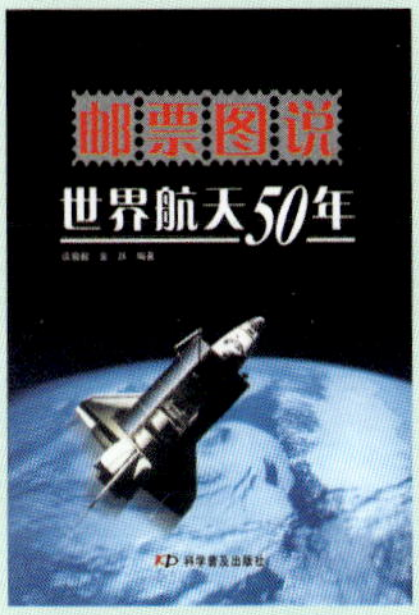

定价：43.00 元

本书集知识性、趣味性于一身，在方寸之间向读者展示了世界航天事业 50 年来的发展和变化。内容翔实，能为不同年龄段、不同知识层次的读者所接受。

定价：43.00 元

获得 2008 年奥林匹克博览会集邮展览“镀金奖”

为纪念每届奥运会而印发的奥运纪念邮票也成了奥林匹克历史、奥林匹克运动本身发展至今的唯一见证“人”，你想见识一下这位历经沧桑、学识渊博的“奥林匹克百岁老人”吗？那就请去咨询一下本书吧，它定会让你满载而归。

定价：43.00 元

获得 2009 年北京世界邮展“镀银奖”

音乐是人类文化的精粹，历史是人类文化的根基，漫漫万年人类文明孕育的精神奇葩——音乐在历史中又是如何走过了其漫长的岁月，本书以精美的邮票图片向世人展示了西方音乐悠久的发展历史。

定价：52.00 元

世界遗产专题邮票吸引越来越多集邮爱好者的“眼球”。本书作者选用了 188 项世界遗产的 582 枚专题邮票，共涉及 76 个国家和地区，内容丰富多彩，图片珍贵精美，是一本不可多得的有收藏价值的图书。

定价：49.00 元

恐龙家族庞大，尽管恐龙邮票诞生的时间不长，但也丰富多彩，琳琅满目。该书是一部全面介绍恐龙基本知识、恐龙邮票发行情况的科普读物，是恐龙专题集邮爱好者不可多得的参考书。

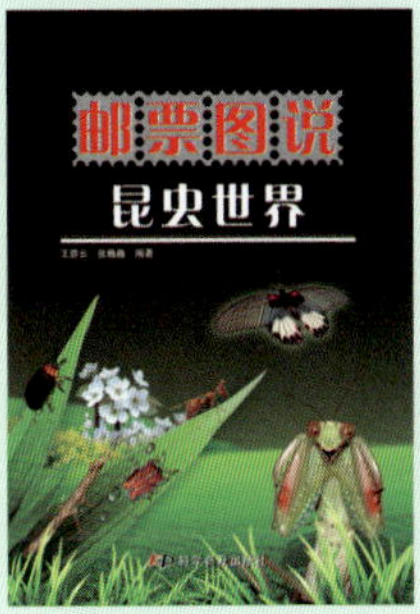

定价：55.00 元

一幅幅美丽的昆虫邮票不仅向我们展现了昆虫的神奇和魅力，还诉说了邮票的韵味和发展历程。在邮品中与昆虫对话，听一听尚未知晓的故事，聊一聊昆虫和人类的情节，会使人感到其乐无穷。

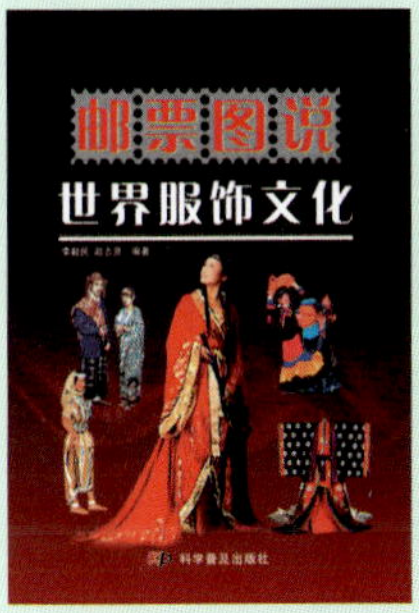

定价：53.00 元

本书将集邮文化与服饰文化熔为一炉，使邮票与服饰的知识性、趣味性、观赏性有机结合在一起，相得益彰。作为集邮，藏研服饰邮票是一个专题。作为服饰，通过邮票加以渲染，展现中外服饰的演变，使多姿多彩的服饰文化一览无遗。

邮票图说系列丛书

定价：50.00 元

中国民俗具有多元化、传承性和群众性。每个人都与民俗有关，每个人都生活在民俗中。本书以人文邮票题材为专题，从物质民俗、节庆民俗、礼仪民俗、精神民俗、民间民俗等方面，通过精美的方寸天地展示中国民俗的多彩风貌。

定价：53.00 元

建筑是人类智慧的结晶，是凝固的艺术。从邮票里的建筑，读者可以窥视人类文明的起源和进程，欣赏世界各地建筑的美与形。

定价：50.00 元

花卉从来都是人
最爱，咏花抒怀，赠
寄情。本书汇集了世
各国精美的花卉邮
既让人了解花卉知
又让人欣赏花卉芳华。

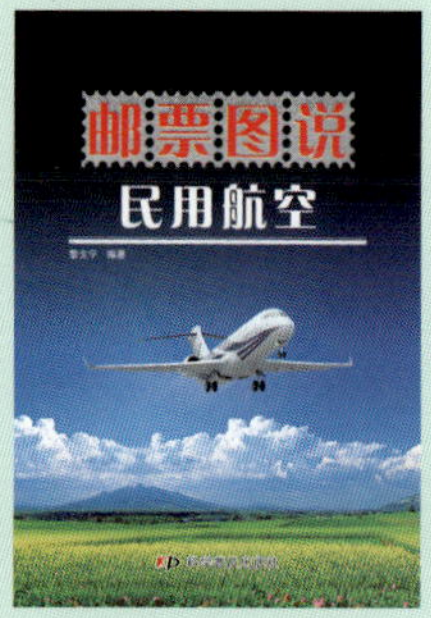

定价：43.00 元

飞机翱翔蓝天，携人远行，承载货物，还可探测、救护、播种
书中的邮票为读者娓娓道来民用航空的起源、发展和诸多实用知识。

定价：50.00 元

宠物是人的精神寄托和好朋友，让人开心，让人爱怜。一枚枚邮票细说了宠物的种类，使可爱的宠物跃然纸上，让人爱不释手。

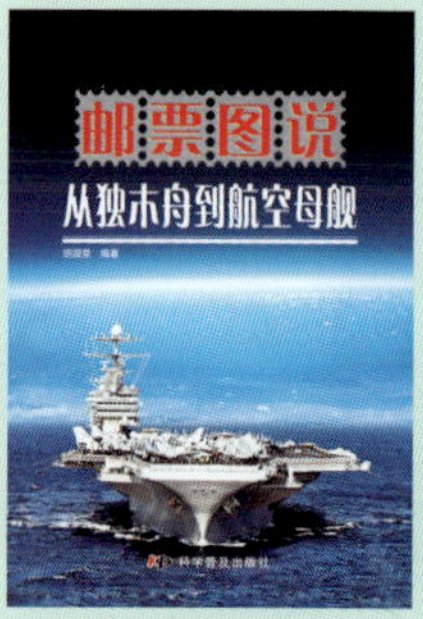

定价：48.00 元

舟船载人承物，
舰烟火争锋。从独木
到航空母舰，小小的
票都有记录，从中读
可以领略历史的脉络
战争的风云。

定价：55.00 元

从人力车到高速列车，轮子带给我们的不仅是车速的加快，社会的发展；还有很多美好的往事的回忆。本书通过邮票帮我们找回了那些悄然消失的身影。

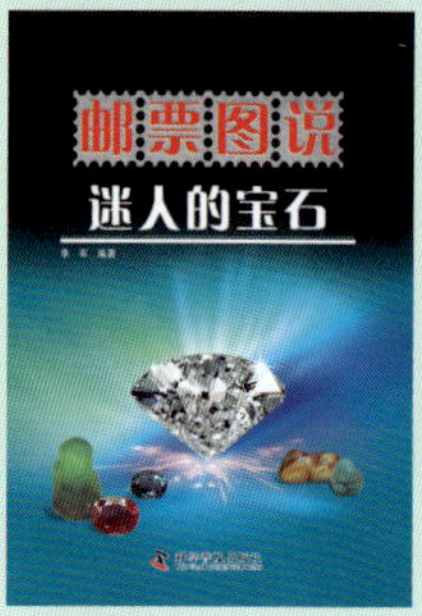

定价：55.00 元

我们常常惊叹钻石的魅力四射，钦慕翡翠的晶莹剔透，殊不知这些华丽与惊艳却在方寸之地展示得淋漓尽致。本书通过邮票让世间最美的宝石走到一起来。

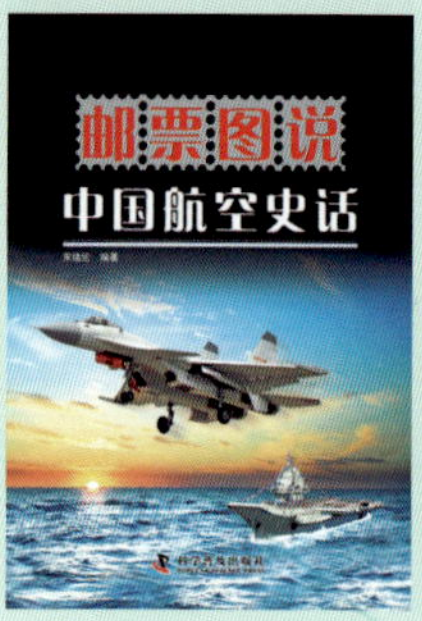

定价：55.00 元

中国航空的历
是一部由灿若星辰的
代航空、艰难坎坷的
代航空和突飞猛进
现代航空组成的壮
篇章。本书通过航空
品，以“图说”的方
再现了历史的真实。